水西·书系

SHUIXI SHUXI

一个人是千万人的出发点

陈鹤琴
幼儿教育文集

陈鹤琴　著

柯小卫　编

Chenheqin
Youer Jiaoyu
Wenji

山西出版传媒集团　山西教育出版社

《陈鹤琴幼儿教育文集》导读

我们编选这本《陈鹤琴幼儿教育文集》，主要的意图是向广大学前教育工作者与一线幼儿园教师提供一本简明、易懂、适用的现代幼儿教育理论读本。因此，本书在编选过程中遵循了两个原则：一是脉络清晰、内容连贯、遵循现代教育理念；二是具有启发、参考与指导实践的学习价值。在我们看来，任何教育理论、学说所体现的价值，不仅在于其自身观念的客观性、逻辑性、创新性以及工具性，更在于其时代性与适宜性。正如陈鹤琴指出："不错，中国的教育应当和外国的教育有所畛畦，它自有它的特性。这'做人，做中国人，做现代中国人'就是中国教育唯一的特点，不苟同于其他各国的教育目的。"对于新时期中国学前教育发展而言，怎样使儿童的成长、发展与社会进步方向相一致，不仅为儿童的人生打下良好基础，并为国家、民族培养更多建设和创造的力量，在这一点上，中国老一辈教育家所追求的理想与21世纪中国学前教育发展目标和要求薪火相传、始终如一。

本书共分4辑。第1辑《现代幼儿园基本理论》所收录文章内容，着重于陈鹤琴先生对于"中国化""科学化""大众化"现代幼儿园基本性质、教育目的，以及对于"现代教育潮流趋势"与"中国本国国情"之间相互关系的判断、阐释。将"儿童观""儿童发展"与"环境""社会进步"协调、统一，强调幼儿园的教育、教学性质对儿童成长、发展不可或缺的功能和意义。第2辑《幼儿园课程与教学原则》，集中体现鼓楼幼稚园（现称鼓楼幼儿园，1923年成立）作为公认的中国现代幼儿园初萌的重要标志，在20世纪20至30年代所进行的一系列"中国化"课程试验基础上，提炼、归纳的教学原则，将儿童的生活、经验，包括兴趣、需要作为教学依据与起点，重视幼儿园教学过程与教师作用，强调教学内容"整体性""连贯性"与"教学游戏化""自然教育"，同时将培养、发展幼儿"认知"与"学习"的各项能力作为幼儿园教育教学的主要内容，以成为小学教育的基础，即"幼小衔接"。第3辑是《"活教育"的教学原则与实践》。陈鹤琴先生于20世纪40年代初提出"活教育"学说，力图将自己的教育理想与教学试验成果、经验进一步升华至教育哲学的境界，从而形成一套具有"中国化"本土特征的现代教育理论体系。他提出"三大信念"，即"三大目标"：做人、做中国人、做现代中国人（目的论）；大自然大社会都是活教材（课程论）；做中学、做中教、做中求进步（方法论）。其目的在于寻找、探索一条"适合时代需要、符合民族精神的完善的教育制度，希望它能从理论走入实践……"在本辑内容中，陈鹤琴阐释儿童教育"三大问题"，即"儿童是谁？""儿童教育在哪里？""儿童应该怎样学习？"从而将"儿童主体""儿童生活"与"儿童发展""儿童生活发展"融入时代与社会进步、发展的大潮中，进而使儿童教育成为民族复兴、国家富强的动力。同时，陈鹤琴提出"五指活动""十七条教学原则""学习四步骤"等具体教学方案，使教育目的与方法相配合，"创造理论也在创造方法"（陈鹤琴语）。他对儿童教育"三大关系"（"儿童主体"与"儿童发展"之间的关系，"自然教育"与"社会性培养"之间的关系，儿童实践与学习之间的关系）所做的阐述不仅具有理论认知价值，对于广大幼儿园教师提高现代教育素质起到启迪、反思作用，并且对于规划、制定幼儿园教学活动方案、评价教学过程与教师工作等都具有指导性、工具性等实用功能。第4辑《幼儿园教师基本素养与训练》包括教师在幼儿园教学活动中的重要作用，以及在个人品格、教育情怀、教学素养、教学技能等各方面应具备的条件。陈鹤琴指出，"幼稚教师之重要，在一切设备之上。倘能得到'优良教师'，就能'事半功倍'"，而幼儿园教师"非经严格的专业训练则绝难胜任"。陈鹤琴对于实习教师们提出四点建议：（1）勿高谈理论；（2）勿作主观批评；（3）要从小处着手；（4）要有结果。在他看来，一个优秀的幼儿园教师不仅要"爱儿童"，还要"注意环境，利用环境"。他提出教师应掌握教学技术的七项原则：

要了解教学的基本原则在"做"；

能掌握理论与实际一致的教学方法；

能了解每个儿童的个性和他的问题；

建立师生间的友谊；

能选择适当的学习经验；

能充分利用大自然大社会中的活教材；

能掌握表情达意的工具。

尽管随着时代的发展，今天的学前教育无论在理论上还是实践上都与陈鹤琴"活教育"学说不可同日而语，但其中"儿童立场""儿童主体性学习"与儿童教育"内容""过程""目标"以及影响、制约因素等原理、规律却大致相同。从"活的教育"到"活教育"学说、理论的演进，体现出中国老一辈教育家对于现代学前教育本质与发展趋势认识的不断升华。从"自由教育""自然教育"到"设计教育""单元教学"，再到"活教育"三大目标；从"儿童中心""儿童兴趣""儿童经验"到"从儿童需要出发，实现儿童完整生活"等，无不使人感到了学前教育作为儿童成长、学习的起步时期，对于"人"的发展与社会进步所起到的基础性促进作用。儿童教育本质是什么？学前教育怎样促进儿童发展呢？陈鹤琴阐释道：

儿童社会性的发展，是儿童适应群体关系的主要因素。教材的选择，必须要顾及社会性的条件，给儿童团体行为以充分的自由的活动，同时要指导儿童如何在社会的目的之下来表现自己的兴趣。这种指导并非站在成人的标准上来说话，而是从日常社会行为中发展出儿童自己的标准来，使任何一个个人，不管他年龄的大小，都能在跟别人共同工作或活动的过程中来完成某一事件，并且还要学会如何顺应其周围的环境，如何适应其自己的社会关系。

对于第一个阶段的（注：自出生至1岁左右）的儿童，我们应注意他们的营养、卫生习惯、身体发育；对于第二个阶段（注：1岁半至3岁半）的儿童，我们应当培养他们的基本动作，发展他们的语言技能；对于第三个阶段（注：3岁半到6岁）的儿童，我们应当培养他们的合作精神，发展他们的社交知识。幼稚园包括了这三个阶段，就成了一个有系统的组织，可以和小学教育紧紧地衔接起来了。

本书内容选取自《陈鹤琴全集》（共六卷，陈秀云与陈一飞主编，江苏凤凰教育出版社出版，2008年8月版），这部400多万字的著作的整理者我的母亲陈秀云与两位舅舅陈一鸣、陈一飞都已经过世了，但是他们留下的事业与工作仍在继续进行。2009年3月25日由陈鹤琴三位子女陈一鸣、陈秀云、陈一飞联名提交的《对〈国家中长期教育改革和发展规划纲要的建议〉》中提出："建议在教育规划纲要中列入：珍视我国自己民族的现代杰出的教育家，学习和弘扬他们留下的珍贵精神财富，结合时代的新内涵，运用于新的历史时期的教育改革和发展，为我国社会主义大业，增添力量和光彩。"他们深情写道：

在我国百年以来的近现代史中，一部教育现代化改革和发展的历史，是众多的仁人志士，怀着热爱祖国、服务人民、贡献人类的崇高志向，献身教育事业，用自己的心血谱写而成的。他们培育了一代代的儿童、青少年和成人，为中华民族伟大的变革和现代化的探索输送了优秀的人才、民族的新生命。在五四新教育的大潮中，涌现出一批融汇中西教育思想精华，怀抱救国、爱民、奉献和民主、科学的理想和志向的杰出教育家，开展了大量研究、实践，为中国现代教育的建立与发展奠定了基础，留下了丰富的教育宝藏。

我编完这本书的时候，浮想联翩，我的已故母亲陈秀云（1927—2017）与两位舅舅陈一鸣（1920—2014）、陈一飞（1929—2016）略带疲惫却慈祥、隽永的面容犹在眼前。如果不是他们克服困难，耗尽自己大量心血，整理、出版、传播陈鹤琴教育思想与著作，中国教育史、中国学前教育史难免会出现断档。我想起了两句名言，一句是"春蚕到死丝方尽，蜡炬成灰泪始干"；另一句是

"终生不失赤子之心"。我经常这样想，如果他们在天上有知，一定会为现在许许多多学前教育学者和一线幼儿园园长、教师们学习、传承、实践陈鹤琴现代幼儿园学说与"活教育"精神而感到欣慰。我期待，这本书能够将陈鹤琴幼儿教育学说像良种一样撒向广袤的学前教育沃土，以实现陈鹤琴先生"了解和研究儿童，教育他们使之胜过前人"的愿望。

在这本书的编选过程中，我的夫人束菱舟女士参与资料整理，我的表姐陈庆女士、北京联合大学彭海蕾教授、广西科技师范学院陆莹讲师提出许多建议。本书出版仰赖于山西教育出版社与刘继安编辑的选题、策划，以及教育编辑部樊丽娜、李龙飞两位编辑老师的悉心工作，特此深表谢忱！

2023 年 2 月

目录

第2辑

幼儿园课程与教学原则

第3辑

"活教育"的教学原则与实践

第4辑

幼儿园教师基本素养与训练

第1辑

现代幼儿园基本理论

为什么要办幼稚园

幼稚教育是一切教育的基础，因为它的对象早于学龄儿童。它的功用，正如培植苗木，实在关系于儿童终生的事业与幸福，推而广之，关系于国家社会。现在分条来说明。

一、儿童

在幼稚教育期内的儿童，通常是4岁到6岁，现在也有人来试教3岁的儿童。这个时期的儿童在不设幼稚园以前，大都整天在家里玩，常常去麻烦父母。从前人们对于这个时期的儿童往往轻视（现在大多数人的见解还是如此），甚至于当作赘疣的。这都是因为不了解儿童在这时期最重要、儿童在这时期里最可教的缘故。所以倘若能够明了这个时期的儿童心理与生理状况，对于所以要办幼稚园的理由，就可以思过其半。我们来看看这个时期儿童的特征如何呢？

（一）好群

儿童从小喜欢有伴侣的，出生4个月的儿童就要有人陪他，倘若让他独自睡在床上，没有人坐在旁边，他就要哭的。年龄一天一天地大起来，好群的欲望也一天一天地增长起来，到了3岁，日常的言语能说了，普通的游戏也能玩了，那时候要求同伴的欲望更大了。家里的兄弟姊妹固然是他的好伴侣，邻人的子女也互相招呼去玩。但是环境有限，哪里能满足他的欲望呢？幼稚园就是适应这个需要，在一定的处所招收许多差不多同年岁的儿童，供给他们种种有教育价值的环境，使儿童得以在适宜的环境之中，充分地与同伴接触，以发展他们的好群的特点。

（二）好玩

儿童生来是好动的，几个月的婴儿，就能在床上不停地动，这就是好玩的表现。儿童到了初学步的时候，教步的成人，有时已经觉得疲倦了，但他还是忽起、忽立、忽走地运动。儿童会立以后，他就多方想法子来玩，不懂教育的父母就非常厌烦。其实儿童好玩是一件好事情，可以增进许多知识，可以学到许多技能，并且对身体的发育也有极大的益处，所以稍有教育知识的父母，就应设法替子女置备玩具，但是家庭的经济有限，环境也受到种种限制，势难充分地发展儿童好游戏的本能。就是经济上可以替儿童置备许多玩具，又可以替他特设环境，但是同伴的缺乏，还是不能解决的，所以要充分地发展儿童好玩的本能，非有幼稚教育不可。

（三）可教

幼稚教育时期的儿童是好玩的，要知道他非但好玩，并且是可教的。中国古语说："孺子可教也。"这句话虽然不专指教这个时期的儿童，但是这时期的儿童，确实比任何时期的儿童容易受教，儿童从2岁到6岁，所学的事情，倘若把它统计起来，实在可惊，可以说终身使用的基本材料和工具，都在这时期里学得的。例如日常语言，人生需要的动作、习惯道德等，大部分都在这时期里养成，儿童容易学习的事例很多，就以学习言语一事来说，我们成人学习一种方言，有时学了五六年还是不会的，五六岁的儿童，不要半年，就可以学成一种方言，这种容易学习的能力，在心理学上被称为可塑性，在教育学上被称为可教性。我现在举一个例子来说明儿童之可教性，美国有一位母亲是一个很有学问的女子，她对孩子从小就用种种方法来施教。孩子到了8岁居然能说八国语言，能打网球、骑自行车等，后来长大了，文学音乐方面都有很大的成就。追源起来，就是因为有一个好的基础。我敢相信，凡是儿童都可教的（除去生理上有残疾的），都可以教成为有成就的人。不过教的方法和寻常教育不同，应该要有特殊的研究。

以上三点是儿童心理与幼稚教育相关的最重要之点，其余尚有好奇、模仿，也都是与幼稚教育有密切关系的。

二、对于儿童之需要

儿童之需要甚多，总括起来是"发展个性"。个性如何能发展呢？是否独来独往可以尽量发展呢？是否年岁长大起来自然就可以逐渐发展，无须藉外力之启发呢？我们知道像鲁滨逊的孤居荒岛个性必难得到充分发展的，所以教育上就有许多问题值得研究，分析起来可以得出三点。

（一）身体

培养成一个身体健全的人，学得种种技能，这种工作大都要有完美的设备，布置成一个很好的环境，使儿童眼之所见，手足之所接触，耳之所闻，都能依照他的个性去活动，教师只要从旁指导，就能引起儿童个性之所好，所以幼稚教育应注重设备。

（二）智力

人类进步一天快似一天，同时因为"生也有涯，知也无涯"，所以对于各种知识的获得，能够提早一天，就应该极力设法来提早。从前人们都以小学时期为正式开始学习各种知识的时期，现在我们知道幼稚教育时期，也着实可以学习，我们虽然不敢希望凡是幼稚生都像小学生那样受教，但是据各方的经验看来，幼稚教育至少可以帮助学习小学一年或二年课程的一部分，如自然、语言、图画、常识等，在幼稚园里都可以教的。

（三）德行

儿童在家里所接触的人不多，有许多家庭因为过分宠爱，孩子到了七八岁还是唯我独尊，毫不知做人的道德。要培养德行，非把儿童放在人群中不可。幼稚园虽然不是大的人群，但是对四五岁的儿童来说，确是一个适宜的人群了，可以在这个人群中养成许多人类社会的德行。

三、对于家庭

一切教育，没有再比幼稚教育更与家庭有密切的关系了。幼稚生是初离母亲的怀抱，父母爱护之忱正是浓厚，加以在家中的时间较多，倘若不和家庭去合作，成效必少，这是幼稚园要借助于家庭之处。至于幼稚园有益于家庭之点那就很多了，简单地说几条如下。

（一）节省时间

四五岁的儿童在家里是最顽皮的，大人不去理他，他就会闯出许多祸来；若去管他呢，又管不胜管，教不胜教，这是有过子、侄、弟、妹的人都有同样感触的。所以一家有两三个小孩子，父母就苦得不得了，忙得不得了，这时候，倘若有相当处所，可以把儿童送进去，父母一定很欢迎的，因为父母可以分出许多时间来做别的事情了。

（二）节省精力

父母都有相当的职务，断不能把全副精力用于几个儿女身上。况且教儿童也非随便教的，需要花费许多精力的。寻常父母都不能

为什么要办幼稚园

有充分的时间和精力去做这种工作，而幼稚园就可以帮助家庭来做教育儿童的工作，至少可以帮助一部分。不过有一点要注意，就是所谓帮助一部分，就是说，儿童进了幼稚园，不是一切教育责任都由幼稚园担负，这点在社会上产生误会的人很多。

（三）补充家庭教育之不足

父母即使有了充分的时间与精力去教育儿女，也需有幼稚教育。例如，上面说过的儿童好群的特性，要想有充分的发展非有众多的同伴不可，这点在家庭里是办不到的。此外，倘若父母缺乏时间、精力、学识及经验者，尤其需要幼稚教育的帮助，又如儿童都喜欢提问题的，寻常父母遇到儿女有麻烦的问题，总说"走开去，不要来讨厌"，在幼稚园里这类情形就可以减少许多，儿童可以从老师那里得到许多知识，所以我们非常相信幼稚教育可以补充家庭教育之不足。

四、对于国家

幼稚园里有公民训练的一种课程，就是培养将来做公民的基础，因此可以养成种种合作的精神，爱护团体、爱护国家的精神。同时又可以培养公民应有的知识与技能，砌成一个稳固的公民基础。

五、对于小学

幼稚园对于小学的关系，比上述数项来得轻些。不过儿童有了很好的基础，进小学去，照理论上说来，比没有进过幼稚园的来得好，可惜我们现在还没有统计的事实来证明这一点。我们倘若能认定几所小学校，把它们的学生成绩测验一下，看看进过幼稚园的儿童，究竟比没有进过幼稚园的儿童好多少？这样不是对于幼稚教育的改进有好处吗？

总之，幼稚教育之关系甚大，所以需慎重办理。以儿童个人而论，这步教育不善，终身受影响，就是改正过来，也要费九牛二虎之力。我们大家都知道学习的开始是很重要的，正如同一出发点，可以向东也可以向西，初时不注意，竟会闹成南辕北辙的，那岂不是比不学都坏吗？从前有一位音乐教师，在招生广告上说："凡没有学过琴的学费每小时一元，学过琴的每小时二元。"有人问他理由何在，他说："没有学过的人，只要从头教起就好，倘若学过的人，还要做一步改换旧习的工作，这更费事，比初教还不容易。"所以幼稚教育办得好，小学教育就容易办得多了，幼稚生教得好，小学生就容易教了，这样说来，幼稚教育，实是小学教育的基础。

为什么要办幼稚园

幼稚教育之目标

儿童、教材和教师是教育上的三大要素。三者的关系，儿童是主体，教师度量儿童的能力与个性，用种种最适宜的方法，把教材介绍给儿童。换言之，先测量儿童的个性，希望他们达到怎样的目的，然后选择最适宜的材料，使用最适宜的方法，以达到所希望的目的。现在我们用图来表示三者互相的关系：

照图的意义说来，儿童还是教育的主体，课程与方法都是达到目的的工具，所以谈教育，第一应当解释目的。若问，幼稚教育的目的怎样呢？据我看来，至少有四大目的：

一、做怎样的人

这条是关于道德和群育的。照伦理学上说来，做人的标准很严格，所分的细目也很琐碎。我们不愿意再蹈从前小学里修身科的故辙，不应该有繁文缛节的细说，只要有几个大目标就够了。

（一）合作的精神

这种精神从大的方面说来，是人类所以战胜万物的根本要素，确是人生最重要的道德。我们不能希望幼稚生完全达到，因为这时期儿童并没有大的合作能力，但是我们在极细微的地方也可以训练的。例如，做团体游戏可以训练此种精神。又如玩积木，小号积木一人可以放在桌上玩，至于大号积木，必须大家合起来玩，这样也可以训练合作的精神，虽然有许多学者反对能力的转移，认为是不可能的，但是我们倘能处处注意培养这种习惯，将来就是习惯的应用了，似乎并不矛盾。

（二）同情心

同情心是人类的特性，所以闻其声不忍食其肉，见无告之民而生恻隐之心等，都是同情一事之功。但是以现在社会的恶德张扬，此心渐泯。幼稚生在社会上之日尚少，急宜训练此种美德，以奠定其坚固之基础。

（三）服务的精神

人哪个无自私？所以我们对于"私"不能厚非。但是人类一天进步一天，"私"字的范围也应该一天扩大一天，起初是个人，渐进而为同居一室，更进而为同乡、同邑，更进而为同业，更进而为全社会、全国到全人类。我们抛开哲学来谈事实，社会上倘若都是为个人的人，我敢说没有文明的进步，对于他自己也很难有进步的希望。服务的精神，从小应该训练的。例如，组织幼童子军，儿童就能格外替他人做事。此外，做人的道德当然还有很多，如谦让、诚实、有礼貌等，也应该培养的。

二、应该有怎样的身体

我们希望儿童有很强健的体格，首先应训练儿童养成各种达到强健体格的习惯。可以分三层来说。

（一）健康的体格

要培养儿童有健康的体格，是一件很不容易的事，成人几乎要时刻留心，例如运动、饮食、衣服等，都应该合乎卫生要求。幼稚园也应该负相当的责任去指导家庭，而幼稚园最应注意的是玩具与本园的各种设备，使它们既能引起儿童好动的心理，又能时时刻刻注意卫生条件。

（二）卫生习惯

要培养儿童体格的健康，成人应该有良好的指导，其中养成儿童卫生习惯，尤为重要。幼稚生因能力关系，当然不能要求过高，下列数项是可实行的：好清洁的观念，洗脸、刷牙、吃东西以前洗手，每晨大便，随身带清洁的手巾等习惯，幼稚生都可做到的。

（三）技能

要身体健康，必须有相当运动的技能。中国旧式家庭养小孩，怕风怕雨，不让孩子出门去玩，弄得孩子像个半截木偶，何等可怜。在幼稚园里的儿童，对于人生必需的几种基本动作，都应该养成。例如跑步，跳跃，爬高，掷物，骑脚踏车、雪车，荡秋千，溜滑梯等，一方面培养儿童各种技能，另一方面又能培养勇敢精神，使他们稍踏危境而不惧，且荡秋千等动作，对于避免晕船还有几分帮助，那么又有其他的功用了。

三、应该怎样开发儿童的智力

智力和知识很有分别的。旧教育是注重于知识的注入，弄得儿童成了装物件的器皿，把知识一件一件地装进去。新教育就是要在知识以外加上智力的开发。从范围说起来，智力和知识是有交叉的两个圆，但是智力的圆比知识的圆要大得多了，同时也可以说，知识是以成人为主体的，智力是以儿童为主体的，智力上的能力是活的，积累许多知识是死的。我们培养幼稚生应该具备哪些智力上的能力呢？

（一）有研究的态度

儿童的好发问，几乎可以说是天性，而成人往往不愿意向他们说明，同他们去研究，有时还要用强烈的手段去禁止儿童发问，致使儿童好发问的态度被消泯无迹，这是何等可叹的事情。幼稚生因为种种能力的限制，所以谈不上像大学问家那样地研究，但是日常事务的穷究，也着实够了。例如，日常的食品，油盐酱醋的成因，花草虫鱼鸟兽的考察，都是很容易办得到的，教师也应该教他们的。不过这里有一个最困难之点，就是教师要知识丰富，幼稚教师确是不容易做到。

（二）有充分的知识

蒙台梭利①的方法，是以训练儿童的感觉为幼稚园的唯一课程，这是谬误的观念。我们对于幼稚生虽然要使他们感觉敏锐，同时也应该使他们有丰富的知识，使他们经验丰富。幼小儿童是富于想象的，但是想象的根据是经验，没有经验就不会有想象的。只要使幼稚生有机会接触自然界和社会，并好好指导他们，就可以使他们有丰富的知识。各种经验都是直接得来的，所以还要使他们有获得经验之工具和技能。例如，看图画、识字等，也应该培养这方面的技能。

（三）有表意的能力

前两项都是受纳的一方面，这是表现个人之所感。成人对于心有所感必从许多途径表现出来。能文者，作为诗歌；能绘画者，绘成图画，其他如工艺、音乐、雕刻、言语等无一不为表现个人感想

---

①蒙台梭利（1870—1952），意大利女教育家。1907年在罗马为3至6岁儿童创立"儿童之家"，从事教育实验。提出儿童"心理胚胎期"与"有吸收力的心理"的概念，把教育看作是促使儿童内在力量自我发展的过程，强调让儿童自由活动。著有《蒙台梭利方法》《童年的秘密》《有吸收力的心理》等书。

之工具。幼稚生因生理上之限制，当然达不到这种地步，但是简单的语言，叙述简单的故事，画简单的图画，做简单的手工，还是可以做得到的。这类发表的能力，都是可以逐渐训练成功的。

四、怎样培养情绪

儿童发脾气，撒娇，惧怕蛇、狗等，大概诸位都看到过，这就是儿童情绪的表现。在普通的家庭里，不是弄得儿童像霸王，就是弄得儿童终日哭泣，或者见到什么都害怕，不能离开母亲一步，对于儿童都是"爱之适以害之"的。幼稚园至少应该从以下三方面来培养儿童。

（一）欣赏

欣赏的东西很多，如自然界之美，山川之秀美，建筑之雄伟，但这些对幼稚生似乎都还早些，而悦耳的音乐、儿童画、音调顺口的儿歌、可以玩赏的艺术品，幼稚生都能欣赏的。我们大家都感觉到我国国民之缺少欣赏能力，尤其是音乐，雅歌妙舞，几乎成为少数人的专利品，普通人很难领略，这是一个大缺点。我们应该极力设法改变的，首先应在幼稚园里大力提倡，这是不难办到的。只有诗歌一层比较难些，要想搜集合乎幼稚生的诗歌，是一件很不容易的事。

（二）快乐

我们的教育不能使儿童感到快乐，也是失败之一。所谓快乐，不是用糖包药丸的方法，使儿童暂时感到快乐，我们希望儿童养成欢天喜地的快乐精神。教师的人格感化，笑口常开，和蔼可亲，这固然要紧，此外在一切教导上，都应合乎儿童的需要，采取循循善诱的方法，并不是拿了物件，硬装进去的。硬装的方法，就会造成使儿童厌恶一切的后果。例如，读书是一件很有趣的事，教的得法，可以使儿童终身喜欢读书的，但是大多数的儿童不喜欢读书，这都因为教师强迫儿童的缘故，有了这样不好的习惯，可以说是人生最大的不幸。

（三）打消惧怕

儿童生来所怕的东西不多，惧怕大都是后天养成的。家庭教育之不良，周围邻居之恶劣影响，于是慢慢养成了种种惧怕的习惯，如怕黑暗、怕蚯蚓、怕狗、怕猫、怕昆虫等，都是对于人生有很多不便的影响。幼稚园教师应该常常带儿童去接触万事万物，如捉昆虫、与猫狗玩耍等，又如常带儿童登高、溜滑梯等，这些都是消灭惧怕情绪的好方法。我们常常看到初入幼稚园的儿童见到什么都怕，过了一些时候，能渐渐地去接近惧怕的东西，教师倘能处处注意，必能把儿童已有的惧怕情绪打消。这种经验，幼稚教师都有。总之，我们最好是不给儿童有些许惧怕情绪的机会，但是这步工作大部分要家长努力，若家庭教育不良，儿童已养成了许多不良习惯，那么只好由幼稚园来担负消泯惧怕情绪的工作了。

幼稚教育之原则

教育原则之依时代而变，或因几位教育哲学家之学说而变，在教育史上都可以找到。最近的教育思潮是注重实验，这是从美国实验主义派的哲学来的，杜威①、米勒②等主张得最有力。这个思潮，影响到各种教育，使各种教育的各个方面都起了变化。其实从实验所得的结果来看，实验主义确实比较来得适用。幼稚教育是各种教育中之一种，当然也应该依着实验的精神去研究，但是幼稚教育太不能引起世人的注意了。据我所知，所有的教育原则都是东鳞西爪，很少有全面的研究。现在我把几年来的经验和编选的原则，写

①杜威（John Dewey，1859—1952），美国哲学家、社会学家、教育学家，实用主义芝加哥学派创始人。他认为经验是人和人所创造的环境的"交涉"，一切科学理论是人们整理经验、适应环境的手段或工具。他认为教育即生活，学校即社会，让儿童"从做中学"。
②米勒，美国实验心理学家，用实验研究的方法验证了学习与动机的关系。

几条出来，其中次序之先后，并未注意编排，实在也不必编排，大家可以自己认定哪条最为重要。

一、丰富儿童的经验

教育目的中有一条是丰富儿童的经验。一个无知识的人，如何经过几年的教育能够使他有知识，这是教育上的大问题。虽然我们还没有完全解决这个问题，但是我们已经得到一句最简要的话："经验是知识之门。"初学步的儿童，不知玩物距离他的远近，他总是伸手去抓，抓了几次空，方才知道是抓不着的。孩子初见到火，又红又亮，以为是很好玩的，用手去拿，不料手皮灼痛了，以后他就知道这红而又亮的火是烫的。我们说了几次冰是冷的，雪碰到火要融化的，也很难使儿童明了，非到他玩了冰雪才知道。诸如此类的例子很多很多，幼稚园的作业（包括一切活动），就应该本着丰富儿童的经验去做。寻常走圆圈的活动是否有什么意义？还是带儿童到外面去跑去玩好呢？这都是不言而喻的。不过我们实行这条原则的时候，要留心一事，儿童吸取经验是不分美恶的，有时候还是恶的方面容易吸收。分别美恶，使儿童多有美的经验，少有恶的经验，这是教育者的责任了。

怎样使儿童有经验呢？有两种方法。

1. 直接的。一切经验都是儿童亲身力行得来的，例如蚕丝，要儿童明了其来源与蚕吐丝的整个过程，最好亲自来养蚕。这一条，就是自动的原则。教育者无论如何不能代替儿童做事，也无论如何不能完全用抽象的概念来施教。

2．间接的。不能直接得到的经验，如虎、狼等，在小地方看不到，又怎样呢？这类经验在人的生活里也占重要地位，考源它们的来由，大都由间接来的。例如，教虎、狼等，不能用实物，就用很逼真的图画来代替。不过这样教法，在幼稚园里应当减少到最小限度。

二、有用的动作

人生的基本动作有多少？幼稚生应该学哪几种最有用的动作？现在还没有人能回答。只有"在教育上的动作，是要件件都有目的的"一语。对这问题分析得比较详细的要算克尔帕屈克（Kilpatrick）[①]。根据他的分析，有三条动作的原则，或者可以作为评判的标准。

（一）是否能引起儿童全副精神的？

有几种动作儿童是不能集中他的注意力的，例如幼稚生的折纸

[①]克尔帕屈克（Willian Heard Kilpatrick，1871—1965），现译为克伯屈，美国教育家，哥伦比亚大学哲学博士，设计教学法的创立者，批评传统分科教学制度，对美国中小学校课程改革有重要影响。1917年曾到中国讲学，其设计教学法曾在中国一些中小学试行。著有《设计教学法》《教育哲学》等。

手工、走朝会圈等，这种动作不是中途而舍，就是随大众而动。但是有几种动作能使儿童孜孜不倦地去做，例如迎龙灯、放鹞子等，没有一个儿童不兴高采烈地去做的。我们可以说这类动作有教育价值，前类动作没有什么教育价值。

严格地说，没有一种动作完全不能引起儿童的兴趣的，除非他完全不能做；同时也没有一种动作能使个个儿童都兴高采烈地去做。这都是哲学上的声辩，在教育上是要以大多数为标准的。现在很有一派心理学家主张努力在前，兴味在后。在实验室里，我们不能否认，但是在幼稚生时期的儿童，在他没有感到兴味以前，是不容易努力去做的，这是有经验的教师都有此体会的。

（二）做了以后能否得着有价值的结果？

此地所谓有价值在积极方面指对于儿童身心有益而言；在消极方面指无害于身体，不致养成恶习惯与恶观念而言。例如旅行去采集标本是好的动作，摘取公园里的花果就不好了；玩竹刀木剑是好的动作，拿来做杀人的样子就不好了；吹肥皂泡是好的，但是不能行之于幼稚园；室内运动无论如何不及室外运动。其他以金钱赌博的游戏，会养成恶习，都不应该教。至于价值发生之久暂，我们可以不考虑，只要这个动作在儿童的时期里是有益就好了。关于这条，我们要防止教育上预备说之弊。

（三）是否可以引起其他有益的动作？

这条原则是克氏一生哲学之出发点。我们知道设计教学也是利用一串活动的原则，有时因极平常的一个活动可以引起人生最有用的一大串活动来，合成一个设计。因甲种动作能引起乙种、丙种……动作来是这条原则的一个解释。其次是因某种动作里的几个重要元素，能影响到别种动作，因此可以有益于人生，这又是一个解释。例如荡秋千可以训练坐船的能力，沙盘游戏、踢球等动作的元素都能引用到别种动作上去。又如织纸手工不如穿线或织线，其中虽然因为织成纸纹不如穿成线形有趣，织纸不如穿线容易，其实穿线的动作格外合于实际也是主要原因。蒙台梭利很注重感觉，这样主张是否适宜于常态的儿童，是很值得研究的。发达感觉固然要紧，但是偏重这方面，疏忽儿童自发的动作，也是不应该的。关于这条，千万不要以为能力是可以转移的，不然古人的读拉丁希腊文可以训练心力的谬说要应用于幼稚园里了。

三、完美的环境

环境的作用是直接或间接引起儿童优良的动作的。幼稚园的环境最主要的是教师和四周的物件，所以我们应该向这两方面去着想。

（一）教师

幼稚生所接触的人，除父母以外，只有教师是他们最有力的指导者。他们对于这两种人的一切言行服色，都直接或间接地模仿。所以教师不能随便任性胡行的。如何能算得是优良教师？应该有几多学问？有怎样的人格？以后有专章来讨论。不过幼稚园教师之重要，在一切设备之上。倘能得着优良教师，就能"事半功倍"。

（二）设备

幼稚园不是学校，也不是寺院教堂，乃是培植小孩子的园地，也就是扩大的家庭。有了这个原则，我们就知道一切设备可以仿照家庭的去做，不必有学校的式样，也不必使儿童知道这是一所与家庭不同的处所。所有的玩具，不必仿照哪一个外国大教育家的第几种"恩物①"去做，只要把普通家庭和社会所有的玩具、用具改良仿造，也就够用了。不过我们办教育的应该有相当的教育目标，例如在中国应该提倡爱国精神、尚武精神、美术化等。家庭化是幼稚园的大目标，同时把种种应该有的精神也包含在内，这就是布置环境的原则。

（三）适宜的教材

选择幼稚园教材的原则，至少有三条。

1. 合于本国国情的。例如选取诗歌，我国古诗合于儿童经验的确实很少，但是童谣、儿歌，各省很多，其中大半是儿童口吻，我们能够加一步删改取舍的工作，不是很好的教材吗？又如音乐的

---

①恩物：德国幼教专家福禄培尔对他于1837年创制的儿童玩具的称谓。基本形状是球体、立方体和圆柱体，包括各种柔软色球、木球、正方块、圆柱、木板和多种几何图形的积木等。帮助儿童辨别颜色、认识形状，形成点、线、面及部分与整体的观念。

器具，钢琴、留声机，确实很能启发儿童爱好音乐，养成欣赏音乐的观念，但是我国固有的乐器，如琵琶、笙、箫、古琴之类，又何尝没有同样的价值呢？可惜大部分的幼稚师范生不会使用！至于中国的锣、鼓、磬、钵、铃、钟等响器，比外国的不知便利多少，价目也便宜很多，我们为什么不采取呢？中国可用的教材很多，可以改良仿造的也很多，我们应当尽量地收纳……

2．能促进思想的发展。福禄培尔①的恩物，有统一性的。在那个时代的教育思潮确是以为这样的设备能促进儿童思想的发展。但是我们知道，儿童不是天造的，乃是社会上的一种人，他们的思想是非但不能以宗教的眼光来看待，而且也不能以成人的眼光去看待。……因为儿童并没有整个统一的观念，不能启发的。市上所见的六面图等，不是幼稚园的玩具，因为太难了，很扫兴的。皮球、积木（大号的）等是好的，因为儿童可以使它有变化，可以想出很多的方法来玩，可以促进思想发展的。

3．合于卫生（健康）。这是最紧要的一个原则。教材不合乎卫生，会直接伤害儿童的身体。例如有锋芒的洋铁刀剑、容易落色的

---

①福禄培尔（1782—1852），德国教育家。1837年创办学前教育机构，并于1840年命名为"幼儿园"。认为教育的目的在于揭露潜存于人体内的"神的本原"。认为儿童具有活动、艺术和宗教的本能，教育是促进儿童本能发展的过程。认为游戏是幼儿教育的基础，建立起以活动和游戏为主要特征的幼儿园课程体系。著有《人的教育》《幼儿园教育学》等。

玩具、有毒的物品，它的害处都是显而易见的。又如细小的蜡笔、铅笔，蝇头的小楷字，穿普通缝衣的针眼等等，都是不适于幼稚生的。教育儿童目的之一是希望养成儿童健康的身体。

四、检查体格及智力

有疾病的儿童，学习能力会差些，同时会把疾病传染他人，所以幼稚园收了有疾病的儿童，是很危险的。鼓楼幼稚园因为儿童发生流行症，请医生检查身体，哪里知道二十余个儿童除去有病不来园以外，还有六个人是患沙眼的，一个心脏失常的，一个因小的时候营养不良有鸡胸的。这类疾病都会影响学习。有时候教师左教也不对，右教也不对，以为教法不良，哪里知道儿童本身有缺陷，就无法学好，至于智力也有同样的影响。无论体力、智力都应该于入学的时候详细检查，教师可以告知家庭，在园的时候也就可以特别注意了。

五、与家庭合作

一曝十寒是教育上的戒律。幼稚生在园的时候少，在家的时候多，幼稚园虽然用了最好的方法去教，回到家里，一齐搁起，或者有些要求和做法与幼稚园相反，那就糟了。还有儿童遇到有疾病的时候，不能来园（不是不能起床，不过因为防传染而不来园，如伤风等病），这时候幼稚园就应该设法帮助家庭，如送去故事书、读法等材料。告之园中所用的方法，送去教材，一面是直接训练家长，一面是间接教育儿童，所得到的效果也就比单独注重于本园教导要好得多。

六、游戏化的教学法

凡事当作工作做就是痛苦的，当作游戏做就是快活的。成人也是如此，何况以游戏为生活的儿童呢？幼稚园里的课程很容易游戏化，例如教颜色，不必拿出某种颜色，某种色纸，教儿童识别，只要用各种颜色来画图画，把各种颜色带来做禽兽昆虫的游戏，非但可以教颜色，并且可以教自然科呢！福禄培尔第一种恩物颜色圆球，已经有了游戏性质，但是终不免呆板，又如拾草地上的石子，是一件乏味的工作，据我们试验的结果，儿童很喜欢做，这是什么缘故呢？就是教师用游戏化的教学法，有时让儿童用投壶的方法，把石子放到小车里去；有时让儿童来比赛掷远，把石子掷到场角去。老师拿出照相机来，替他们拍照，大家都高兴地做去了。我相信无论什么工作，都可以化作游戏，这要看教师的能力了。

七、暗示性的教学法

儿童的行为，于无意中模仿家长、教师及其伴侣的地方很多，这种模仿，在成人方面可以设法去利用它。有一次我看到附小有一个儿童，背上系了铃，前面一个儿童用绳拉他，做跑马的游戏，我回家去照样和一鸣做，起初以为他必定喜欢做，哪里知道他大哭，这是出乎我意料的。我立刻发现其中的缘故，于是把铃系在侄子的背上，跑了几次，一鸣就请求来玩了。开始就是因为我没有用暗示法的缘故。幼稚园里教师若想请学生做某件事情，切勿直接命令，必须转一个弯暗示他愿意去做。譬如，做猫捉老鼠游戏的时候，猫是人人喜欢做的，老鼠和油氅往往不很愿意做，这时候一个不小心，就会把一个最有趣的游戏，弄得一哄而散。这时教师就应该用暗示法，先把游戏性质说明：活动时偏重于油氅与老鼠，选择选手的时候也要先选老鼠与油氅，然后选猫，因为猫儿童都喜欢做，即或不着重选，被选的儿童也肯去做的。至于怎样去暗示，这要看教师的技术了，在于教师能否活用。

八、精密的辅导

这点最为重要，可惜无论哪方面都没有顾到。这或者因教师与学生的比例数不当，教师太少，照顾不到，譬如画图，一群三五十个儿童，只有一两位教师，当然照顾不到。于是养成儿童种种不良习惯，或者一年半载毫无进步。秀霞进幼稚园已半年了，她还不能画一个人头，比起一鸣来差得很多。有一天我坐在秀霞的旁边教她，不到十分钟，她就能画人头了，辅导的作用多大呀！从前福禄培尔主张以教师为中心，学生环绕在教师周围，如同母鸡带着小鸡。到了蒙台梭利就主张自动了，教师已站在学生旁边，近年来自由工作的声浪一天高似一天，非常尊重学生个性的发展。这个确实是好现象，但是往往流于放任，让学生自由乱动，这是最不经济的。非但教学上无效果，并且容易养成坏习惯，所以每天每个儿童至少应该受到教师几分钟的个别辅导，方才有真切的益处。据我们近年来试验的结果，幼稚园非有个别指导不可。幼稚生因年龄关系，能力太差，处处要教师从旁指导，以助其成。团体的教学，也有相当的益处，幼稚园里也要参用的，不过最好限于很少的几种活动里，例如团体游戏、小团体的唱歌班等。

九、充分的预备

旧式的教学法，教师预备功夫很多，非但把一切教材预备得详尽无遗，还要编成教案，计划每小时教授的步骤，例如五步教学法等，还替学生找动机呢？这种教学法已过时，不再用，然而追溯创此说之海尔巴脱（Herbart）[1]深以为教学非有充分的准备是难取功效的。

---

[1]海尔巴脱，今译赫尔巴特（Johann Friedrich Herbart，1776—1841）。德国哲学家、心理学家、教育家。认为人类道德的基础是五种不变的观念：内心自由、完善、仁慈、正义和公平。强调教育的目的在于培养具有"完美德行"的人。著有《普通教育学》《教育学讲授纲要》《哲学概论》等。

十、美术思想

教材的美术化，布置上的美术精神，本身服饰的整洁都是在无意中可以养成儿童爱好美术的观念的。当然不必有艺术家的学识，只要能随地留心而不流于荒诞或怪僻就好。

十一、医药常识

幼稚教师于养护儿童上比任何教师来得重要。幼稚生是娇嫩的，经不起什么波折，所以平日保护方面应该十分注意，一旦遇到不幸，教师尤宜有医生态度——镇静谨慎。同时需有医药上的普通知识，如出血则用止血药，虫咬涂亚摩尼亚水，蜂刺用烟熏等。又如检验沙眼、病喉、漏鼻等简单手续亦需会的。幼稚师范生能利用暑假到医院里去实习，那可以得到实地的经验。

十二、和蔼可亲

各人有各人的气概，有的如夏日之可畏，有的如冬日之可爱，幼稚教师要像冬日之可爱。凡事要很快乐，少烦恼，多笑容，这样人家看到也就快活，儿童尤其容易感受。教师能在儿童队伍中忘却他自己是教师，而是一个欢天喜地的领袖，同时在家长及社会方面，也能受到乐与为伍的反应。

十三、公允的态度

看到服饰整洁、容貌俊秀、智能高卓的儿童，没有一个人不喜欢，这是教师有偏心的最大原因。其实，教师应该一视同仁，儿童方才能得到时雨普遍的利益。

此外，对于教师的标准很多很多，例如有创造能力、高尚的人格、无不良嗜好等，都是。以上十三条不过举其大要。

幼稚园的课程

我们知道旧式的幼稚园课程不合于儿童的需要，有改造之必要。现在来讨论怎样改革课程。以下分作原则、组织和分科三项来说明。

一、幼稚园课程的原则

幼稚教育是教育之一种，所有原则，几乎和普通教育所谈的原则相同。关于课程的教育原理，当代教育哲学家杜威（John Dewey）、巴尔特（Paul Barth）等都详细讨论过，他们都谈到课程原则，诸位大概也都看到过。又如郑宗海[①]先生所译的《儿童与材料》一本小册子，愈加切合儿童教育。关于编制课程方法上的原理，庞锡尔、巴必特等都有专著，如《设计组织小学课程论》等早

[①]郑宗海（1892—1979），男，汉族，又名郑晓沧，浙江海宁人，著名教育家。1914年赴美留学，获哥伦比亚大学教育硕士学位。1918年回国后任南京高等师范及东南大学教育学教授。著有《教育概论》《修学指导》等教育学教材。

已脍炙人口了。至于完全讨论幼稚园课程的就不多了，并且大多数是报告，例如哥伦比亚出版的由唐戆所译的《幼稚园课程研究》，就是报告。现在我根据上述著作中的论述来讨论。其中有五条原则我认为很好。

（一）课程的目的最重要的是帮助儿童目前生活，至于将来生活的帮助还在其次

这条原则指出了从前人们预备说的谬误。儿童是儿童，成人是成人，虽然今日的儿童就是将来的成人，但是在教育上尽可以不必做先养子而后嫁的手续。例如教识字，儿童不知道字的用处，强迫他学，那是不应该的。但是，我们可以找到儿童生活中也有字的，例如故事、谈话、图画等都可以放进字去的，我们就以此教他识字。严格地说起来，儿童识字也是为着将来生活，教他识字就是照顾到将来。但是用论理的方法去教，没有不失败的。用适应目前生活需要的方法，去达到将来生活中必会出现的事情，这是制定课程的第一条原则。

（二）所有的课程都要从人生实际生活与经验里选出来

这条原则是承第一条来的。像幼稚园里的课程，天天走朝会圈，玩蒙台梭利恩物、福禄培尔恩物，就是学校生活和实际生活截然分做两途。儿童走出学校大门又换了一个生活，这种教育则是不切人生的教育。学校里可教的东西很多，只怕教不了，教不周到，儿童的一饮一食，一草一木的接触，灿烂的玩具用品，都是好教

材，课程确该从这方面去着想，何必经过一番人工化呢？

（三）富于弹性的课程，可以适应个别不同的兴趣与能力的儿童

如何适应不同个性的儿童，在教师和教法方面固然很重要，然而在拟定课程时尤其应该留有余地，使儿童可以多方地去接触，可以随他自己的个性去转变。这句话在课程方面就是说："一切课程，包括儿童全部的活动是可以变的，并不是按几位教师的想法而拟定的，并且是多方的，不是专一的，不是专门注意某部分，而使其他各部分向隅的。"例如蒙台梭利的教法，在发展儿童的感觉上，确是好方法，但是未免太专一了，墨守她的方法，会束缚儿童的天性，不能尽其固有的天性而发展——至少是不能多方发展。所以富有弹性的课程有两种意义。多设课程，可以使儿童从多方发展，并且适应他的个性之所近，即所谓"助其长，而补其短"。这是一个意义。同是一种课程，它的内容分得深浅不同，所包含的成分也不同，随儿童自己的需要去做，这是课程有弹性的又一个意义。从广义说，课程在这两个意义上都有。倘若课程和教材有严格的区别的时候，那第二个意义就专属于教材了。

（四）所有的课程允许重编

这条原则和第三条相仿佛，不过在范围上稍有不同。所谓有弹性是专指适应儿童个性与当时的需要而言。我们知道教育有两方面应该适应的——儿童的需要与社会的需要。社会的需要是各地不同

的，也是因时期而异的。我国黄河流域的社会情形，与长江流域大不相同。前五六年的社会情形，又和现在的不同。我们固然不能把外国的课程搬移到中国来直接应用，也应该知道在一国之中所定的课程也不是一成不变的，也不能强迫全国雷同的。一国之中应该有全国统一的课程大纲，即所谓养成全国一致的真精神，但是应该允许各地重编。各地方也应当根据社会需要而决定是否重编。

（五）非但要适应儿童目前的需要，尤其应该适应其他的新需要

有刺激然后发生反应，这是生物的普遍状态。儿童的需要，有一小部分是发生于自己生理状态的要求，大部分发生于外界的刺激。刺激的来源很多——家庭，小朋友，教师，社会，自然界等，不进学校的儿童，也天天受教育，就是随地而遇的刺激，随地得到解决的适应。但是，这类刺激的范围太狭窄，教育上的刺激是胜于这类刺激的（并不是不要这类刺激与适应的方法，切勿误会）。教育的刺激，是在日常所有的刺激以外，再加上许多不是在一处地方所能接受得到的。所谓搜罗各地方之特别事物来刺激儿童，使儿童能因之生出种种新需要，教师再设法来适应他们的新需要，这是教育所起到的作用。谈到这点，课程当然和设备有关系了。如何能引起新的需要呢？有一部分非有好的设备不可。例如，弓箭、水枪之类，在日常社会上是看不到的，但是这几件是儿童最好的玩物，幼稚园里就要有这种特别的设备。不过也有许多可以不费钱而得到

的，例如自然界包罗万象，随处是新的刺激，平常儿童不可能去留心的，教师倘若能随地启发，也就能使儿童发生许多新需要。此项工作，在教师固然要精细敏捷，但是在拟定课程的时候，就要预先注意到这点。

二、幼稚园课程的组织

幼稚园的课程怎样组织呢？在原则上有两条相反的主张。有一派学者主张预先排定的，非但一星期的课程排得很好，并且把一学期、一学年的功课排得很好。从前的教育家，还有把儿童从入学到毕业的课程，每小时都计划得很周到，注意教材的一派学者就是如此。诸位不要以为好笑，五六十年前的美国，此法盛行一时，到现在也还有人主张采用这种方法。……与前派相反的是绝对不做计划的、废弃一切的组织，他们完全以临时的各种生活为主体，今天看到猫，就来教猫，明天看到鸡，就来教鸡，近乎设计教学派（其实大不相同），并且他们所主张的理由，也着实言之成理，以为要适应儿童的需要，以生活为中心的教育，非如是不可。但是教育是有目标的，是按计划去达到目标的工作，毫无组织的做法，试问教育的目标何在？是否每天可以找到新材料，有了新材料是否教师都能临时预备得及？所以这派的主张危害很大，我是不以为然的。

我们怎样组织课程呢？简单地说一句："要有目标，又要合于生活。"每学期应该有一个总设计，以决定本学期应该注重的目标。每星期又有一个预定的课程表，拟定一星期里教导的中心。但是此项课程预定表，并不是固定的、不能变换的，儿童或社会上发生临时的事情，教师就可以采为课程内容，可以把一切预先所定的暂时搁起，重新再来做一番筹备的工作。倘若新发生的事情与预定的有些相像，那就要把它容纳进去。

组织课程以什么为根据呢？组织课程的取材如何？至少有三个来源——时令、自然环境和家庭与社会的生活。时令可以利用的很多，一年之中，在中国可在全国用的有下述几种。

1. 纪念日。如孔子诞辰，中山纪念等。

2. 节气。如清明，端午，中秋，重阳，立夏，百花生日（阴历二月十二日），冬至，元旦，灯节等。

3. 生日。教师的生日，学生的生日，都可作为课程的中心。

我国现行学校制度，每逢纪念日、节气都放假，此事太无道理。错过很好的教育机会，任令儿童在家里莫名其妙地度过去，可惜之至。外国学校对于纪念日和节气，重视得很，西洋的圣诞节、感恩节，日本的天长节、樱花节，都是举国若狂，此时就可以教给儿童许多东西，实在是组织课程的大根据地。利用生日就是做寿，此事也很有意思，不过不能每个人的生日都做，每月集中做一次，是很好的。

自然环境最丰富不过了，可以说全年的课程都可以取材于此。

四季变换的动植物，阴晴雨雷的自然现象，没有一日是找不出新材料的，可惜幼稚园里并不注意到这层，还是天天在室内生活。

家庭和社会生活里的东西，儿童是天天能接触到的，不过儿童不去留心的，除非有人来指引。近今小学教育的趋势，公民与常识二科，都取材于社会实际生活，幼稚园也无异于小学。我觉得从幼稚生的能力来看，可以教的，也应该教的，切于人生生活实际需要的不教，反而教各种极抽象、与实际生活相距很远的东西，那是最不经济的事情。至于这类材料之多，和自然环境相仿佛。

以上三种课程的来源，并不是单独的采收，在实际施教上是合成整个的。至于课程的分科乃是另一个问题，下节讨论。

三、幼稚园课程的分科

分科有两派不同的主张：（1）以理论的分类法来分科，目的和小学里的分科差不多。（2）以儿童的活动为根据而分，这派主张不分科，只说某项动作里包含着多少小分子的活动，也可以说是观察儿童的活动而归纳的。现在分述于下。

1. 以理论的分类法而分的，像美国哥伦比亚师范学院附设的幼稚园就是如此。该园课程分成下列几科。

（1）音乐。包括听、唱和玩各种极简单的乐器。

（2）节奏。包括跳舞、击节等动作。

（3）游戏。

（4）自然科。动植物、化学、物理、地理、天文等常识都在内。

（5）公民。本科即社会和家庭生活教材的本体。

（6）手工。使用剪刀、贴图、做泥土、缝纫，简单的竹工、木工等都有。

（7）图画。

（8）故事。

（9）谈话。

（10）读法。此科鼓楼幼稚园亦开始实行，惟国内采取者尚少。

（11）数目。幼稚生谈不到算术，只能数数目。

（12）旅行。

2. 以儿童活动为根据而分的，在美国已拟成一表，可以参考。其中分为五大部分。

（1）开始的活动。儿童初来幼稚园即需养成的各种习惯，如知道放手巾、帽子，认识教师等。

（2）身体上的活动。

（3）家庭的活动。

（4）社会的活动。

（5）精巧的活动。

以上两种分法，在形式上似乎大不相同，但是在实施上只要能活用，二者毫无分别。例如做一个请客的设计，以第一种分法，图画、手工、读法三科是做请柬和装饰房间；音乐、节奏、游戏、谈话，故事开会的时候用得到；如何做客，如何做主人是公民科；买东西、烧东西等就是常识；利用吃的物品，装饰房子的花草就可以教自然；计算来客，付买东西的钱是引起数目观念的好材料。再看看这个设计合于第二种分法吗？体力的、家庭的、社会的三项活动包含得最多了；做请柬、烧东西等不是要精细的活动？至于开始的活动，那随处包含在里面。

读法教学法

幼稚园课程中添设读法一科，为最近数年之倾向。从前6岁以下儿童是否可以教读法之疑问，今已完全解答。惟幼稚教育本身难以引起世界教育家之注意，故研究其读法者亦因之不多，较之研究小学读法者之项背相望，不可同日语矣。兹以极短时期研究所得之毫末小点，做本次讨论之材料。以下分为原理、方法及经验三项讨论。

一、幼稚园读法教学法原理之一斑

无论中外人士，皆视读法为人生必需之技能，其重视之心，竟有以儿童入学只学读法一科者。今日小学以上之学校，犹视之为重要科目之一。故历来研究者甚多。关于教学法、教学原理及取材等，莫不有精密之试验。非但教育家注意于此，即生理学家与心理学家亦有牺牲其毕生之精力于此者。如字与字、行与行间距离之研究，朗读与默读之试验，非教育家单独所能收功。及至今日读法教学之发明，可称丰富而无愧。惟所有成绩，类多小学以上，吾辈幼稚园中，只能引用其极普遍者，且有极普遍而亦不能引用者，如默读胜于朗读之原则在幼稚园中即不能引用。嫩芽初放，涓涓始流，诸般原则，正有待于试验。兹之所述，乃蜕化于儿童心理学及普遍读法教学者也。是否有当，非经试验不可。

（一）利用游戏心

儿童之好游戏，无日不然。若以广义的游戏言之，化一切工作为游戏，此为做事者临时心境问题。教读法时之游戏，乃狭义的游戏。将教材编为游戏，或将游戏放入读法教材。例如，猫捉老鼠为极普通之游戏，若附以歌词，即可教读法。认方块字，吾国旧法也，若制成骨牌，则可以变为种种游戏。当游戏时，儿童只知游戏，不觉认字之苦矣。

（二）利用图画

展纸作画、翻阅彩图、涂抹白描图等，皆儿童之所喜。教师可以于图画中写以读法。如以字象形，马（馬）字之四点指为马脚，鸟（鳥）字之头指为鸟嘴与眼。见彩图而教字，社会上用者甚多，如看图识字等。至于涂色而认字，此中又加有动作步骤，教学尤易。

（三）利用手工

依普通教学原理而言，凡经过儿童动作之学习，方为真切。手工之动作，手动眼看，若附加以有目标之学习材料，收效必大。然而，幼稚生因年龄关系，能做手工之种类不多，故有助于读法者，转不若图画之多。其中如剪图、贴图、穿线、排字等均可插入读法。

（四）利用故事与歌谣

故事与歌谣，皆为幼稚生时代特别之好尚。采入读法，两受其益。惟故事与歌谣能兼以表演者，其收效尤宏。

（五）读法非单独的

读法非独立的一语，已为近世小学读法教学上之公律。读法即儿童生活表演之一部分，其关系于各科至为密切，换言之，即各科莫不为读法之材料也。学校中读法当与其他各科联络，成为一个历程。夫小学以上之读法科，因儿童已有几许自读之能力，尚能教独立之读法，如欣赏之类。而诸家尚大声提倡当与各科联络。至于幼稚生则丝毫不能欣赏纯粹文学，若与各科脱离，必难存在。故幼稚园之读法，除与上述几项联络教授外，其他如自然常识等，皆当随时随地与读法相连。

（六）需合于儿童经验

非儿童经验所有者不能领会，吾侪儿童时所读之《三字经》《千字文》，虽然熟诵，然而毫无意义。当时只知读熟之后，正如还清重债，可以自由。倘所教者件件出于儿童经验者，则儿童于字、句间，必起惊奇心。即实际之事实，通常之语言，可以现于纸上，因而纸上之符号与实际之事物语言相合矣。

（七）施用设计法

使各科归入整个而教学之，且切于实际生活者，为设计法之特长。幼稚园课程，渐渐趋入设计化，倘能采用此法，则与各科之联络，方为自然的而非勉强的，且更能切于实际生活。

（八）引起学习的动机

设计教学之危机即容易失去练习之机会。有时便应加重注意之点，竟能一瞬即过，此等动机，教师当注意之。在未引起以前，当设法引起；既引起以后，须设法维持，充分利用。

（九）先利用耳听与口讲

4岁以上之儿童，大概能了解当地之方言，且能说当地之语言（虽有文法之错误，而其学习之能力甚大）。经过儿童已有工具之练习，再行翻入纸上之符号，其效率必更大。

（十）利用想象

平铺直叙，在文学上已属大忌，在儿童之读物上尤宜避免。幼稚生富于想象，往往能与人偶语，能捏沙请客，亦能与环境内诸物通语。此等活泼泼的想象，写在纸上，在成人视之，虽属荒唐无稽，在幼稚生则欣然愿受者也。

（十一）语调自然，情意逼真

儿童有儿童之语调，亦有儿童之情意。经书之所以不适宜于儿童者，以其非儿童之语调，更非儿童时代经验所有之材料。文言文所以不适宜于低年级儿童者，亦因变更实际语言之故也。虽然白话文非全能合于儿童者，其间如欧化体之白话文，其难正与读经书同。幼稚园之读物，虽有叙述事物，必甚简单，正如其语言，倘能费一年之功专录幼稚生之谈话，对于编辑读物上必有极大之贡献。

（十二）教句子需留意诸点

幼稚生不能教单字，已屡说不鲜。起初即可教完全句子，且须教整段的材料，私塾中强分段落以教学生，此事实悖学习原则。至于读全部分之材料时，亦不必分析其篇中文法与结构，更不必希望儿童全篇中每字皆能认识。

（十三）复习之机会需多，且需出于自然

幼稚生一字之认识，在最初时至少当有20遍之复习，及既有几多基础字则容易，然而无相当复习机会者，必难以认识。如何复习，在小学读法教学上言之甚详。幼稚生是否可以采取其方法，如阅读其他材料等等，殊难臆说。若以原材料之复习亦未始不可，然而次数不能过多。今之所得者为一篇材料内重复字句之增多，及随时随地之复习。重复字句之利用，在故事上已占极重大之位置，读法能利用此法者，其功效必大。例如，商务印书馆出版之《儿童文学读本》，所以称为佳本者，字句之重复亦其优点之一也。

（十四）不能使有一次之错误

开始时之错误，将来改正甚难。例如江南语之"一二"为"一两"，因此在文学上之"二"字，儿童也往往读"两"字，教师起初以为无大关系，孰知习惯既成，即难以改正，幼稚生于字体上最易错误，如马、鸟、车、草等，中有笔画相同者易成错误，教师需立即改正之。至于如何使之改正，通常用比较法使儿童自己判断，教师从旁指出其同异之点，倘能出以象形之指正者，其效尤大。

二、几种在鼓楼幼稚园所试验之读法教学法

此项试验开始于1925年夏季，当时所试者有五种，其内容也简单，逐渐增加，计有六种方法，其内容亦加多，究竟何法为最合于幼稚园之用，今日尚不能明确宣言。

（一）图画故事法

此法将图画、故事、读法三者联合，而其最终之目的则为读法。现在计有材料二种，甲种与乙种之区别甚少，不过甲种于识字较多的儿童不若乙种之好，因乙种空白纸的地位较多，可以多教许多字，且乙种写字与图画可以分离，可以渐渐养成单独读书之能力，兹述其试行手续如下。

1. 材料。动物轮廓图。动物需有动作，若为呆立，或悬卧者皆不适合，若能选择合于儿童动作之游戏图亦佳，惟其中最要之原则为图需有动作，希望教的字需合于儿童经验，又需空心方块字，此块字有时可省。

2. 手续。下述手续在实际上可以由教师自由加减，看儿童临时的情况而定。

（1）教师先预备拟教之图画一张或多张，视儿童数而定（着

色，有时可以印字）。

（2）儿童就座后，教师引起儿童好听故事的动机，然后指图讲故事（故事可以由教师自己编，唯需合乎儿童经验，并暗示儿童着色及识字）。

（3）示儿童以无色轮廓图，引起儿童着色的动机。

（4）儿童既喜着色，然后各人取色笔（大概用蜡笔，有时用颜色铅笔亦可，毛笔似乎不能用），在各人取色笔时，教师即可分轮廓图于各人案头（有时候儿童取齐蜡笔后，请儿童一人或二人分发图亦可）。

（5）儿童既得色笔与轮廓图，即能动手着色。此时需置教师所作范画于群目能见之处。

（6）当儿童作画时，教师需注意矫正儿童之执笔及涂色之方法。至于辨别颜色亦属重要，唯有时儿童以为他种颜色较范画为美者，可以听其自由。

（7）着色既竣，教师即引儿童至有印刷盒、方块木印之处，由学生模仿范画印空心字（此处需注意字之颠倒与先后，且尤需注意秩序，因器具少而人数多）。此时此步也可以改为教师笔写。

（8）将印成之空心字亦着色（倘能教笔顺则尤佳）。

（9）团体的教所印之字。

（10）个别或小团体的复习所印或所写之字。

上述教学步骤，普通情形可以一次完毕，若需分为几次，则讲故事为一段，着色为一段，识字又为一段。

（二）歌谣游戏法

此法可以与游戏合教，亦可以与唱歌同教。二者于教学步骤上稍有不同，其目的相仿。兹述其与游戏合教之步骤如下。

1. 教师选择儿歌中可以表演者绘儿童游戏图，印游戏图于一面，印歌词于又一面。印歌词之字需较小学国语教本中者为大，且需错落，至于游戏图可以白描轮廓图，以便儿童着色，惟游戏图儿童之神情则需逼真。

2. 引起儿童做此游戏之动机（此处或可示以预备好之图）。

3. 做游戏一两次（本日工作至此应完毕）。

4. 第二日再做游戏，并口授歌词（口唱身做，教师居间为领袖）。

5. 坐地口授歌词（第二日至此完毕）。

6. 坐地复习歌词，示以图画。

7. 将有图一页翻转，此时识字较多之儿童必高叫此页有某字。

8. 分发印刷品后，教师高举手中之一页，用教鞭（或用铅笔等）指字而教。此时必有几个儿童依已念熟之歌谣，依样而念。虽有生字亦若非生字者，教师听他们念去。

9. 个别或分组教以歌词及字。此时幸勿希望儿童认识歌词之全部（第三日至此完毕）。

10. 做游戏，并口唱歌词。

11．复习印刷物。先由团体向同一纸上复习，然后个别复习。

12．个别认字。此时教师须斟酌儿童已有之字汇而教。

以上一首歌谣之成，至少需四日，普通以一星期为标准。至于与音乐合教者，其步骤不必如是繁复，盖歌词已在音乐课中念熟。此法在教学上无甚困难，惟预备材料颇费手续。

（三）自述法

倘教师能时时与儿童接近者，儿童对教师必无话不谈。此为教谈话与读法之极好机会。教材则临时变换，教具只需长四寸、阔三寸之牛皮纸小簿数本，每个儿童各得一本。至于教法则甚简单。

1．与儿童团体的谈话。此时教师切勿多说话。若用问答法则较佳。

2．个别的谈话。用询问法，或可取材于团体谈话。

3．教师询问儿童要写在纸上否。既得儿童允许，然后将儿童之言语组织成为有文法者，然后写于小簿子上。大约每次一页。字至少需有半方英寸，行之排列尤需错落。

4．既写成，乃逐句教数遍，或令儿童自己读数遍。此法之简便，无有过于此者，惟只能行于个别教授，每次至多不能超过三人，此其短也。

（四）游戏读法

此法即旧式块字之变换。惟所有之字乃镂为骨牌，形如麻雀牌。字上着以各种颜色，颜色则略寓意义，如马（馬）字之四点为黑色，兔之一点为红色等。此牌名曰幼稚园缀法牌。游戏方法甚多，今试得二法，颇适用于幼稚生。

第一法之步骤如下（名曰凑对子）。

1. 预备牌子若干，大约以每人能得12块为标准。

2. 师生围坐小桌边，先将牌排成一个方形，此时不能使任何人见到一字，然后共推首领一人开始取牌，每次2块，由右而左，顺次取牌。首领可取6块，其余诸人各取5块。

3. 取牌既毕，各人将自己之牌平放桌上，此时可以公开，且必须公开，若儿童有时不能自己观察周详，可以互相为助。

4. 首领将自己不成对子之牌放出一张，放牌时需手擎牌字，以示大众，并说："某字有人要否？"如有人有同样之牌而要此牌者，可以说："我要。"放牌者然后予以此牌，受牌者又放另一牌出，其方法与前同。若又有人要此牌者亦可收受，其手续亦与前同。

5. 若首领放牌后，无人承受，坐于首领右侧之人，依次在中间之方形多块牌中取其一块，若本人以为可用者则留之，不然，则放出，其放法与前同。若无人承受则依此右行而前进。

6. 若中途有人承受放出之牌者，则取牌之次序亦需变。第二次取牌者，乃坐于承受前牌者右侧之人。

7. 依上法前进到有1人凑成3对时，为游戏一次之结束。

第二法之步骤如下（名曰拼句子）。

1. 此法只能与已认识几十个基本字者游戏。字牌之多寡与集牌之方法与第一法同，惟每人不得取 1 块为己有。

2. 公推首领 1 人，开始取牌 1 块，反置于桌上，将字示于大众，并说某字。

3. 坐于右侧者依次又取 1 块，如前法反置桌上，如与第一块可以成为一句或一小句者则取为己有，然后再取 1 块反置桌上。如此依次前进，至取完桌上牌为止，然后计算何人得字之多寡。

（五）采用读本

教科书有相当用处，在设备与经济不甚完全充足之处，教科书实为最有用之物，惟所用教科书需严加选择，既定教科书以后，则其中教材亦需加以审查，如不合儿童心理，不合时令，不能使儿童起反应等，如苏州某书局出版之幼稚教本，非但书中尽属单字，且有用目、犬、足等以代之者。又如商务、中华书局出版之幼稚识字、看图识字等，一面为图，又一面为字，且着有彩色，其用意至善，书之式样亦极合儿童心理，惟其中单字居多，且所有之字，亦有非儿童经验范围所有者，如岭、城、篱字等似乎非儿童所能了解（在相当情境内或可教，在普通情况内恐难适用）。……唯教师切需牢记不能逐课教去，亦不可固定每次必教一课。

（六）随地施教

此法前人采用之者甚多，如游庙则认匾对之字，街上认招牌上之字等，幼稚园中可以教者不能如是复杂。普通有下列诸法可以应用。

1. 图画。无论儿童所看图画上，或自己所画的，或由图画变字等等，皆可放入读法。

2. 自己或同学之姓名。此法在儿童数甚多之幼稚园中当分团。大约以12人为一团。每团儿童无论手巾、衣服及抽屉等皆集于一处，且皆记以名字，教师设法使每个儿童能认识本团儿童之姓名（从前幼稚园中儿童用品上皆记动物等花样，或可以花样与字并列，或单用姓名亦无妨）。

3. 临时的格言。临时格言近来较为少用，然而偶一用之其效甚大，此时可以写在纸上，令儿童认识之。

4. 手工。做成一物即可缀以字句，例如请客设计的请帖，教师写成以后，可以请儿童认字。教师又可以用暗示法说："某某，你们请客的时候，可以念给客人听。"如此，则儿童又能分外努力。

5. 偶然遇到之事物。如儿童捉到青蛙、蝴蝶等，教师可以写在黑板上请儿童来认。

三、半年来读法教学经验杂谈

自去年夏季开始教5岁以下的儿童识字，迄今半年有余。虽当初试验计划不能实行，然而因尝试之结果，获得一二经验，举以相告，或足为研究此道者之参考。

1. 吾国字为笔画所构成，非字母所拼成。其间笔画之多寡与儿童认识之难易，无甚关系。如"一"字确实容易认，然而其故不在于笔画之少。"牛"与"猫"笔画相差甚多，儿童认识之难易几乎相同。"鸡"与"七"相差甚多，而"七"字反不若"鸡"字。

2．有人以为中国字之难认与否，以两边相称与否及其笔画是否为直线为其条件之一，此事据我的经验似乎不能成为普遍原则。"门"（門）之相称而多直线，无以复加，然而此字殊不易教。是否别有缘故，抑或直线对称，还有待研究。

3．当初曾有某字教几次而能认识之计划，今已知此计划不能实行。无论教学时之环境及手续如何相同，学生之智力与心境相同，然而吾国字有质量关系，乃永远不能解决之问题。当字之本身质量问题未解决以前，永不能求得数量，有之亦为不真确。

4．幼稚生可以学读问题已解决，然而两年之中（4至6岁）可以学几多字？应学几多字？此事非有大规模的试验，继续四五年不能解决，美国第城用桑戴克最通用的250字为基础以编教材，究竟得当与否，亦无人能回答。近日我亦造成一表，然而实在未洽心意，举示之作讨论之一。

5．儿童初学字不能分字之个数，竟有三四字合作一字音。亦有一字认作二三字者。儿童至能分字之个数时，虽不识一，其进步已不少。

6．与上例相同而进步更难者则为字体之倒顺。曾有一儿童，已认识50字以上，有时尚不能分别已认识字之倒顺。

7．儿童因观察力之不足，于字体极易误看。如"马"与"鸟"，"东"与"笔"等。若儿童已有几多基本字，教相似字时，最易发生混淆，此时教师当特别注意。如马与鸟之分，可说马（馬）之四点为蹄子，鸟（鳥）之头为鸟嘴与眼等，有象形之联络与比较，可助其记忆。

8. 字为抽象的符号，儿童平时所接触者皆为实物，所以教读法之难，较教任何功课为最，迄有一二十字之基础字，则较易；儿童字典愈多，则教学愈易。

9. 利用联念为教读法之最有效的原理。例如儿童最难认之字，教师用一故事来重复，使儿童听故事时之注意力集中于此字，则此字必更易认识，及抽象之字体，能稍稍与实物之形相联络，功效亦甚大，如指"羊"之二点为角，"牛"字之一撇与独角牛之故事相联等。

10. 依教学读法之原理而言，能经过手动等则字之认识愈真确，此事经我试验后渐生疑窦，第城之图画法其经过历程甚长，结果如何，因未曾亲自试验，故不敢言。惟近来试验歌谣法，做游戏故事之歌谣法，不如以音乐相联之歌谣法为有效。此中或有其他原因。如手续上有不周到，歌词之有难易等等问题。

11. 鼓楼幼稚园儿童下午班兼教读法，每日下午一次至四次以上之教学。此种教学分配是否学习最经济的，每日儿童兴趣所至，绝不止三四次，是否每次皆可教学读法？抑每次教学以后儿童将发生不良之反应？

12. 儿童之心境每年中是有变化的。常常遇到某儿童有一两星期顽皮，不愿做任何事，过此则愿做任何事。读法即其最显著之例。有时儿童竟有不愿意见到任何有兴趣之字的玩具。有时竟能执一本无图画之故事而来就教。此种心境有持续至两三星期以上者。

13．凡教读法若用故事法时，需全部一次教完，不能分成几段。又教单字比教句子为难，儿童虽不能全句每字皆认识，然而却能顺口而读，初时只能认识一部分，久而久之，其数即渐加矣。

14．读法教学最难解决者为复习。稍不留意即流入枯燥无味，儿童对之生厌，非但不能得复习之效，且生不良影响。下列数法，值得一试。

（1）利用儿童竞争心。教师先写成块字多个，儿童三四人（过多不易做）环坐，教师任举一字，请儿童认，谁先发音者，此字即归谁。教师手中字完毕以后，教各人所得字数之多寡。倘遇有全体不认识之字，教师留给自己，迨手中字认完以后，再请儿童认。因当初儿童不能回答时，教师又教过数次，故可重认。

（2）利用儿童好读故事之心情。如儿童文学读本之故事，儿童必喜诵读，教师可以请儿童尽力向下读去，至儿童兴趣衰退时为止。如中途遇生字，教师可以从旁教之，然而并不强迫儿童记得。如此久而久之，随处复习，则其字就认识了。

（3）利用游戏。此事随处可行，亦可以有相当教具。如幼稚园缀法盘，可以用作拼对子、拼句子游戏；又如黑板上可以做变字形之游戏等，皆为复习法。

幼稚教育之新趋势

教育应当随时势而改变的。时势改变了，而教育仍旧不改变，那这种教育是"死"的，没有效用的。幼稚教育自从福禄培尔提倡以来，至今已有百余年的历史了。在这百年中，世界潮流的变迁，时势的转移，如万马奔腾，大有一日千里之势，而幼稚教育也曾经过几次大变更，到今天又发生了许多的新趋势。兹罗列于下，以资研究幼稚教育者参考。

一、注重自由活动的新趋势

福禄培尔原是一个教育革命家。他的思想原是超脱的，他的教法原是合乎儿童心理的。试一考当时的教育，小学办得非常严肃，除了读、写、算三课之外，就没有什么旁的功课。小孩子一天到晚关在学校里，没有什么自由活动的余地。福氏出来提倡幼稚园，反对注重形式的小学教法，介绍游戏、唱歌、舞蹈、故事、谈话、手工等等工作，使小孩子有生气，能自由活动，一洗当时教育的积弊。但是到后来，一般幼稚园教师竟忘了福氏提倡幼稚园的用意，把福氏的教法弄得非常呆板，把活泼的幼稚园变成无生气的小囹圄。小孩子的一举一动差不多都要受教师的指挥，唱什么歌、玩什么游戏、讲什么故事、做什么手工，都是教师的意思。到了玩积木的时候，各小孩拿一盒小积木放在桌上，教师说"一"，大家把手放在盒子上；说"二"，大家把积木倒出来；教师又说"搭牌楼"，大家都搭牌楼；教师说"搭楼房"，大家都搭楼房；搭了一会儿，教师说："时候到了，大家把积木放好。"大家就把积木放好。像这样呆板的教法，只可以教木偶人，不可以教活泼的小孩。所以意大利的蒙台梭利出来，极力提倡工作自由，以矫正幼稚园的这种弊病。蒙氏根据伊塔德（Itard）和西格英（Seguin）两人的低能儿童教授法的原则，制造了几十种教具，让小孩子自己去选择，自由去玩弄。但细考她的教具教法，我们不得不质疑者有两点。

1. 教具非常呆板。什么扣纽扣、系鞋带，什么拼颜色、搭尖塔，什么安放几何形的木块，什么玩弄圆锥形，都是呆板而少变化的东西。扣纽扣、系鞋带这些动作，小孩子应当学的，应当自己做的，我们可以教他解自己的衣扣，结自己的鞋带，何必一定要他去解那布架上的"死纽扣"、结那布架上的"死鞋带"呢？蒙氏的这些教具为低能儿则可，普通的小孩子就要厌其呆板、缺少变化了。

2. 自由教法的缺点。蒙氏的自由教法，每每使小孩子随意乱弄，其结果小孩子学不了什么东西。小孩子固然要自己学的，但是必须要教师指导的；不然，尝试错误，不知要耗费多少光阴、多少精力呢！

从以上两点看来，蒙氏的儿童院并不怎么高明；她所主张的是自由，而她的教具实在是太呆板，实在是束缚儿童的自由。所以近年来，发生一种新趋势。这种新趋势，一方面解放旧式幼稚园的束缚，一方面矫正儿童院的放任。这种趋势就是"自由工作"。在这种自由工作制度之下，小孩子得以自由工作，得以自由集合，得以自由合作。但教师必须从旁指导，不让小孩子瞎做瞎弄，妨碍他人的工作，消磨自己的光阴，以养成各种的坏习惯。小孩子做什么，画什么，唱什么，教师预先必要有充分的准备，临时必要有适当的指导。教师常常在旁照顾，小孩子若做错了或要做错了，教师就应从旁指导。这样一来，小孩子的进步很快。但是这种教法非常难用，采用这种教法的，非要达到下面四个条件，即教师自己的学识要高，技术要精。幼稚园教师要多，一个教师只能照管七八个儿童，若儿童太多，就不能顾到了。教具教材要多，让儿童自由玩，自由试验，不然天天玩两三种东西，断断学不出什么东西来。教师要尽责，每天要有充分的准备，若不尽责，虽有丰富的教具和教材，也是无用的。

二、注重户外生活的新趋势

凡是儿童，都喜欢户外生活，都喜欢野外生活的。但是看看现今一般的幼稚园，差不多很少注意到这一点。普通的幼稚园总是几间房间，把小孩子关在里面，户外即有宽敞的空地，也不知道充分利用。要晓得空气、日光是生命的根源，运动、游戏是健康的要素。要晓得户外还有美丽的花卉、可爱的禽鸟，小孩子玩赏之余，自然可以发生审美观念、博爱的同情，于小孩子的性情知识都有很大的补助。所以近来幼稚园颇有注意户外生活的趋势。草地、花园、户外游戏场等都是幼稚园必需的设备；万一没有草地、花园，教师必须常常带领小孩子到公园、野外去玩。在日本有一个幼稚园叫作"户外幼稚园"。这个幼稚园当初是没有园舍的，小孩子一天到晚在户外生活，饱尝新鲜的空气，享受天然的美景。到了雨雪之时，始让小孩子在室内活动。这个幼稚园已经办了五年了，听说办得颇有成效，很受社会的信仰。

三、厘定课程的新趋势

大学、中学甚至小学都有规定的课程，试问幼稚园有没有相当的课程？幼稚园的课程素来是规定的，什么故事、手工、图画、唱歌、舞蹈、游戏、谈话等项目，我们都听见过的，但是做什么样的手工，画什么样的图画，唱什么样的歌，唱多少歌，做什么样的游戏都没有规定。除了这些普通功课之外，还有什么别的东西，幼稚生应该学的，如关于卫生上的习惯，做人的德行，我们都要顾到的。有了一定的课程，做教师的就有所适从，否则好的教师勉强可以应付，没有经验的教师就不知怎样做了。所以近年来研究幼稚教育的都感觉到这种需要。什么课程，什么内容，什么目的，怎样做的，种种问题都要解决。1920年，国际幼稚教育协进会在美国开始调查各地幼稚园实地所用之课程，汇齐了许多材料，编辑成书，名曰《幼稚课程之研究》（唐珏已将此书译成中文，中华书局出版）。自从此书出版后，研究幼稚园课程的兴趣就更加浓厚了。

美国哥伦比亚大学幼稚园新出了一本关于课程的书，名曰《幼稚园与一年级之行为课程》（*Conduct Curriculum for Kindergarten and First Grade*）。此书是该园近四五年来的试验结果，专以儿童的活动为编制课程的根据。这种编制的方法似乎很合近代的趋势。但是比这种课程还要完备的，当然要推丹佛（Denver）城的幼稚园课程了。这个课程也是根据儿童的活动的。儿童的活动分为初步、卫生、家庭、社会等，根据各种活动，选定各种教材教法。以上所说的课程书籍，都可以给我们作参考。

四、规定标准的新趋势

与课程相仿佛的，就是标准。几岁的儿童应当做什么样东西，例如图画，4岁的儿童应当画得怎样好，5岁的儿童应当画得怎样好；又如唱歌，3岁的儿童应当唱得怎样好，4岁的儿童应当唱得怎样好。总之，关于幼稚园所有的工作，我们应当都有一定的标准。若没有规定的标准，那儿童的能力如何、学业进步如何、品格如何，我们都无从说起。做父母的不知道他们的小孩子在幼稚园里究竟怎样，做教师的也不知道他们的学生究竟怎样，大家糊里糊涂地过去。小孩子一到了足岁，不问他的程度如何，能力如何，我们就给他一张修业证书，送他到一年级去。反过来说，有了标准，做教师的常常可以考查小孩子的成绩，究竟他们的学业有没有进步，他们的长处在哪里，短处在哪里。考查之后，就可以想方法去补救，去奖励。这样说来，标准的规定实在是一桩很重要的事，所以近年来有研究幼稚园各课标准的新趋势。罗杰斯（Rogers）①拟定了两种卫生习惯表格，一种为家庭用的，一种为幼稚园用的，就是小孩子在家里与在幼稚园里所养成的卫生习惯。朱莉娅（Julia）、韦德（Wade）、阿博特（Abbot）新近也拟了一个卫生习惯表，以作幼稚园之健康标准。在1924年，鲁思（Ruth）、安鲁斯（Andrus）研究蒙养园的儿童，从2至4岁的习惯，找情绪上的习惯共有144条，智力上的习惯共有111条，动作上的习惯共有117条，行为上的习惯共有75条。这种研究是很有价值的，做教师的可以拿来作为考查幼稚生之用……

---

①罗杰斯（Carl Ransom Rogers，1902—1987），美国人本主义心理学的开创者。倡导以学生为中心的教学改革模式，创立了一种人本主义心理治疗体系。著有《咨询与心理治疗》《患者中心治疗》《成为一个人》等。

五、研究幼稚生心理的新趋势

与幼稚教育直接有关系的，就是幼稚生心理的研究。若不知儿童的心理而施行教育，那这种教育必定没有良好结果的。儿童心理学是幼稚教育的基础。未施教以前，我们应当知道儿童的心理，他怎样学的，用什么方法学起来最经济、最有效力。比如图画，我们应当怎样教他，他才能学得好；又如玩积木，什么样的积木他玩起来最有兴趣、最有益处。从前所用的积木太小，不能引起小孩子的兴趣，不能发达小孩子的身体，所以近来我们有一种放大的积木，小孩子可以拿来搭大房子、大公园，不像从前只能在桌上搭一种几寸大的东西了。

近来用科学的方法研究幼稚生的心理的，有格赛尔[①]、德尔曼[②]、

①格赛尔（A. L. Gesell，1880—1961），格赛尔发育诊断量表的创始人。他创办耶鲁儿童研究中心，一生主要从事儿童的生长和发展问题的研究。是一个成熟论者，认为生长的倾向是生活中最强的力量，不可能为环境因素所影响。主要著作有《幼儿行为图册》《幼儿生命的最初五年》《狼孩与小孩》等。

②德尔曼（L. M. Terman，1877—1956），现译为特曼或推孟，美国心理学家，天才儿童研究的先驱者，修订比纳-西蒙智力量表，在心理测量方面独有建树。

约翰逊、华生[1]、鲍德温[2]和斯蒂彻尔等。他们都已费了好几年的工夫，精细研究幼稚生的心理。国际幼稚教育协会曾推选一个儿童研究委员会，专门研究儿童的心理。这个委员会现已费了三年的工夫，研究6岁儿童的言语，所得的结果已于该会机关报《儿童教育》上陆续报告了。还有关于情绪上、智力上、行为上的种种问题，都要彻底研究的。明了儿童的心理、生理之后，我们才能施以相当的教育，而收到优良的效果。

六、幼稚园与一年级之联络

我们在上面已经说过，小学的教法原是很呆板的，除了读、写、算之外，就没有别的课程，后来受了幼稚园的影响，加入游戏、唱歌等功课。到了现在，小学的教法比从前活动得多了。但是教室的桌椅还是呆板钉牢的，所读的功课还是一班一班教的（道尔顿制的教法当然不在此例），什么节奏、故事、自由工作还是没有采取。一个活泼的幼稚生在幼稚园里自由惯的，活动惯的，一旦进

---

[1]华生（J. M. Watson，1878—1958），美国心理学家，行为主义学派的创始人。他根据对动物心理和婴儿心理的研究结果，主张心理学是研究行为的自然科学，反对心理学的研究意识。主要著作有《行为心理学》等。
[2]鲍德温（J. M. Baldwin，1861—1934），美国心理学家、儿童心理学家和社会心理学家，主要著作有《哲学与心理学词典》《心理学手册》《儿童和种族心理发展》等。

了形式很重的小学，当然要发生种种困难。所以为沟通小学与幼稚园起见，有许多地方，小学一年级与幼稚园联络起来，成为一个系统，同由一个人去主持。不但如此，美国所有公立、私立的幼稚师范，差不多都附设普通师范科，以造就幼稚园与一年级的师资。美国还有一种很重要的杂志，专门为沟通幼稚园与一年级出的，取名为《幼稚园与一年级》（*Kindergarten and First Grade*）。不过这种杂志近因包括蒙养园教育，已改名为《美国儿童》了。

在中国也有几处把幼稚园与一年级联络起来的，例如杭州的宏道女学，南京的东大附小。总之，一年级应当与幼稚园有密切的衔接，以免双方的损失。

七、蒙养园的运动

近十年来，幼稚园的最大新趋势，就要算英国的蒙养园运动了。英国素有一种家庭保姆的习尚，就是有钱的人家大概是要请保姆去教养他们的小孩子的。但是一般穷苦的子弟，那就不能受同等的教育机会了。有的父母因为日里要出去谋生，年幼的小孩子只能在家里随便玩玩，就没有人教养了。有时竟因孩子太小无人看顾，做母亲的就不能出去谋生了。还有许多小孩子并没有受家庭的约束，终日在龌龊的街上跑来跑去，或是聚赌，或是打架，种种坏习气就互相传染了。

有一位女士名叫玛格丽特·麦克米伦目睹此种惨状，遂于1914

年在伦敦的第浦弗奥特城于人烟最稠密、贫童最多的地方办了一个蒙养园，以加惠一般可怜的儿童。同时格雷斯·欧文在别处也创办蒙养园，极力提倡。所以不到数年，各处蒙养园的成绩斐然，而大规模的运动就开始了。英国议院于1918年竟毅然决然通过一个破天荒的大议案，把蒙养园作为全国人民教育的基础，正式认定健康教育的重要。凡各处蒙养园愿让政府按期检验他们蒙童的体格的，就可以得到政府的补助。这种议案虽并不强迫各地方设立蒙养园，但风声所播，开始创办者不一而足，所以不数载，蒙养园在国中就很普遍了。

近年来，美国人士也正在极力鼓吹蒙养园的制度，各处著名大学教育科几乎都有添设蒙养园课程之举。美国两种著名幼稚教育杂志《美国儿童》和《儿童教育》，专辟一栏，讨论蒙养园的实施与组织。国际幼稚教育协进会特设蒙养园一部，以研究蒙养园的种种进行事宜。至今美国各处设立蒙养园也渐渐多起来了。

但蒙养园究竟与幼稚园有什么分别？在组织上，蒙养园所收的儿童比幼稚生年龄还要小，2周岁的儿童就可径进蒙养园，幼稚园里的儿童最小的也需3岁。普通的幼稚园只有半天的工作，蒙养园大概是全天的。在目标上，蒙养园与幼稚园也有一点不同。蒙养园所最注意的是健康。政府一方面派员时常去检验蒙养生的身体，看蒙养生有否疾病，有否充分的教育；一方面供给蒙养生健康的环境，滋补的营养，什么空气、日光、游戏、清洁、休息，都是蒙养园所应注意的要素。但是我们不要误会，蒙养园所最注意的固是儿童的健康，但智力的发展、德行的培养，也是要顾到的。幼稚园对于儿童的健康并不是不注意，不过没有蒙养园来得那样注意罢了。综上看来，蒙养园与幼稚国实在没有什么大分别；所分别者，蒙养园所招收的儿童比幼稚生较小一点，所用的教法较为自由一点而已。

蒙养园这种组织，当初是为贫寒子弟的，到后来，有钱的人看见这种组织办得很好，也起来创办蒙养园，以教育他们自己的子弟。现在美国有许多蒙养园，如哈夫福特蒙养园、卡姆布里奇蒙养园、拉格尔斯街蒙养园等，都是有钱的人自己私办的。

总体来说，幼稚教育自从福禄培尔提倡以来，已经经过了几番改革，到今天又有许多新趋势发现了。

儿童的活动是要自由的，要辅导的，最好要在户外做。幼稚园所用的教材要详细规定出来。这种规定的教材要活用的，当然不能"死"用的。除了规定教材外，我们应当规定幼稚园的各种成绩标准。但要彻底改造幼稚教育，非彻底明了儿童的心理不可。所以近来有许多心理学家出来研究这个重要问题。但比上述种种新趋势还要有声有色、轰动一时的，那要算蒙养园的运动了。

幼稚生应有的习惯和技能表

第一表　卫生习惯

1. 不吃手指。	17. 坐立的时候，胸膛挺直，头也端正。
2. 不是吃的东西不放进嘴里去。	18. 内外的衣服都很干净。
3. 落在地上的东西必须洗濯后再吃。	19. 不喝生水。
4. 不用手指挖鼻子、耳朵。	20. 运动出汗以后不即刻脱衣乘凉。
5. 不用手指擦眼。	21. 不带零食到幼稚园里来。
6. 常修指甲。	22. 不多吃糖果。
7. 每天手脸洗得干净。	23. 不随地吐痰。
8. 每天至少刷牙两次。	24. 嘴里有食物时，不讲话说笑。
9. 吃东西以前要洗手。	25. 到外边去知道穿衣戴帽。
10. 大小便以后洗手。	26. 知道远避患传染病的人。
11. 不流口涎。	27. 会拍苍蝇、蚊子。

12. 不拖鼻涕。	28. 果壳不抛在地上。
13. 常带手帕。	29. 起卧有一定的时间。
14. 打喷嚏或咳嗽时，用手帕掩着嘴巴、鼻子。	30. 每天大便一次。
15. 慢慢地吃东西。	31. 不用手抓饭菜吃。
16. 不沿路大小便。	32. 早晨刷牙、洗面以前不吃东西。

第二表　做人的习惯——（甲）个人的

1. 准时到幼稚园。	16. 爱惜玩具和纸笔等。
2. 听到铃声，就到目的地去。	17. 爱护园里的花草、动物。
3. 不容易哭。	18. 拾起地上的纸屑等件放到纸篓里去。
4. 喜欢唱歌。	19. 能够预测极简单的结果，如放碗在桌边，知道要落地打碎等。
5. 喜欢听音乐。	20. 知道自己做的事情的好歹。
6. 不容易发脾气。	21. 不怕雷。
7. 起坐轻便。	22. 不怕猫、狗、鸡、鸭。
8. 开关门户要轻，放椅子也要轻。	23. 不怕昆虫如蚕、蝶之类。
9. 走路轻快。	24. 一切事情能够自始至终地做，做好一个段落方才罢手。
10. 用过的东西放好并且放得很整齐。	25. 不狂叫乱跑。

11. 说话不怕羞，又能说得清楚。	26. 做错的事直接爽快地承认，不推诿给别人。
12. 衣服等物能够放在一定的地方。	27. 不乱涂墙壁、地板、桌椅。
13. 不说谎。	28. 认识自己的东西。
14. 能够独自找快乐。	29. 认识自己家的住址和家长的名字。
15. 离开座位，桌椅放好。	

第三表　做人的习惯——（乙）社会性的

1. 对国旗等能行敬礼。	17. 能赞赏他人之美，不嫉妒。
2. 每天第一次见到熟人能招呼。	18. 走路靠右边走。
3. 爱爸爸、妈妈，听爸爸、妈妈的话，帮助做家务。	19. 知道最常用的手势的意义，如点头、招手等。
4. 爱教师，听教师的话，帮助教师做事。	20. 知道同学的姓名。
5. 爱哥哥、弟弟、姐姐、妹妹，有东西和他们同玩、同吃。	21. 知道老师的姓名。
6. 爱小朋友，有东西同玩、同吃。	22. 能模仿别人可爱的动作。
7. 知道亲戚会相当称呼。	23. 不讥笑人。
8. 不和人相骂相打。	24. 能同小朋友合做一件事。
9. 至少有一个最要好的朋友。	25. 对不幸的儿童能表示同情。
10. 对新来的或幼小的朋友不欺侮，又能帮助他们。	26. 对客人有礼貌。

11. 不独占玩具。	27. 不虐待佣人，有事相劳，有礼貌。
12. 进出门户不争先。	28. 能慷慨拿出自己的东西和小朋友同玩。
13. 做事、游戏都依照次序，不争先。	29. 不抢东西玩，不抢东西吃。
14. 对贫苦的孩子没有轻视的态度。	30. 不得别人允许不拿他的东西。
15. 会说"早""好""谢谢""对不起""不客气""再会"等。	31. 人家说话不去中途插嘴。
16. 做值日生做得好。	32. 到公园里去不损坏任何花草物件。

第四表　生活的技能

1. 会自己吃饭。	13. 会关门窗。
2. 会自己喝水。	14. 会拿碟、碗、杯，不打破。
3. 会戴帽子。	15. 会端流动物不泼翻。
4、会穿、脱衣服。	16. 会上下船、车。
5. 会穿脱鞋子、裤子。	17. 能辨别盐、糖、米、麦、豆、水、油等。
6. 会洗手。	18. 会搬椅子、凳子。
7. 会洗脸。	19. 会洗澡。
8. 会刷牙。	20. 会洗碗碟。
9. 会擤鼻涕。	21. 会扫地。

10. 会自理大小便。	22. 会抹桌。
11. 会快步跑。	23. 会拾石子。
12. 会上下阶梯，互换左右脚。	24. 会拔草。

第五表　游戏运动的技能

1. 会拍球。	10. 会摇木马。
2. 会打秋千。	11. 会推小手车。
3. 会上下滑梯。	12. 会做竞赛游戏五种（如掷石、传花、占座位等）。
4. 会溜雪车。	13. 会做团体游戏五种（如猫捉老鼠、捉迷藏、种瓜、老鹰捉小鸡等）。
5. 会玩跷跷板。	14. 会跳绳。
6. 会走独木桥。	15. 会舞木剑、竹刀。
7. 会掷球、接球。	16. 会射箭。
8. 会爬梯子。	17. 会掷石子。
9. 会爬绳梯。	18. 会遵守简单的游戏规则。

第六表　表达思想的技能

1. 会说日常方言。	12. 会画简单自由画。
2. 会讲简单的故事。	13. 会涂色。

3. 会叙述简单的事情。	14. 会画有意识的故事画。
4. 会认识日常字200至300个。	15. 会剪贴。
5. 会背诵歌谣30首。	16. 会剪贴成有意义的故事。
6. 会唱歌20首。	17. 会搭积木成有意义的东西，如屋、车等。
7. 会写自己的姓名。	18. 会替玩偶组织家庭。
8. 会读一两句的故事。	19. 会抚爱玩偶。
9. 会听故事明了大意。	20. 会替玩偶穿脱衣服，睡倒床上。
10. 会依琴声击拍。	21. 会表演简单故事。
11. 会独自唱歌娱乐。	22. 会写日记。

第七表 日用的常识

1. 辨别红、黄、青、白、黑、紫等常用的颜色。	13. 知道钱币（大洋、角子、铜圆）的价值。
2. 辨别明暗的色彩。	14. 能买玩具。
3. 辨别冷暖的缘由。	15. 知道水的三种形态。
4. 识别植物20种。	16. 会养护蚕。
5. 识别动物20种。	17. 知道青蛙、蝴蝶、蛾等的形态。
6. 识别动物的雌雄。	18. 知道国庆纪念、国耻纪念等日子。
7. 知道花、种子、果实的用途。	19. 知道当地的地名。

8. 会数 1～100。	20. 知道当地名胜三处。
9. 会做 10 以内的加减。	21. 明了身体各部的组织与用途。
10. 知道日、月、时间。	22. 会种豆子等，会掘番薯、萝卜等。
11. 辨别东、南、西、北的方向。	23. 知道开会的仪式。
12. 知道尺、寸、升、斗。	24. 会保护两盆花不使干死。

我们的主张

幼稚园这种教育机关，在中国本来是没有的。现在我们既然来创办这件事，就应当先自己问一问，用种什么目标，怎样的办法。倘是一些主张都没有，仍旧像中国初办教育时候，今日抄袭日本，明日抄袭美国，抄来抄去，到底弄不出什么好的教育来。我以为，无论对于任何事情，要想去办，总得先计划一下，规定哪几种步骤去做；否则只是盲目的效法，哪里会有好的结果呢！至于主张对不对，适用不适用，这个当然不能一时断定。我们现在办这个幼稚园，是先有了研究，再根据儿童的心理、教育的原理和社会的现状，确定下面几种主张做法。

一、幼稚园是要适应国情的

现在中国所有的幼稚园，差不多都是美国式的。幼稚生听的故事是美国的故事，看的图画是美国的图画，唱的歌曲是美国的歌曲，玩的玩具，用的教材，也有许多是从美国来的。就连教法，也不能逃出美国化的范围。这并不是说美国化的东西是不应当用的，而是因为两者国情上的不同。有的是不应当完全模仿的，尽管在他们美国是很好的教材和教法，但是在我国采用起来到底有许多不妥当的地方。要晓得我们的小孩子不是美国的小孩子，我们的历史、我们的环境均与美国不同，我们的国情与美国的国情又不是一样。所以他们视为好的东西，在我们用起来未必都是优良的。比如那个三只熊的故事，因为熊在美国是一种很平常的动物，各处动物园里都有，小孩子玩的熊，图画上画的熊，都是非常的普遍，因此熊竟成为小孩子很熟悉的动物。所以他们的儿童听起熊的故事来，是很有兴趣的。若拿来讲给我们中国的小孩子听，就不免有些隔膜了。因为熊是我们小孩子从来没有看见过的，玩的熊也从来没有的，就是关于熊的故事，也从来未曾听过。以这样未见过、未听过、未玩过的动物编了故事对他讲，当然是不能引起他的兴趣，不能使他领会了。若是我们将这种好的故事稍微改变一下，将熊变为虎，那小孩子听起来就容易懂得多了。又如，圣诞节在外国是一个很重要的节日，在这个节日里，人人心目中只有圣诞节，街上看见的，家庭里所预备的，都是圣诞节的礼物；大人送礼给小孩子，小孩子送礼给大人；什么亲戚朋友都预备相当的礼物互相赠送，表示大家相敬相爱的意思。像这种节期的风俗，在外国幼稚园里当然要遵守要举行的，可是在中国素无此等风俗，就没有举行此等礼节的必要。不过这种精神，我们不妨采用来庆祝我们的节日，庆祝我们的新年，

我们的主张

不将更加有意义了吗？总之，幼稚园的设施，总应当处处以适应本国国情为主体，至于那些具世界性的教材和教法，也可以采用，总以不违反国情为唯一的条件。如此则幼稚园的教育，可收事半功倍之效，可充分适应社会的需要了。

二、儿童教育是幼稚园与家庭共同的责任

幼稚教育是一件很复杂的事情，不是家庭一方面可以单独胜任的；也不是幼稚园一方面可以单独胜任的，必定要两方面共同合作方能得到充分的功效。现在试看中国的幼稚园，有几个是与家庭合作的？有的父母把小孩子送到幼稚园里去，并不是为小孩子要受教育，乃是为自己的方便。因为小孩子在家里吵得很，没有工夫去对付他，所以把他送到幼稚园里去，使他收收心，其他并没有什么目的；所以把教育小孩子一切的任务都置之不闻不问。有的父母则不然，他们对于儿童的教育非常注意，但是因为对于幼稚园的情形不十分明了，不晓得小孩子在幼稚园里究竟做些什么事情，所以在家里所教的与幼稚园里所学的，常不能相融合，甚至两方面发生冲突。像这样的父母本来是可以帮助幼稚园的，无奈幼稚园不去同他们合作，竟以为儿童的教育是幼稚园可以单独担任，不必同家庭去商议的，并以为小孩子在幼稚园是教师的责任，在家里方是父母的责任。所以只要问自己教得好不好，而不必问儿童在家里的情形怎么样，这种态度真是大错而特错。不知道儿童教育是整个的、继续

的，为教师的应当知道儿童在家里一切的情形，吃的是什么，做的是什么，玩的是什么，学的是什么。做父母的也应当知道小孩子在幼稚园里做些什么、学些什么，如此则两方所施的教育，就不致发生冲突，而所得的效果也必定很大。但是有什么方法可以使这两方面了解，使这两方面合作呢？我想合作的方法很多，现写出几条来。

1. 恳亲会。幼稚园每学期至少要开一次或两次的恳亲会，一方面展览儿童的成绩和表演的能力，使其做有目的的活动，另一方面教师可以借此与儿童的父母相认识。

2. 讨论会。幼稚园的教师可以每月集合各家的父母一次，讨论儿童身心发育之种种问题，并可以报告儿童最近的缺点，请他的父母到家里注意纠正。儿童的父母，也可将儿童在家里的不良习惯，随时报告教师，请教师设法诱导。如此双方交换意见，庶可容易了解，容易合作。

3. 报告家庭。我们不但应用讨论会探索小孩子的种种身心问题，也应将小孩子在幼稚园里所做的工作和一切关于品性上、习惯上的种种举动，都详细报告家庭。如此可以使父母知道在家里怎样教导他们的孩子了。

4. 探访家庭。幼稚园教师应当时常去探访儿童的家庭，由此可以知道儿童在家里的生活状况，而且借此可以增进两方面的感情，遇到困难的问题，两方面就容易融洽了。若能实行以上所说之

　　　　　　　　　我们的主张

方法，那幼稚教育的进展殊未可限量呢！

三、凡儿童能够学的而又应当学的，我们都应当教他

什么东西是幼稚园应当教的，什么东西是幼稚园不应当教的，这种问题是我们办幼稚园的人首先要注意的。对于这个问题有人主张幼稚园不过是小孩子玩耍的地方，只要有点可以玩的东西，使小孩子快乐快乐就是了，不必教什么东西。有的主张幼稚园应当用一种有系统的教材去教小孩子，什么读法、写字、理化常识，都在必修之列。我们现在要问究竟实际上小孩子应当学些什么东西，有什么标准，我觉得下面三个标准有讨论的价值。

第一个标准是：凡儿童能够学的东西就有可能作为幼稚园的教材。比方一个小孩子能够识字了，不论他是 2 岁，还是 3 岁，我们就应当设法去教他识字。但是"能学"的这个标准还不够，假使这个小孩子虽能识几个字，然而学习的时间要非常之长，教师所费的精力又要非常之多，在这种情形之下反倒不如用这些时间精力去学别样东西来得妥当而有效果。所以在"能学"的标准之下，也要有点限制才好。例如，有些东西小孩子虽然学是能学，不过学了或足以妨碍他身心的教育，那就更加不必勉强他学了。

第二个标准是：凡教材需以儿童的经验为根据。我们从前在私塾里读书的时候，天天念《三字经》《千字文》和四书五经等书，虽然能够背诵得很熟，但是觉得毫无意义。因为书上所讲的与儿童

的经验隔离得太远了，所以我们应当以儿童的经验为选择教材的根据才好。

第三个标准是：凡能使儿童适应社会的，就可取为教材。我们选择教材的时候，不但要问这种教材小孩子能学不能学，与他们的经验有没有衔接，我们还要问这种教材同他现在或将来的生活上发生什么样子的影响。如果这种教材对他现在或将来的生活上有不良影响的，那么就是小孩子能够学的又与他经验衔接的，也不能教他的。比如偷桃子这件事，偷是小孩子能学的，吃桃子是小孩子的经验里有的，教他去偷桃子来吃，他是很高兴的，但是这种行为对他生活上是有妨碍的，而且为社会上所不许的，所以我们总不能拿它来做教材教他们。

我们若根据以上的三个标准去选教材，那所选的教材就不至于有大错了。

四、幼稚园的课程可以用自然、社会为中心

小孩子能够学的与应当学的东西，本来是很多的，但是我们不能就这样漫无限制地毫无系统地去教他。总必定要有一种组织，在相当范围内，使其成为一个系统并使各科目中间互相连接起来发生关系。因为儿童的生活是整个的，所以教材也必定要整个的、互相连接的，不能四分五裂。我们不能把幼稚园里的课程像大学的课程那样独立，什么音乐是音乐、故事是故事的，相互间不发生影响。

我们的主张

我们应当把幼稚园的课程打成一片，成为有系统的组织。但是这种有系统的东西，应当以什么为中心呢？这当然要根据儿童的环境。儿童的环境不外乎两种：一种是自然的环境；一种是社会的环境。自然的环境就是各种动植物的现象。社会的环境就是个人、家庭、集社、市场等类的交往。这两种环境都是与儿童天天要接触的，所以我们应当利用这两种环境做幼稚园课程的中心。

五、幼稚园的课程需预先拟定，但临时得以变更

普通幼稚园的教法有两种：一种是固定的；一种是自由的。固定的教法，就是教师把一日间所做的种种工作，按照一定的时间去支配。什么时间做什么工作，都是刻板不变的，不管小孩子所做的这件工作有没有做好，时间一到立时就要停止。这种注入式的教法有好处也有坏处。好处呢，是容易见效，学得不久即学会了。坏处呢，是小孩子不能独自创造，不能独自发表意思，以致好的或有天才的小孩子，不能积极地向上进取。这种教法在我们中国的幼稚园里还是很通行的。还有一种教法是"自由教法"，就是让小孩子各人自由去工作，小孩子喜欢做什么就做什么。不过这种自由工作之中，也有点相当的限制，不然随意妄动就要妨碍别人的动作了。而且这种教法非常之难，一方面幼稚园的设备要充分，一方面教师的能力要丰富。设备不充分，则小孩子终日只做一两种工作，玩一两种玩具，甚至缺乏兴趣，不是生厌偷懒，就是妄动胡闹，对于真正

的工作，并没有学到。若是设备充分而教师没有相当的学识去指导儿童的动作，那么儿童也学不出什么东西来。但是这种自由的方法，能够运用得当，儿童所得的益处实在是不可限量哩！由此儿童的能力可以加强，儿童的思想可以发展得很充分；天资特别的儿童不致为全体所牵制而不能上进；其他儿童也能得到尽量地发展。

这两种方法在运用上都是各有利弊。我们无论采取哪一种或者两种都采取，我们总应当把每日所做的功课预先拟定出来。谁去拟定呢？教师呢，还是儿童？那也不必拘泥。有了这种拟定的功课，教师就可以有相当的准备。不然临时仓皇，就不容易应付。倘使临时发生一种很有兴趣的事情，那不妨就改变已拟定的功课，以做适时的工作来满足儿童的需要。

六、我们主张幼稚园第一要注意的是儿童的健康

我们中国人素来是不注重卫生的，所以身体羸弱，精神萎靡，故外人称我为"病夫"。要知道强国，必先强种，强种先强身，要强身先要注意幼年的儿童。儿童的身体不强健，到了成年，也不会强健。所以，幼稚园首先应当注重儿童的身体。不但要强身、强种、强国，还应注意儿童身体；就是儿童目前的问题，也非得有强健的身体不可。因为他的智力，他的行为，都是跟他的健康有关的。身体不强，就不容易学，常见多病的小孩子，对于他的学业，发生许多的妨碍。就在病后也常常不愿意动作，不肯听话，又容易

发脾气。身体强健的儿童则不然。他的举动活泼，脑筋敏捷，做事容易，乐于听从，比较有病的小孩子真是大相径庭呢！所以幼稚园为儿童的将来与现在，都应极力注意儿童的健康。还有一层，办幼稚园的人应当特别注意的，就是小孩子常有患传染病的，如百日咳、沙眼、癣疥等类，都是很容易传染给别人的。倘使幼稚园对于这些疾病，平时不加注意，那么一传二，二传三，不久就要一起传遍了；一个好好的幼稚园，将成为一个传染疾病的机关了。这不是很危险的吗？所以幼稚园一方面要常常注意儿童的健康，检查儿童的疾病，以免传染；一方面要有充分的设备，使儿童每日有相当的活动，以强健他们的身体。

七、我们主张幼稚园要使儿童养成良好的习惯

人类的动作十分之八九是习惯，而这种习惯又大部分是在幼年养成的；所以幼年时代，成当特别注重习惯的养成，但是习惯不是一律的，有好有坏，习惯养得好，终身受其福，习惯养得不好，则终身受其累。比如某孩子少时非常放纵，娇生惯养，他的父母也没有什么知识，不去严加约束，反而时常叫他去拿人家的东西来玩；到大来，偷窃的习惯已经养成了，一看见人家的东西就要起盗心。又如某幼稚生在某幼稚园上学，开始执笔就用四个指头，他的教师没有留心，不去矫正他，过了一载，这种执笔的姿势差不多变成一种牢不可破的习惯了；后来，他换了一个幼稚园，那园里的教师发

觉了他的坏姿势，费了四个月的工夫，才把他矫正过来。倘使这个教师也像以前的教师一样忽略过去，没有替他矫正，那恐怕到后来还要难改呢！所以我们应当特别注意儿童所养成的种种习惯，以期建筑健全人格之巩固基础。

八、我们主张幼稚园应当特别注重音乐

音乐是儿童生来喜欢的。三四个月的小孩子，就能开始咿咿呀呀地唱了；到了八九个月，他就能发出唱歌的声调了，快乐的时候，格外要唱得起劲；等到1岁的时候，就差不多一天到晚不歇地唱；再大一点，只要一听见别人唱歌的声音就要跟着唱起来，虽然所唱的并不一样，但是总像一种曲调的样子；到了三四岁的时候，小孩子好唱的能力格外发展得快，而喜欢音乐的兴趣亦格外来得浓厚。所以幼稚园为满足儿童的欲望起见，就应当特别注重音乐，以发展他们欣赏的能力，养成他们歌唱的技能。若是儿童生来虽然喜欢音乐，但是环境没有什么音乐的表现以适应他们的欲望，这怎样能够发展音乐的才能呢？试看中国虽有种种的乐器，但是会玩的很少。各处虽有戏剧的流行，但是除了几个戏剧家以外，会唱的又是很少。一般普通的人差不多全然没有唱歌的能力。比较欧美的情形来，欧美人民之家庭社会，大半都充满了音乐的环境，中等以上的家庭差不多都有相当的乐器，或是钢琴，或是留声机，每日都有一些时候家庭团聚，弹弹唱唱以资娱乐，并且由此可以陶冶性情，小

孩子不知不觉间受了这种影响，慢慢地就养成一种音乐的兴趣、音乐的技能了。不仅他们的家庭是如此，他们的社会层面也很提倡音乐的，如音乐会是常常举行的，歌剧则各大城市都有。至于学校方面，是格外注重的。所以他们随便什么公共聚会，都有一唱百和之势，从音乐中很能表现出他们的情感。而我们中国的情形，简直可以说要找一个大家能唱的歌曲也找不出来，甚至于连一个国歌也不能普遍的会唱。在这种情形之下，个人的情感、团体的精神如何可以充分地表现出来呢？所以为满足儿童个人的欲望需要计，为唤起团体爱国的精神计，我们不得不特别注重音乐这一科。

九、我们主张幼稚园应当有充分而适当的设备

经验是发展儿童个性的工具。经验也就是学问。无论在家里或在幼稚园里，我们应当给小孩子一种充分的经验。经验的来源有二：一是与实物相接触，二是与人相接触。这两种接触的机会，都要靠着充分的设备为转移的。假使小孩子在幼稚园里没有什么可玩的东西、可做的事情，那么就是有许多小孩子团聚在一起，也不能做出什么有用的事情来；若是有了可玩的东西、可做的事情，那所学的就多了。但是现在我们中国的幼稚园呢？设备都非常的简陋，大概有几盒恩物、几块积木、几把剪刀、几张纸头、几盒蜡笔、几个皮球、几张桌椅以及其他少数物件而已。试问在这种情形之下，怎样可以丰富儿童的经验，发展儿童的个性呢？幼稚园要求发展扩

张儿童的经验，非有充分的设备不可，有了充分的设备，小孩子就可以随意玩弄，不但不致生厌，而且由此可以得到许多知识，比如此刻画图或做衣服，等一刻又去做游戏、骑车、跳绳种种动作；因此，要发展儿童各方面个性，就应当有充分的设备。不过在充分的设备之下，也有一个条件，就是设备不但要充分，而且要适宜。假若设备虽是充分而并不适宜，那么它的效果也就有限，并没有多大的用处了。比如像球形的恩物太少，便不能达到发展儿童肌肉与思想的条件。秋千太高太大，小孩子不易玩弄。滑梯每每太陡直，使小孩子易遭危险。这些都是设备所亟应注意到的，所以我们筹备幼稚园的种种设备，都应当顾到它们的数量问题和适用问题才好。

十、我们主张幼稚园应当采用游戏式的教学法去教导儿童

游戏也是儿童生来喜欢的。儿童的生活可以说就是游戏。儿童既然有这种强烈的本性，我们就可以利用这个动机去教导他。比方教他识数，我们不能够呆板地教他这个是一，那个是二。我们可以叫他做各种识数的游戏去识数，这就比用呆板的方法容易学得多。又比如识字，我们也不应当用呆板的方法去教他认字；我们也可以用种种游戏的方法（如用识字牌、缀法盘等）去教他，因为儿童总是喜欢游戏的，而且他游戏的时候会忘记了自己，用全副的精神去做他的游戏。名义上虽说是游戏，但所学的确是很好的学问，很好的东西。不但如此，还有许多别的游戏，如玩小宝宝请客等，都可

以学到许多的东西，游戏的直接用处虽只是寻求快乐，然而间接的用处则甚大，因为它可以发展儿童的身心，敏捷儿童的感觉，于儿童的生活有莫大之助益，所以幼稚园应当采用游戏式的教导法去教导儿童。

十一、我们主张幼稚生的户外生活要多

"幼稚园"这个名词的意思本是一个花园，让小孩子在里面自由活动，随意游玩，吸收新鲜的空气，享受天然的美景，不是像大学生拘在一间教室里面那样。但是中国的幼稚园并不是一座花园，仅是几间房子，小孩子从早到晚差不多都是在那里生活。有的幼稚园只有一间房子，没有什么空地可以自由娱乐。这种幼稚园简直是一个监狱，把活泼的小孩子关在里面，过一种机械式的生活。像这种幼稚园，真是还不如不办来得好。还有一种幼稚园，园内有许多的空地，或者邻近也有很好玩的地方，但是教师不知道儿童的需要，不晓得利用这些空旷的地方，只一味地把小孩子关在室内，不出去活动，不肯变更他们的教学方法，不晓得小孩子是顶喜欢野外生活的，什么飞鸟走兽野草闲花种种东西，都足以引起他们的注意。至于新鲜的空气，明亮的日光，都是小孩子强身的要素，到了这种野外的地方，做教师的就可以随地施教，看见什么就可以教什么。小孩子看见了这些野外的景象就得到了一种深刻的印象。若是教师在这种适宜的地方教小孩子唱歌、做游戏、画图画、讲故事等

功课，这样小孩子学了许多天然的实物，又可以学到普通所教的功课，并且可以增加儿童的快乐，活泼儿童的精神，强健儿童的身体。像这种户外的教学，比起室内的生活来，不知道要强多少倍。还有一层意思要说的，就是我们因为有种种原因不能带小孩子天天到野外去生活，也应当让小孩子多过些庭院的生活，不应把他们天天关在房子里面。因为教室的功用有限，只有在天气寒冷的时候或下雨下雪的时候应当在室内活动，好天气时，总应当让小孩子常常出去玩耍。

十二、我们主张幼稚园多采用小团体的教学法

幼稚生的年龄是不齐的，智力又各人不同，兴趣又不能一致，所以幼稚园不能够把他们归在一起，叫他们做一种同样的工作。常看见幼稚园讲故事的时候，全体小孩子团团坐着听教师讲，其实真正能听教师讲的，只有几个，其余的都不留心听，不是玩弄这个，就是玩弄那个。即使教师讲得很动听，还是不能引起全体人的注意，这不是很不经济的事吗？最好把故事分开来讲，大的为一班，小的为一班。小的可以多用图画来帮助教学，使他容易领会。教音乐的时候，小孩子也应当像这样分开来教，如此程度高的不至于受程度低的牵累，可以直往上进，程度低的，也不至于赶不上。这种情形不但对于故事、音乐是应当如此，就是其他的功课也应当分开来教。如此，教学的效果可以增加，儿童的兴趣可以格外浓厚。

十三、我们主张幼稚园的教师应当是儿童的朋友

幼稚园的教师不是私塾的先生。私塾的先生是很有威严的，儿童对于先生是很害怕的。因此儿童大半不愿意进馆去受这种拘束，由此师生之间就有许多的隔膜，以致先生教起来不容易教，学生学起来也不容易学。反过来说，若是教师如同学生的朋友一样，与学生非常地亲近，同同学玩，那么教师就容易明了各个学生的性情能力，教起来就容易引导，学起来也容易听从了。所以我们主张幼稚园的教师应当做儿童的朋友，同游同乐的去玩去教的。

十四、我们主张幼稚园的教师应当有充分的训练

小孩子是不容易教的，幼稚园的教师是不容易做的，因为幼稚园的教师要善于唱歌，善于弹琴，善于绘画，善于讲话及其他种种技能，并且要熟悉自然界的现象与社会的状况，要有很丰富的常识，要明了儿童的心理。想要满足以上这许多的标准，非要有充分的训练不可。为什么幼稚园教师要有这样的训练呢？这里面的原因很多。

因为儿童是很难教的。各个儿童的年龄看起来相差很少，但是他们的智力却相差很远。3岁的儿童比2岁的儿童晓得的多，5岁的儿童又比4岁的儿童晓得的多。幼稚园的儿童，有的3岁，有的5岁，有的智力很弱，有的智力很强。做教师的不能一律用呆板的方

法去教导他们，必定要有充分的学识、高深的技能，方能因材施教，满足各个儿童的需要。且儿童的注意力很薄弱，教导不易，非有特别训练的教师，实在不能胜其任。

儿童开始学的时候，应当学得好。我们都晓得无论学什么东西，第一次学坏，第二次就更容易学坏，所以开始学习时一定要谨慎。有许多小孩子因为初学的时候学得不好、学得不对，后来改起来就非常困难。比如小孩子写字，十居七八没有适当的姿势，或是笔拿得不好，或是坐得不正，或是头歪在一边，种种坏的习惯都是由于开始学写字的时候他们的教师没有留意去指导他们的缘故，以致后来一误再误，成为第二天性。所以要教小孩子教得好，必定要在第一次的时候教得好。这样说来，教师非得有充分的训练不可。

十五、我们主张幼稚园应当有种种标准可以随时考查儿童的成绩

幼稚园究竟应当教些什么东西？小孩子究竟应当做些什么东西，做到什么地步？幼稚生的程度究竟是怎样的？要解答这种种问题，非得有种种标准不可。幼稚生应当在幼稚园里养成什么样的德行、什么样的习惯、什么样的技能？得到什么样的知识？我们都要研究的。所以我们考查品行，应当有品行的标准；甄别习惯，应当有习惯标准；检验技能，应当有技能标准；测验知识，应当有知识标准。知道幼稚生的成绩，就可以施相当的教育：成绩好的，可以

格外鼓励他上进；成绩坏的，设法补救。这样一来，好的坏的都有相当的教育，这样说来标准是实行优良教育的根据。不过标准虽然这样重要，做起来也很不容易，一个标准常要费一两年工夫始得做成的，不但编制的工夫长，而且编的手续也是很烦琐的，我们不能因为编制之麻烦就不去进行。

总起来说，我们在上面所主张的十五条信条当然不是金科玉律尽善尽美的，但从现在中国幼稚教育的情形看来，这十五条信条也许是治病的良方呢！

对于儿童年实施后的宏愿[1]

（一）愿全国儿童从今日起，不论贫富，不论智愚，一律享受相当教育，达到身心两方面最充分的可能发展。

（二）愿全国盲哑及其他残废儿童，都能够享受到特殊教育，尽量地发展他们天赋的才能，成为社会上有用的分子，同时使他们本身能享受到人类应有的幸福。

（三）愿政府及慈幼机关为儿童福利着想，尽力设计，多予儿童以安全的保障。

（四）愿全国各处从今以后，所有奴婢童工等不良制度，完全绝迹。

（五）愿全国的父母、导师以及全国的成人们，随时随地本着"幼吾幼以及人之幼"的古训，各就自己能力所及之处，保育儿童，

---

①本文载于1935年8月1日《新闻报》，系陈鹤琴为庆祝"儿童年"而作。

救济儿童，感化儿童。

（六）愿今后全国的父母们，都具有教育常识，切实了解儿童心理和儿童期的价值。

（七）愿全国的妇女们，都自觉着母性的伟大，注意胎教和妊娠期的卫生，造就优良和健全的国民。

（八）愿全国教师们，抱着鞠躬尽瘁、死而后已的精神去教导儿童，训练儿童，使他们成为健全的公民。

（九）愿全国慈善家和一切成人们，对于凡百救济事业，先从儿童做起，遇到危险，先救儿童。

战后中国的幼稚教育

一、引言

中国需要幼稚教育，现在应该是没有人再可怀疑了，为什么呢？

第一，幼稚教育是一切教育的基础，所以世界各先进国家都注重幼稚教育。

第二，幼稚期是人生可塑性最大的时期，所以幼稚时期也是奠定人生健全发展的时期，故需有适当的环境与优良的养育，以促使民族的新生。

第三，中国要求进步，半殖民地半封建的状况必须要摆脱，进步的、合理的社会条件必须要充分发展，因此迫切要求幼稚教育以集体力量来减轻妇女对养育子女的负担。

第四，目前中国社会的一般贫困，需要幼稚教育，使贫童、难童及特殊儿童能得到社会的养护。

幼稚教育应该怎样来拓展？当抗战初时，作者就曾提出了这样的意见。

1. 要国家宣布幼稚教育在学制上的正式地位。以往的幼稚教育，都是由学校或慈善团体及私人来创设与提倡的，这无论如何总感不够，为民族前途着想应当在学制上把幼稚教育的附庸地位撤销，而进一步去正式认可它应有的地位。试想全国人民既有享受国民教育的权利，为什么反而没有享受幼稚教育的权利？无论在理论上讲或者在事实上看，幼稚教育都有设立推行的必要，政府应立即确定它在学制上的地位，同时还要统筹全国幼稚教育的经费。

2. 要教育界共同努力提倡，使全国父母普遍地认识幼稚教育的重要性，送他们的儿女进托儿所、婴儿园和幼稚园。社会的需要愈感迫切，则幼稚教育也就愈加容易发展。

3. 要大量地造就幼稚师资。如果全国幼稚教育普遍展开，那么一定需要大量的幼稚教育的师资，要造就大量师资，非设立幼稚师范不可。各省宜先设幼稚师范至少一所，来负责训练全省的幼教师资。再进一步说，我们如要各省都设立幼稚师范，那么这些幼稚师范的师资又从什么地方来呢？所以，我们还应当有一所专门造就幼稚师范师资的学校，最好是设立一个幼稚教育学院来做训练、研究与实验的工作，或者在各大学添设幼稚教育系或专修科。再不然，先办幼稚师范专科学校，来造就大批的幼稚师范师资，以应当时的迫切需要。

作者提出这些意见，尚在抗战初期，计算日子，不能说不长久。唯在抗战时期，国家财力物力，均极艰难，但对于这些意见，可以说也有部分的实现，这不能不说是值得我们欣喜的。不过从整个幼稚教育的发展看，这一段日子，只能说是中国幼稚教育的开始，其发达与完成，实有待于我们今后的努力。但今后我们努力的方向应该怎样？这不能不先来回顾战时幼稚教育发展的概略。

二、幼稚师范学校的创设

抗战的几年，由于战时实际情形的需要，幼稚教育的确是有过长足的进步。托儿所、保育院、儿童新村等等幼儿教育福利机构，迅速地繁荣滋长起来。有名的如桂林毛彦文①主办、张雪门②主持的香山慈幼院幼稚师范，专为西南一带造就幼稚师资。此外，还有赣县的儿童新村。但主要的还得推江西的幼稚师范学校与国立幼稚师范专修科。因为这两个学校，虽建立于战时，却正说明了战后中国幼稚教育的道路。因此，这里确有提出来讨论的必要。

江西省立实验幼稚师范学校，是中国第一个公立的幼稚师范，

---

①毛彦文（1898—1999），美国密歇根大学教育学硕士。长期担任北京香山慈幼院院长，该院系民国初年中国设立最早、设备最为完善的慈幼教育机构。该校对学生施行"学校、家庭、社会"三合一的教育，闻名海内外。
②张雪门（1891—1973），中国著名的幼儿教育专家，与陈鹤琴先生并称为"南陈北张"。

正式成立于 1940 年 10 月 1 日。我们当时之所以把这个学校冠上了"实验"这个名称，目的就在说明我们工作重要，是正以实验为主体，准备以实验的成就，来有计划地推进全国幼稚教育。我们幼师的创设的确是使热心幼稚教育的同志们历尽艰难辛苦的，其经过在《活教育的理论与实施》中，已有详细的叙述，这里只能做一个简单的叙述。

首先，我们在江西泰和文江村的荒岗上，开辟我们的校舍，那儿到处都是参天的松林，一刮风，松涛澎湃，犹如万马奔腾，动人心魄，泰和在左，武山在右，斜阳古塔，极饶情趣。风景幽雅秀丽，的确是一个很好的学校环境。

数月之后，荒岗上出现了房舍、操场、农田，与四通八达的道路，这些成就，都花了全校师生职工不少的心血，到 1943 年止，我们全校所有的校舍，计有二十多座。

在这段时间中，生活犹如战斗，一百多个学生，分成许多小组、平地、编草盖屋、筑路、开阔操场，每个人都变成了工人、农人，大家一起生活与学习，打成了一片。

1940 年 9 月，幼师附属小学与幼稚园也都诞生了。到了 1942 年 2 月，还创立了附属婴儿园。

后来，政府鉴于幼稚教育的重要，并为积极推行起见，就在 1943 年的 2 月开始，把省立实验幼稚师范学校改为国立幼稚师范学校，并且还添设了一个幼稚师范专科，以造就幼稚师范师资，准备分发各省训练幼稚师资，来推动中国的幼稚教育。尤其是幼稚师范专科的增设，对中国幼教的前途，关系至巨，这说明了我们国家对幼教的重视，同时也证明了时代对幼教要求的日切。为使幼教发展，更能切合社会的需要计，我们以下面的四大目标，来作为幼稚师范专科的职志：第一，建立幼稚师范的教育方案；第二，编定幼稚教育的实施纲领；第三，创制幼稚教育的教材教具；第四，进行儿童教育的研究实验。从此，幼稚师范的地位更显重要，其使命也更重大。学校的整个范围如下：

幼稚师范专科　国立幼稚师范学校　附属小学　附属幼稚园

附属婴儿园　国立幼师各部

当时，我们规定了各部的目标。幼稚师范专科：培养幼稚师范师资及研究儿童教育人才。幼稚师范：培养幼稚园及小学的健全师资。附属小学：从做、感、想、知的四项活动中发展儿童的活力，培植活儿童，并作专科及师范员生之实习及研究场所。附属幼稚园等：提倡用科学方法增进幼稚儿童身心的健康与幸福，协助家庭教养幼稚儿童，谋家庭教育的改进，并作专科及师范员生之实习及研究场所。

经过全校师生的不断努力，国立幼稚师范学校随着抗战的日近胜利而向光明的前途迈进。她的校歌，具体地描述了这个新生学校的情形，后来虽因战事的影响，而做了数度的逃难，从文江到梅林，从梅林到甘竹，但幼师始终是站在幼教的前线。

三、活教法、活课程、活的教育

抗战的时代，是新教育实验的崭新环境，而幼稚师范的创设，正负有实验新教育的使命。究竟要实验什么新教育，是不是道尔顿制[①]、德可乐利制[②]等的"新教育"呢？显然不是，我们要实验的却是产生于抗战烽火中的新教育，是在中国的土地上生长起来的新教育，这就是"活教育"。

"活教育"顾名思义，就是反对已经埋没人性的死教育，反对读死书的死教育，它要摧毁传统教育的锁链，让中国的主人，从淫威独断的痛苦深渊中解放出来。所以，活教育首先以三个目标坚定自己的信念，这三大目标即是：（1）做人，做中国人，做现代中国人；（2）做中教，做中学，做中求进步；（3）大自然、大社会，是我们的活教材。

---

①道尔顿制是美国帕克赫斯特（1887—1973）于1920年在道尔顿中学创立的教学制度。主要措施一是改教室为各科作业室，按学科陈列参考用书和实验仪器。二是废除课堂讲授，把各科学习内容制成分月的作业大纲，规定应完成的各项作业，由学生自行学习，自由支配时间，由教师予以指导，学习进度自行掌握。三是使用表格法了解学生学习进度，简化学生管理，增强学生学习动力。

②德可乐利制是比利时教育家德可乐利（1871—1932）从1907年起在布鲁塞尔开设的学校中进行实验的教学模式。把课程分为个人与环境两大类，以个人生活需要中的营养、居住、防卫、活动为中心，把家庭、社会、动植物等知识联系起来，组成教学单元。

我们要以自动代替被动，以启发代替灌注，以积极代替消极，以活知识来代替读死书，以爱德来代替权威。

自动地学习，自发地学习，乃是以"做"为出发点的，在"做"的过程中去学，在"做"的过程中去教，在"做"的过程中去求进步。经过自己动手用脑所获得的知识，才算是真知识，有用的知识，培养现代中国人，非从"做"做起不可。

怎样"做"？我们有四个步骤来指导做，来指导教与学。这四个步骤就是：第一实验观察；第二阅读参考；第三发表创作；第四批评研讨。并且用"五种活动"即健康活动（包括体育卫生等学科），社会活动（包括史地公民常识等学科），自然活动（包括动植物气象理化算术等科），艺术活动（包括音乐、图画工艺等科）及文学活动（包括读、作、写、说等科）来丰富"做"的内容。

因为我们相信，做现代中国人，必须具有健全的身体、自主的能力、创造的思想、生产的技术、服务的精神；同时我们相信，幼稚师范是在培养优良的幼稚教师具有慈母的心肠、丰富的智能、爱的性情、研究的态度。所以，我们的教学原则就以此为依归，而大致地定为这样几点：第一，向大自然、大社会去追求活教材。第二，运用做中学、做中教、做中求进步的活教法。第三，培养生产能力，是要学校农场化、工厂化，学生农民化、工人化。第四，活教师要用活教法，教育活教材，才有活学生。第五，活教师、活学生。集中力量，改造环境，才有活社会。第六，我们能够自己做的，我们都自己来做。

根据以上的原则，我们就以学校日常生活为出发点，来进行活的教学：（1）烧饭：由学生轮流主持，每天八个人来负责全校的烹饪，从买菜、买米、捡柴洗菜到洗碗都由学生自己做。（2）洗衣服：也是日常生活的例行公事，都由学生自己洗。（3）筑路：学校中几十丈山路，除了一条大路之外，其余的统由师生们共同来开辟。筑山路本来就是很不容易的，所以掘泥土、挑石子、挑石灰，确费了一番心血，但大家都觉得这条路是自己要走的，这荒山是要自己来开辟的，这个新世界是要自己来建立的。虽然大家的手上都起了泡，两腿跑得又酸又痛，但始终没有哼一声苦！（4）编草：在江西瓦片很贵，且不易买到，因此每以松皮或箬篷来代替。这两种东西，可说是抗战时期的经济代用品，我们的房舍便是用箬篷来盖的，但箬篷太薄，天雨即漏，所以大家便动手来编草棚，覆在箬篷之上，既可避寒暑，又可抵雨湿。（5）种菜：开辟农场之后，开始种植蔬菜，供给全校学生食用。其他如养猪养鸡、种花、植树，凡有关生活环境改善的工作，都被我们用作教学的好机会……

不论是三年制或二年制，其课程内容都可分成精神训练、基本训练、专业训练三项。各科的范围，特别着重于婴儿园、幼稚园及小学的实际资料，如体育、音乐，列入儿童歌曲及唱游教材，卫生注重妇婴心理卫生，国语加入儿童文学，社会科混合历史与地理，编成单元与小学社会及幼稚园常识相呼应，自然科将博物理化混合编制，配成单元与小学及幼稚园教材亦相呼应。家事包括缝纫、烹饪、家庭管理。幼稚教育包括意义、发展史、概况、行政、研究法等（并包括婴儿园教育教学与实习合并），分幼稚园教学及实习，婴儿园教学及实习，将教材教法和实习合并教学。另设家庭教育，以儿童和父母教育为主要资料。至于人生心理一科，是新加的课程，其意义是根据青年期心理，促其正常的发展技能，正确地运用理智于日常生活。以前有所谓人生哲学的课程，我们觉得其过分深奥，且距离现实生活太远，不切实际，所以改成人生心理。

照一般的科目内容，每科各自独立，不相联系，各科教学只着重于基本训练，对于专业训练大多由教材教法一科担负，致使教材教法一科中包罗万象，各科都要教，结果各科略而不详，既没有深切的讨论，又缺乏实际的资料。因此，在幼师的课程中，教材教法与各科紧密联系，各科教学在最后一年，以幼稚园及小学的教材为范围，使学生能将所学与所用互相配合，对各科教学产生浓厚兴趣，增进了不少的活力。

同时，课程如受了学年的限制过甚，结果不是加速学生的学习，便是降低教学的质与量。因此，幼师更进行了工作单元的制订。其程序是：第一，分析幼稚园教师应具有的能力，编成优良幼稚教师之能力表。第二，分析幼稚园及幼稚师范的教材，按照进度，组成单元。第三，学生学习，本其个人之智能，按程序进行，不受班级的牵制。第四，学习能力强者，规定年限可修完全部课程，较次者时间较长，单元未完，不予毕业。

至课程之实验，分四期进行，每期以一年为度。第一，开创期，试用活教材、活教法。第二，实验开始期，整理已用活教材及教法，制订实验方案。第三，实验修订期，修订上期结果，做精密之实验。第四，实验完成期，继续修订，完成实验课程。

幼稚师范的课程是这样，幼稚园、婴儿园的活动又是怎样呢？这里略做一个简单的介绍。在原则上，幼稚园与婴儿园的活动，也都是根据活教育的原则。那时候，幼稚园的儿童在园内生活的时间，上午约有3小时，下午也有3小时，时间的支配，将因气候的变更而不同。现在把1943年5月到6月的一天生活时间的支配情形列举出来，以见一斑。

上午

7时30分到8时15分：儿童陆续来园，清洁检查，自由活动。

8时15分到8时20分：朝会。

8时20分到9时30分：中心活动，如常识、表演、出游等。

9时30分到9时50分：户外活动。

9时50分到10时10分：儿歌，餐点，静息。

10时10分到10时45分：音乐。

10时50分：回家午膳。

下午

1时后儿童陆续来园。

1时到2时30分：午睡。

2时30分到3时：故事或表演。

3时到3时30分：读法。

3时30分到4时：游戏。

4时：夕会，散学。

上面所举时间的长短，活动的次序，都以儿童兴趣的表现为主，视活动性质与活动方式而变化，原定时限可以伸缩，原来次序也可以改变。

不但在课程方面，我们进行了新的实验，同时对于训导问题，我们也做了重新估计。首先，我们反对那种只凭主观的情绪、态度利害、好恶去判断或处理训育问题的作风。提出以下的原则，作为训导的方针：从小到大；从人治到法治；从法治到心理；从对立到一体；从不觉到自觉；从被动到自动；从自我到互助；从知到行；从形式到精神；从分家到合一；从隔阂到联络；从消极到积极；从空口说教到以身作则。这些训导原则，直到今天还是有其价值，在这里限于篇幅，不便做详细的叙述，在《活教育的理论与实施》一书中，我已有所介绍。

四、战后中国幼稚教育之路

战后幼稚教育如何，它应该走什么样的路？要采取怎样的步骤？在这里，我们都得予以简略的问答。

首先我们要问的是：（1）战时中国社会与战后中国社会有什么不同？（2）战时幼稚教育有些什么缺点？解决了这两个问题之后，战后中国幼稚教育应走怎样的道路，就很明显了。

现在我先来解答第一个问题，战时与战后中国社会有什么不同？谁都知道，战时中国的两大任务是坚持抗战与实现民主。坚持抗战的目标是争取民族的自由与解放，是争取国家的独立与自主。实现民主的目标是改进人民的生活，是清除封建的支配。今天抗战虽已结束，而此两大目标，仍然未曾完成，中国的社会在本质上仍与战时无异。这说明了中国教育的任务，跟战时的也是一样，没有什么实质上的改变，今日幼稚教育的道路，应该与战时所走的是同一的方向。战时幼稚教育所要求的，现在还需要继续争取；战时幼稚教育所遭受的困难，今日也需要去克服；战时幼稚教育所有的缺点，今天依然还需要去补救。总体来说，战时幼稚教育在幼稚教育史上还是一个拓展的阶段，而今天我们还没有超越这个阶段，一切的工作也还是继续着，来完成幼稚教育在中国的建立。

其次我们再来解决第二个问题，即战时幼稚教育有什么缺点？缺点很多，例如：

1. 推行不够普遍。幼稚园、托儿所、幼稚师范，都还不曾普遍地设立，仅是某几个地区或城市，才看得见一两所而已，推行得不够普遍，这是最大的缺点。

2. 农工托儿所不曾发展。人们总以为托儿所、幼稚园是为贵妇们减少照养子女的责任而已，其实这是不对的。托儿所、幼稚园其真实的意义并不是专为贵妇们而设立的，其最大的作用，则在于方便妇女从事工作，使她们不致因照顾子女而忽视工作，或者因从事工作而忽视子女。中国如果要改善生产，如果要发展经济，则农村托儿所与工厂托儿所是刻不容缓的工作，战时，这一必须发展的事业，却不曾积极地进行。

3. 师资不够。幼稚教育要积极发展，必须有大量的师资与热心的工作干部。可是在战时，连幼稚园的师资都不够，更何况托儿所。桂林的幼稚师范训练了两三百个师资，江西国立幼师及幼专，一共也只训练了二百三十四个师资。全国幅员是这样的辽阔，虽然其他训练幼稚师资的地方也有，但师资缺乏则是普遍的现象。中学师资的来源是比较广泛的，问题易于解决，而幼稚教育的师资，条件非常苛刻，有学识固然重要，而主要的还在于他们对儿童的纯爱与对儿童的感情，以及从事幼稚教育工作的决心与认识。幼稚教育师资非经严格的专业的训练则绝难胜任，所以师资的不够，多少是限制着幼稚教育的发展的。

4. 国家还不够重视。怎样使幼稚教育普遍地推行？怎样使农工托儿所、幼稚园积极地建立起来？怎样来大量地训练幼稚教育师资？所有这些问题，都跟国家对幼稚教育重视的程度密切相关。我们知道，在外国的许多教育慈善工作，都是由私人来资助、来办理的。但中国却无法专凭私人的力量来建立教育事业。中国社会的落后，国民经济的贫困，私人有时候是无力来举办大家认为应办的事业的，所以中国许多公共事业，每都由国家统筹办理，部分原因亦即在此。战时国家虽设立了保育院、幼稚师范，但数量仍旧很少，对幼稚教育工作的注意力，显然还不够重视，国家既不积极地提倡，广泛地创办，而民间又无力创办，于是幼稚教育要加速地发展起来，那的确是万难的。

战时中国幼稚教育所有的缺点，上述的四点，算是最明显的了。战后中国幼稚教育，不谋求改进，不争取发展，而事实上中国幼稚教育有迫切发展的需要，所以这些缺点是必须要首先予以克服的。

怎样克服这些缺点？怎样争取新的改进？我们的意见是这样的：

第一，社会要安定与繁荣。内战不息，干戈无已，社会动乱，民生艰难，若是之国家怎能谈得到发展教育，谈得到幼稚教育？所以，今天我们首先要求社会安定，内战停止，这是解决一切问题的根本。唯有内战停止，社会才得安定，建设事业才可发达，民生始得生息，然后国家的繁荣始能促使幼稚教育的发展，始能为幼稚教育奠下巩固的基础。所以幼稚教育——其实也不只幼稚教育而已——首先所要求的是内战停止，是社会安定。

第二，政府要改变教育政策。中国古来所谓养士教育，今天并没有什么两样，政府的教育政策，仍然还只注重高等教育，而对于基层教育则每多忽视。即使曾提出普及基层教育的口号，但也没有切实地做到，教育上头大脚小的畸形发展是大家所周知的事实。教育政策如不从速改变，则对中国教育的前途，实是一个严重的隐患。就以幼稚教育而言，在战时政府设立了幼稚师范学校于江西，并附设了一个幼稚教育专修科，专为造就幼稚教育的师资与专才。事实上，在战时那般迫切要求幼稚教育的情形之下，仅仅这样的设立一两所学校，显然是很不够的。但胜利以后，连这一点点对幼稚教育的关注也都消逝了。首先是国立幼稚师范学校的裁并，今天江西已没有幼稚师范了。其次是上海市立幼稚师范学校改名为女子师范，把幼稚师范作为一个科而设于女子师范中。国立幼稚师范专修科，胜利后虽已迁来上海，但仍旧是附设于市立幼师（即今之市立女师）中，不能成为独立的学校。胜利后政府对于幼稚教育的轻忽政策，的确是使人怀疑的。政府要不要教育？要不要从基层做起的真正的人民的教育？即使由于国家经济的枯竭，要紧缩教育经费，但在抗战时期都能担负得起的幼师经费，现在反而要裁撤了吗？这一切措施，真使人费解。我们热心于幼稚教育的甚至毕生为幼稚教育而奋斗的人们，对于今日政府所施行的教育政策，真有无限悲愤和沉痛！从速改变教育政策，纠正以往头大脚小的畸形，重视基层教育，提倡幼稚教育，并需正式规定幼稚教育在学制上的地位，唯如此始能挽回中国教育的命运。

第三，普遍设立托儿所、幼稚园。我们要把幼稚园、托儿所从大都市带到小都市，从城镇带到乡村，从为少数贵妇官绅服务到为农工劳动大众服务。在今后建设国家的过程中，我们要使每个工作妇女，都得到安心工作，无须照顾其子女的舒乐。普及工厂托儿所，普及农村托儿所，以及巡回的托儿所，使农忙时节的农村生产率提高到最高的水平。这样，我们幼稚教育的工作者，不仅是间接地参加了社会的生产，而且还正在用集体的力量来教育民族的新生代，使他们个个都成为国家自救的斗士，个个成为现代中国人。我们不仅使托儿事业迅速发展，而且幼稚园也是这样，各县至少要有一所独立的幼稚园；各中心国民学校，应当附设幼稚园；国民学校也要附设幼稚班，以广泛地为幼稚儿童服务，为工作妇女服务，为民族新生服务。

第四，培养幼稚师资。要发展幼教，师资问题必须解决。我们在抗战时期所提出的主张，今天还是一样的适用。全国要设立国立幼稚教育专科学校，以造就幼教的专才与工作干部。同时各大学师范学院应设幼稚教育系，以配合各独立的幼稚教育专校，以造就幼教专才，其中还可包括儿童福利工作人员的训练。各省应当设立一所幼稚师范学校，训练省内的幼稚教育师资。各师范学校，也应附设幼稚师范科，以补助独立的幼稚师范学校之不足。为了迅速普遍起见，我们还可以创立短期的训练班与讲习班，专为已任的教师与有志于幼教者进行再教育。

第五，积极地宣传与推广。为使社会人士明了幼稚教育的重要，我们需要做广泛而深入的宣传工作；为使幼稚教育的知识普及与提高，我们也需要有计划地宣传工作。编刊读物，发动幼稚教育的运动，用口头的、文字的种种方式来展开宣传工作，同时来进行幼稚教育的推广。

总之，今后幼稚教育还需要我们付出最大的热情与努力，来争取真正的实现。口说、笔写之外，我们还得以事实来证明幼教对中国前途的作用，用事实来争取幼教前途的发展。

幼儿教育的新动向

继中华人民共和国新学制制定之后，中央人民政府召开了第一次全国初等教育会议，这是我国初等教育事业发展中的一个重要里程碑。根据中国人民政治协商会议共同纲领中的文教政策，以及中央人民政府政务院关于改革学制的决定，初等教育和幼儿教育有着新的任务和内容。在"为适应全国人民的要求以及教育为生产服务"的号召下，我们可以明确幼儿教育的新动向。

一、新中国幼儿教育的目的和任务

毫无疑义，新中国幼儿教育的目的，也是为祖国培养健全的幼苗，使儿童的身心获得健全的发育。同时，解放妇女，使妇女们能自由参加政治的、经济的、文化教育的、社会的建设事业。苏联教育家马卡连柯指出：一个人所受的主要教养是在5岁以前——这占全部教养过程的90%，以后再继续教育而深造之。我国也有一句俗语："3岁看大，7岁看老。"这个意思很明显，就是说一个人身心的发展（包括生理的、思想意识的、语言的以及行为习惯的全面发展）要在7岁以前打好基础。旧中国的幼儿教育是不是使儿童的身心获得了健全的发育呢？一般地说，旧中国的幼儿教育大多是抄袭资本主义国家的一套，不但儿童得不到全面的发展，甚至形成畸形的发展。可是在新中国优越的社会制度下，儿童是首先被国家保护的，并在一定的条件下，受国家合理的教养。因此，解放两年来，全国各地广泛地开设托儿所和幼儿园，使儿童们能够在这些学龄前的机构里得到合理的科学的教养。不仅仅是儿童得到了良好的发展，并且减轻了母亲对幼儿的负担，以便母亲们自由地参加祖国各项建设事业。两年来，在国家经济事业上、文化教育上，以及社会各部门中，由于妇女们参加工作，取得了很大的成就，特别是在生产事业上，对于祖国的建设，是有很大的贡献的。这一切都是旧社会中幼儿教育所不能比的。旧中国的托儿所和幼儿园主要是为上层人服务的，而广大的劳动妇女的子女得不到照顾。今天，在建设社会主义的社会，我们要解放占全国人口二分之一的妇女，使她们能走出家庭，走向祖国伟大的建设工作岗位上，让她们更好地为建设美好幸福的将来而贡献出自己的力量。

我们再来谈谈幼儿教育的任务。很显然的，托儿所和幼儿园必须实施初步的全面发展的教养。

幼儿教育的第一个任务是保证幼儿的健康和身心的正常发育。要实行这个任务，首先必须要把托儿所和幼儿园的环境依照卫生的

幼儿教育的新动向

要求布置起来，如园舍的整洁、空气之流通、园庭的布置，以及适合儿童身长和体力的设备、用具，预防传染病的设施等。第二，要遵守作息时间，使儿童得到充分的游戏和作业的时间，正确地排列饮食睡眠散步等规定的时间。第三，要有足够的营养和合理的衣着。第四，要积极地培养卫生习惯。第五，要注意身体的锻炼。锻炼时要根据儿童的年龄、体力谨慎地慢慢地进行，要让儿童多多在户外活动。苏联严格规定儿童每天必须在户外活动三四个小时，即使在冬天也是照样进行，对于体育也十分重视，按照计划利用早操、游戏、散步、劳动等方式进行，使身体得到正常的发育。

幼儿教育的第二个任务是发展幼儿的智力和创造力。谈到智力的发展，首先要注意的是幼儿感官的训练和保护，特别是听觉和视觉的保护和训练更属重要。必须经常指导儿童观察外界的事物，使儿童对环境中的事物发生兴趣，以扩大儿童的眼界，发展儿童的求知欲。在这里特别要提出来的是语言的发展，因为语言是表达思想感情的工具，必须教会儿童正确地运用语言，注意儿童语言的内容、正确的发言和正确的造句等。

幼儿教育的第三个任务是培养幼儿初步的国民公德和国际主义精神，以及其他优良的品德。新中国的五爱公德是：爱祖国、爱人民、爱劳动、爱科学、爱护公共财物。而所谓国际主义精神，是在爱国主义的基础上发展的，其他如诚实、勇敢、团结、友爱、守纪律、有礼貌等优良品德和习惯都是要从小培养的。

幼儿教育的第四个任务是培养幼儿的爱美观念，增进幼儿愉快的精神。爱美是人类的天性，我们必须指导儿童正确地发展这种天性，要教导儿童细心地注意环境中各种物体的形状、颜色及空间的观念等，并慢慢地引导儿童自己学会设计各项作业，以发展他的想象力，增进幼儿愉快的精神。

二、新中国幼儿教养原则和活动项目

新中国幼儿教育所负的任务，是培养全面发展的儿童，其教养原则如下。

第一，要使幼儿全面地发展。旧中国的幼儿教育，没有明确规定必须使幼儿获得全面的发展，有的单纯着眼在教的一方面，忽略了保健工作；有的单纯着眼在保健，而忽略了教的一面。因此，保教分家，儿童不能获得正常的发展。今天，我们首先就要矫正以往这种不合理的教养，而要使儿童生活保健和各项作业有机地配合，并周密地计划，谨慎地实施，以使幼儿身体、智力、道德习惯和爱美观念获得全面的发展。

第二，教材内容和教学法要和幼儿的实际生活相结合。各项作业的编排，要掌握由浅入深、由近及远、由个别到一般、由具体到抽象等原则。要充分利用环境、实物和多种多样的方法，以引起儿童的兴趣。而教材要适合儿童的年龄和能力，并把握儿童的特殊个性，使儿童得到良好的发展。

第三，要使幼儿习惯于集体生活。要使儿童日后成长为社会成员之一，必须要从小培养儿童习惯于集体生活。因此，教师们必须严格地执行生活程序，并以身作则。从关心和爱护幼儿出发，使幼儿无形之中受到影响，能够帮助他人，爱护他人，培养对事物的同情心，发挥团结友爱的精神，抑制和消除自己不合理的欲望。

第四，培养儿童独立活动的能力。儿童好活动的欲望，一切都爱自己做的欲望，就是培养儿童独立活动的基础。教师们必须随时随地耐心地指导幼儿，在日常生活当中、各项作业当中，培养幼儿的主动性及独立活动的能力和习惯。

第五，必修作业和选修作业必须适当配合。所谓必修作业是幼儿在教师领导下进行集体学习，有明确的目的和周密的计划，全体幼儿在一定的时间内做同样的活动。而选修作业是为了照顾幼儿特殊的才能和个性，有充分的时间让他发展自己的创造性。必修作业和选修作业，必须适当地配合，使儿童在各项作业中，得到良好的发展。

第六，幼儿园教育必须和家庭教育密切配合。要使儿童获得全面的发展，必须密切地与家庭联系，因为家庭中的日常生活、父母兄弟的言语举止都足以影响幼儿。所以幼儿园必须有计划地做好对家长的工作，使家长们能不断地扩大教育眼光，齐心合力来教育幼儿，这样双管齐下，幼儿教育的效果就可以事半功倍了。

第七，要有计划地进行教学。各个幼儿园要制订出周密的教学计划，结合儿童年龄特点，有计划地去进行教学。

关于幼儿园教养活动项目，有以下各项活动。

1. 体育。包括日常生活、卫生习惯、体操、游戏、舞蹈和律动等。

2. 语言。包括谈话、讲述故事、歌谣、谜语。

3. 认识环境。包括日常生活环境、社会环境、自然环境。

4. 图画、手工。包括图画、纸工、泥工、其他材料作业等。

5. 音乐。包括唱歌、听音乐、乐器表演。

6. 计算。包括认识数目、心算、度量。

"体育"要居首位，这是今天幼儿教育本着"健康第一"的精神而制定的。在以往的幼儿园，有所谓"唱游"，我们知道一面"唱"一面"游"，不能使幼儿的身体得到锻炼，不利于幼儿生理的发展。因此将"唱游"分为"体育"和"音乐"两项作业，以保证达到幼儿身体的健康、身心获得正常发育的目的。

"语言"一项也是新增加的，因为幼儿在园年龄正是幼儿学习语言最重要的阶段。教师必须利用谈话、讲故事、念歌谣、朗诵诗歌以及各项作业和日常生活等各种活动，训练儿童发音正确、口齿清楚，并培养发言的能力，随时随地注意增加语汇，纠正缺点，以正确地发展幼儿的语言。大班的幼儿，由于语言发展的自然要求，从生活实际中随机地认识一些字，比如自己的名字、用品的名称等，这是不妨的。

增加"认识环境"一项，使幼儿在教师有计划有组织的领导下，亲自观察周围环境中的事物。通过实际的环境教育，以发展幼儿的认识力，增加对大自然的认识，扩大幼儿的眼界并培养幼儿五种国民公德。

　　从以上所述看来，新中国的幼儿教育，它的目的在为祖国培养健全的下一代，在为国家生产建设服务。它的内容，在培养全面发展的儿童。愿我们全体从事幼教工作的人员，朝着这个新方向为完成这一个伟大而艰巨的任务而努力奋斗。

第2辑

幼儿园课程与教学原则

儿童的心理

普通的小孩子生来虽有种种不同之点，然大抵是相仿佛的。饿则哭，喜则笑。见好吃好看的东西就伸手拿来，见好玩好弄的东西就伸手去玩。

然何以到后来有的会怕狗怕猫，有的敢骑牛骑马；有的身体强健，有的身体孱弱；有的意志坚决，有的意志柔弱；有的知识丰富，有的知识缺乏；有的专顾自己，有的体恤别人；有的多愁病，有的多喜乐；有的成为优秀公民，有的变为社会败类？推其原因，不外先天禀赋之优劣与后天环境及教育之好坏而已。

若从小受了良好的家庭教育，虽生来怕狗猫，到大来也敢骑牛马的；虽生来不甚强壮，到大来也会健康的。若家庭教育不好，小孩子本来不怕动物，大来会怕的；本来身体强健的，大来会瘦弱的。

至于知识之丰富与否，思想之发展与否，良好习惯之养成与否，家庭教育实应负完全的责任。

然家庭教育必须根据儿童的心理始能行之得当。若不明儿童的心理而妄施以教育，那教育必定没有成效可言的。所以我略略地把儿童心理述之如下，以资施行家庭教育者之参考。

一、小孩子好游戏的

小孩子可以说是生来好动的。两三个月大的婴儿就能在床上不停地敲手踢脚，独自玩耍。到了五六个月的时候，看见东西就要来抓，抓住了就要放进嘴里去。到了再大一点，他就要这里推推，那里拉拉，不停地运动了。一等到会爬会走，那他的动作更加复杂了。忽而立，忽而坐；忽而这样，忽而那样；忽而爬到那里，忽而走到这里。假使我们成人像他那样活动两个钟头，那一定疲乏不堪了。到了三四岁的时候，他的游戏动作比以前还要繁多，而他的游戏方法也与从前不同了。从前他只能把椅子推来接去，现在他要把椅子抬来抬去，当花轿了；从前他只能把棒头敲敲作声以取乐，现在他要拿着棒当枪放了。到了八九岁的时候，他的身体比从前更加强健得多了，精神也非常充足了，知识也渐渐丰富了，因此他的游戏动作也就与前不同了。此时他喜欢玩各种竞争游戏了：什么放风筝，踢毽子；什么斗蟋蟀，拍皮球；什么打棒头，捉迷藏他都能够玩了。

总体来说，小孩子是生来好动的，以游戏为生命的。要知多运动，多强健；多游戏，多快乐；多经验，多学识，多思想。所以做父母的不得不注意小孩子的动作和游戏。第一，做父母的应准备良好的设备使小孩子得着充分的运动；第二，做父母的应寻找适宜的伴侣使小孩子得着优美的影响。有此二者，小孩子的身体就容易强健，心境就常常快乐，知识就容易增进，思想就容易启发。

二、小孩子好模仿的

小孩子未到一岁大的时候，就能模仿简单的声音和动作了。他一听见鸡啼羊叫，也要啼啼看叫叫看；一看见别人洗脸刷牙，也要洗洗看刷刷看。到了两岁光景的时候，他能模仿复杂的动作了。倘若他看见他母亲扫地洗衣，他也扫扫洗洗看；倘若他看见他父亲吐痰吃烟，他也要吐吐吃吃看。

到了三四岁的时候，他的模仿能力发展得更大了。什么娶亲，什么出殡，他都要模仿了。

总而言之，小孩子好模仿的，家中人之举动言语他大概要模仿的。若家中人之举动文雅，他的举动大概也会文雅的；若家中人之言语粗陋，他的言语大概也是粗陋的。所以做父母的不得不事事谨慎，务使己身堪有作则之价值。

三、小孩子好奇的

小孩子生来好动的，生来好模仿的，也是生来好奇的。五六个月大的婴儿一听见声音就要转头去寻，一看见东西就要伸手去拿。

儿童的心理

到了四五岁，他的好奇动作格外多了。看见路上的汽车马车来了，他总要停住脚看看；听见外面的锣声鼓声响了，他总要跑出去看看。有一个4岁的小孩子，一日同他的母亲去探望他的小朋友，看见小朋友的家里有许多蜜蜂，他拿了一根棒头把蜂巢敲敲看，不料一敲蜜蜂出来刺他了。

有一个5岁的小孩子，天天把园里所种的红萝卜掘起来，看它怎样生长的。又有一个小孩子把一只钟拆得支离破碎，要看看这个钟究竟为什么会响的。小孩子不但有这样的动作，也发种种问句。他常要问你"这是什么东西，那是什么东西；这个东西从哪里来的，那个东西怎样做的；这个东西为什么是这样的"。他看见不懂的东西，就要来问你。这些问句也是一种好奇的表现。

现在我们要问，这种好奇的动作究竟有什么用处呢？柏拉图说："好奇者，知识之门。"这句话是很对的，若小孩子不好奇，那就不去与事物相接触了。不与事物相接触，那他不能明了事物的性质和状况了。倘使他看见了冰，不好奇，不去玩弄，那他恐不会知道冰是冷的。倘使他听见了外面路上的汽车声，不跑出去看看，那他恐不会晓得汽车是什么东西。所以好奇动作是小孩子得着知识一个最紧要的门径。

四、小孩子喜欢成功的

小孩子固然喜欢动作，但更是喜欢动作有成就的。比如一个2岁光景的小孩子在沙箱里玩沙，他尽管把沙一把一把地捞进罐头里去，捞满了把沙倒出来，又再一把一把地捞进去，捞满了又倒出来。这种动作从表面一看没有什么成就，仔细考察起来，一把一把地捞进罐里去灌是一种动作，但罐头装满了，就是动作的成功。小孩子虽喜欢捞沙的动作，也喜欢捞沙成功呢。

一鸣有一天将大小木块搬到天井里去，用了许多力气，费了许多时间，方才搭成一座小小房子的样子。他搭好之后，很高兴地跑过来对我说："爸爸你来看我搭的一座房子。"我见了这座似是而非的房子，也非常欢喜，就极力地称赞他，而且叫他再去搭。他玩了木块以后，又跑到书房里去，用粉笔在黑板上画了一只动物。他画了以后，又对我说："象，这是尾巴，头，耳朵，眼睛，嘴巴，鼻头。"我回头一看，果然不错，就连说"好、好"。从以上两个例子看来，小孩子很喜欢做事情的，而且很喜欢其成功的，因为事情成功，一方面固然自己很有趣的，但是还有一方面可以得到父母或教师的赞许。这种心理是很好的，我们做父母或教师的应当利用这种心理去鼓励他做各种事情。

不过，叫小孩子做的事情不要太难，若太难，就不能有所成就。若没有成就，小孩子或者要灰心而下次不肯再做了。反而言之，若所做的不甚难，小孩子能够胜任而有成就的。一有成就，就很高兴，就有自信力。所成就者愈多，自信力也愈大，自信力愈大，事情就愈容易成功。因此自信力与成功就互相为用的了。

做父母的对于这一点也应特别注意的。

儿童的心理

五、小孩子喜欢野外生活的

大多数小孩子都喜欢野外生活。到门外去就欢喜，终日在家里就不十分高兴，有许多小孩子哭的原因虽则不一，但是不能到外边去看看玩玩，也是一种大原因。做父母的不揣摩他的原因，只一味地去说他去骂他，那真正冤枉极了。一鸣有一天坐在摇篮哭个不停，他母亲给他东西吃，他不吃，给他东西玩，他也不玩。后来我就抱他到门外去玩玩，他一到门外就不哭了。他仰起来看看天的颜色，低下头去看看草木的样子，看看飞禽走兽的形状，歇了一歇，他就笑逐颜开了。又有一天，天已晚了，街上已经没有人了，他还不肯回家，不但一鸣是如此喜欢到外边去的，普通儿童大概都是如此的。现我家里办了一个幼稚园，凡天气晴和的时候，我们就带幼稚生到外边去游玩。他们在旷野里跑来跑去，看见野花就采采，看见池塘就抛石子入水以取乐。这种郊游对于小孩的身体、知识、行为都有很好影响的。

不过小孩子的野外生活需以小孩子的年龄作为区分。如年龄较小的儿童，我们叫他采采花呀，种种树呀，举行短距离的远足会呀。年龄较大的儿童，我们叫他们采集标本、举行旅行等游戏以增长他们的知识，以强健他们的身体，以愉快他们的精神，使他们无形中得着许多好处。但是由于有许多做父母的总不放心他们的小孩子到外面去，一则恐怕身体疲乏，二则恐怕衣服弄脏，三则恐怕感冒风寒，所以一天到晚将他们关在屋里，好像囚犯一样。所以这种儿童长大起来，往往身体孱弱、知识缺乏，当年做父母的爱护子女，到了今天适足见其贻害子女了。做教师的不愿多事，且以带领学生到野外游玩为麻烦，所以学生就失去与自然界相接触的一种良好机会。要知学问，不仅仅在书本中求得，也应在自然界获得，什么"动物学"，什么"植物学"，什么"地理"，什么"常识"，大概可以从自然界中学得的。我们在书本中看死的标本，死的山水，不如到野外去看活的动物，采活的草木，玩真的沙石。

总体来说，小孩子不论年纪大的小的，不论男的女的，大都喜欢野外生活。我们做父母或做教师的，虽不能十分注意到此，多少总需领小孩子到野外去玩玩才好。

六、小孩子喜欢合群的

凡人都喜欢群居的，幼小婴儿，离群独居，就要哭喊，两岁时就要与同伴游玩，到了五六岁，这个乐群心更加强了。假设此时没有伴侣游玩，他一定要觉得孤苦不堪了。有时候还要发生想象的伴侣。他同这个想象的伴侣一同游玩、一同起居、一同饮食，那就不致孤苦。但是他的伴侣到底是想象的，他一定要觉得寂寞不堪的。到了十余岁，儿童就喜欢结队成群地游玩了，倘使儿童在这个时候在家中得不到伴侣，他一定要往外寻求了。我现在举个例子以证乐群心的发轫与重要。

1. 我的小孩子一鸣在47天的时候就产生乐群的心理了。在这一天，我抚摸他的下颌，他就对我说"a——ke"。这"a——ke"究做何解，我虽不得而知，但是我们推想他的意思，总是一种快乐的表示，也是一种对于我抚他下颌的反应，也是一种承认他人存在的符号。

2. 到了3个月的时候，一鸣喜欢别人同他玩与讲话。若你接近他，他就笑逐颜开牙牙学语了。

3. 邻人的小孩子，到了五六个月的时候，一定要别人站在他的旁边，倘使别人离开他，他就哭，一看见有人来就不哭了。

4. 我的友人有一个5岁的女儿，因为孤独的缘故，就常常有一个想象的伴侣同她游玩。后来进了幼稚园之后，这个想象的伴侣就慢慢地消失了。

小孩子的好群已如上述。做父母的正可以利用这种好群的心理以教育小孩子。第一，我们要使他得着良好的小朋友；第二，我们应给他驯良的动物如猫、狗、兔子等做他的伴侣；第三，我们再给他小娃娃之类以聊解他的寂寞。

七、小孩子喜欢称赞的

二三岁的小孩子就喜欢"听好话"的，喜欢旁人称赞他的。比如今天他穿一件新衣服，就要给他父亲看，穿了一双新鞋子，就要给他同伴看。到了四五岁的时候，这种喜欢嘉许的心理还要来得浓厚。假使他不愿意刷牙齿，你可指着一个牙齿洁白而肯刷牙齿的小孩子说："他的牙齿多好看，多清洁，你若天天刷牙齿，你的牙齿也会像他这样整齐好看呢！"小孩子听了你的话，恐怕就要去刷了。若刷了之后，你可称赞他说："呀！你的牙齿是白一点了，好看多了。"他听了必然觉得非常高兴，下次洗脸时就喜欢刷牙了。

一鸣画图，若画得好，我就称赞他几句，鼓励他几句，并且替他在图画上写"很好"的字样，他就显出很快乐的样子，所以以后他常常喜欢画图画的，画了之后，常把图画纸拿来给我看，并且叫我在纸上写"很好"两个字。

这种赞许心，我们做父母的教育小孩子时应当利用的，然而不可用得太滥，一滥就失掉它的效用，反不若不用为妙。

总结来说，小孩子好游戏的、好奇的、好群的、好模仿的、喜欢野外生活的、喜欢成功的、喜欢别人赞许他的。这几点儿童的心理，不过是荦荦大者而已；至于不甚紧要的，略而不述了。即从上面所说的几点来看，我们教小孩子必须先要了解小孩子的心理。若能依据小孩子的心理而施行教育，那教育必有良好效果的。

儿童的心理

学习之性质与原则

初生的小孩子比各种初生的动物都来得柔弱。低等动物一出卵差不多就能自由行动。我们先看小鱼，它出卵之后就能追随大鱼游泳；我们再看小鸡，它脱壳之后，不到一日就能行走自如。鱼鸡固无论矣，即初生的哺乳动物如羊狗等类比婴儿也强健得多了。小羊生后第一天就能行走，第二天就能跳跃。小狗比小羊稍微软弱一些，然生后也能爬行，不到十日也能行走。

我们现在要问初生的小儿是怎样的呢？说起来，也很可笑。他的眼睛是像瞎的，他的耳朵是像聋的，他的嘴巴是像哑的，他的脑筋是像呆的。除了几种简单感觉（如痛、触、冷热、饥饿等）和几种简单动作（如手足上下左右伸缩、头向左右转动、吸乳、打喷嚏、打呵欠等）之外，差不多别无所能。

然而渐渐眼明了，耳聪了，口能发音了，脑筋中有观念了。到了三四个月，他的头颈健了，他的身子要直竖了。到了四五个月，他一看见东西就能伸手向前来拿了。到了六七个月他能坐了。到了八九个月他能爬行了。到了一岁光景，他能叫爸爸妈妈了，恐怕也要开始学走了。到了两三岁就能跑跳自如了。到了四五岁，普通的方言就能说了，而那时所有的知识与技能远胜猫狗万万倍了。例如他晓得米可以煮饭的，钱可以买东西的。他能图画、剪纸，也能执刀、捻筷，较之初生时诚不可以道里计了。

我们现在要问，这样柔弱的婴儿如何能成为这样有知识有技能的小孩子呢？笼统说来，环境、教育（学习）是起主要作用的，但遗传也不可忽视。小孩子的天赋虽好，必借后天的教育方能得着发展。反而言之，后天的教育任凭怎样优良，若无先天的遗传为之基础，也无所施其技的。所以天赋与教育都是很重要的。

我们现在急于要知道的就是小孩子怎样学的，有什么原则可以总括他的学习呢？

一、学习的性质

小孩子究竟怎样学习的？他如何从无知无识到有知有识呢？明了这种学习的性质，我们就知道应当怎样教小孩子了。现在我把学习的意思写出来以资讨论。

小孩子生来有三种基本能力，就是感觉、联念、动作。

这三种能力在初生时虽很薄弱，但到后来渐渐能发展起来的，而且这三种能力愈练习愈强大。

（一）感觉

初生的小孩子生来有几种感觉。他的眼睛虽瞎，但能感觉光线的。他的嘴巴虽哑，但能感觉食物的。他的耳朵虽聋，但三四天后就能听声的。他的皮肤上的感觉虽不敏捷，然痛、触、冷、热都能稍微感觉到的。他的筋骨肌肉能感觉到在运动的。以上几种感觉，不到几个月工夫就发展得敏捷了。普通的声音他能听得出了；普通的颜色和东西他能看见了；普通的滋味他能尝得出了；普通的气味他能闻得出了；普通痛的、触的、冷的、热的东西，他都能感觉到了。总说一句，普通的感觉不到几个月工夫，都发展得敏捷了。

（二）联念

不过单有感觉而没有联念的能力，也是学不了什么东西的。比方他现在看见了他母亲这个人，看了之后就忘记了；下次他再看见他母亲的时候，他只看见他母亲这个人而不记得这个人就是方才看见过的那个人。这样，这个小孩子断不会认识他母亲的。又比方此刻他听见他母亲叫唤他，听过之后也就忘记了；那下次他母亲叫唤他的时候，他只听见有人叫唤他，而不知道这个叫唤的人就是上次叫唤他的那个人。这样，这个小孩子永不会听得出他母亲的声音的。初生的婴儿有了听觉视觉之后，还不能十分记得所看见的东西和所听见的声音，所以他不能认识人物，也不能辨别声音。但是到了年纪大一点的时候，他的记忆力稍微强一些了，他就能记得各种感觉了，认识人物了，辨别声音了。

但只能记忆感觉，而不能把所记忆之感觉联念合起来也是没有多大用处的。比方，他母亲叫唤他的时候他没有联念的能力，那他只能认识叫唤的声音而不知道这个声音就是他母亲叫唤的声音。反而言之，若他只看见他母亲这个人而听不见他母亲的声音，他只认识这个母亲而不知道这个母亲就是叫唤他的那个人。若有了联念的能力，他一听见他母亲的声音就知道他母亲在旁了。

然而这个联念究竟是什么东西，我们看不出来的，我们只晓得联念的作用而不晓得联念的机制。不过从联念的作用，我们推想联念的机制。假定有两个小孩子同时被蜜蜂刺了一下，歇了一歇后同时都再看见几个蜜蜂，一个小孩子这次看见蜜蜂时就缩手不敢去拿了，另一个小孩子还是要去拿。我们说第一个小孩子再看见蜜蜂的时候，就想到被刺的情形和痛苦，第二个小孩子就没有联念能力。我们也可以说第一个小孩子学得蜜蜂要刺人的，第二个小孩子没有学会。我们又可以说第一个小孩子比第二个小孩子聪明一些。

这样说来，联念能力在学习途径上是非常重要的东西。

（三）动作

小孩子若只能感觉外界的刺激，只能联念感觉而没有反应动作，也是不够的。他一看见他母亲和一听见他母亲的声音，他应有相当的反应以达到他所需要的目的，否则是无补于事的。让我再举几个浅近的例子来证明反应动作之必要。设有一个小孩子，他看见了地上的白雪而不能用手去玩弄，那他永不会知道白雪之性质。又假使他看见一辆车子后退过来而不能退避，那他就要立刻被撞倒。前者是与事物相接触的经验，为人生不可缺少的动作，后者是由经验而来的适当反应，也是人生不可缺少的动作。但前者是后者之母，没有与事物相接触的经验，临事哪有适当的反应，所以小孩子应有与事物相接触的机会。相接触的机会愈多则事物之性质愈容易明了，而适应事物之动作也愈容易发生。

总体来说，学习就是先感觉外界的刺激，后把所感觉的事物与所有的感觉联合起来，再发生相当的动作去反映外界的刺激。

刺激与反应是看得出来的，联念是看不出来的。我们一方面需支配小孩子所接触的刺激，一方面需指导小孩子所发出的反应，一方面还需巩固小孩子所有的联念。这三方面都是教育上的重要问题。

二、学习的原则

现在，我把刺激、联念和动作的原则写在下面以资参考。

（一）刺激的原则

1. 适宜的刺激。小孩子所有的联念与反应可以说是受刺激支配的。刺激来得优良，联念与反应大概也是优良的；刺激来得卑劣，联念与反应大概也是卑劣的。小孩子初生时是无知无识的，他所看的、所听的和所接触的，都要印刻在他的脑海中间，而他的反应动作也是以这种印象为张本的。倘若他所听见的言语都是文雅而不粗俗的，那他将来说的话也一定是文雅不粗俗的；倘若他所看见的东西都是齐整清洁的，那他定能爱护清洁整齐的东西。所以做父母的一方面必须事事以身作则，一方面必须选择优良的环境使小孩子得到优良的刺激和印象。

2. 实地施教。小孩子的脑筋很简单，我们起先不应用抽象的事体去教他的。比方我们要教他"顾恤他人"这一个美德，我们不应单单对他说："做人不要专为自己，应当体贴别人，顾恤别人。假使别人生病的时候，你应当轻轻地出入，不要乱吵使得病人烦恼不安。"这种抽象的教法小孩子是不会懂的。我们应该当家中有人生病的时候，实地施教的。那时候，我们做父母的一方面自己要示范给他看，一方面要他实行体恤病人的意思。比方，他的小妹妹生病了，做父母的自己先讲话声必低，走路步必轻，然后教他也要低声轻步。这样一来，他就了解体恤的意思了。

不但对于道德之培养我们应当实地施教的，就是对于知识之灌输，我们也要从具体而后抽象的。

有一天，我问一个6岁的小孩子说："你曾看见过松鼠吗？"他说："看见过的。"我再问他说："有多大呢？"他举起两手的食指来在空中摆着两指相距约两寸许的样子回答说："这样大。"我说："你在什么地方看见的？"他说："在书上。"我说："你把那本油印的读本拿来给我看。"他拿给我一看，图中那个松鼠画得"非驴非马"，不像一个松鼠。

学习之性质与原则

你看这个小孩子完全得了一种谬误的观念。他看了这种书上"非驴非马"的死松鼠，就得了这种谬误的印象。要知图是代表事物的，不能当作事物的。即以图画来教小孩子，所画的图必须画得正确，但画得正确的图画万万不及真的活的东西来得好。我们虽然不能事事以真的活的东西来教小孩子，但他小的时候，经验未丰富、想象力薄弱的时候，我们应当先给他看真的和活的东西才好。

（二）联念的原则

关于刺激的两条主要教育原则：刺激必须优良，刺激必须正确，我们在上面已经约略地说过了。现在我们要问，怎样能够使得优良正确的刺激深刻在小孩子的脑筋里呢？现举两条主要的原则如下。

1. 凡能使小孩子快乐的刺激容易印刻在小孩子的脑筋里。小孩子是喜欢游戏的，我们就可以利用他的游戏心理去教育他。比方我们要教他红黄蓝绿等几种颜色，我们不要呆板板地对他说："这是红的，那是绿的。"这样，他未必肯听，也未必能记得牢。若是我们叫他穿有颜色的珠子，或是叫他画图画，那他无形中能把各种颜色学会。比方他穿珠子的时候，我们在旁称赞说："这颗绿的珠子多么好看，那颗红的珠子多么光滑。"又比方他画图画的时候，我们也可无意中说这个颜色那个颜色给他听。这样，那几种颜色他就容易学会了，所以我们必须使小孩子对所学的东西发生兴趣才好。

2．凡刺激发生的时间愈长，次数愈多，那联念也愈牢固。比方我们教小孩子唱歌，我们先把歌唱给他听，把调弹给他听。唱弹之后，又叫他唱。他唱得不对，又教他这样唱那样唱。今天唱得不够，明天再唱。明天唱得不够，后天再唱，务使他能唱为止。这种练习原则说起来就明了，但做起来不容易。做父母的对于这一点也应特别注意的。

（三）动作的原则

1．小孩子开始学习的时候，做父母的要格外留心以免错误。无论什么事，第一次做得好，第二次就容易做得好；第一次做错，第二次就容易做错。比方小孩子开始用蜡笔画图画的时候，他歪了头，错捻了笔，随便乱画，那以后若没有相当的矫正就要歪了头、错捻了笔画了。若当初他学的时候，你先挺了胸、直了头，画给他看，看后也叫他挺胸直头地画，下次他画的时候，他未必一定挺胸直头的，也许驼背歪头的，但是挺胸直头的趋势比驼背歪头的趋向来得强大。所以对于第一次的动作，做父母的要格外留意教导，以免错误。

2．不要有例外。养成好习惯难，养成坏习惯易。做父母或做教师的要使小孩子养成良好的习惯，在好习惯未成的时候，不准小孩子有例外的动作。比方我们要小孩子养成每天早晨大便的习惯（若早晨起来即大便，那身体就可在一天内觉得很舒适，做事也不致有妨碍，所以我以为在早晨大便比在别的时候都好），我们第一天就叫他坐在便桶上去解解看，坐了一会儿，他不肯坐了。我们用种种方法使他坐着，后来歇了一歇，他果然解了。明天早晨又叫他这样做。到了第四五天，这个好习惯几乎要养成功了。不料第六天早晨他正要去大便的时候，忽然听见外边喧哗的声音，他要去看看，他母亲始则阻挠他不准他出去，后来因为他哭了就让他到外边去了。他一到外边看见许多人正在那里打架，看了回家已经8点多钟了，赶快吃了一口早饭，就跑到学校里读书去了。到了下午3点多钟正在上课的时候，他忽然要大便了。第二天早晨坐在便桶上坐了半响仍旧解不出，但到了下午3点多钟时又要解了。后来他母亲费了九牛二虎之力才使他养成早起大便的好习惯。倘若那天早晨这位母亲不准他出去看打架，那他早晨大便的习惯早已养成了。所以在养成习惯时，不宜有例外的举动。不但在习惯未养成之时不应有例外，就是在习惯已养成之后，也不应发生与习惯相冲突的事情。

举例以明之：我的小女儿现在已经有1岁零2个月了，她晚间睡后素来不再醒来吃奶的。这种好习惯是从小在医院里养成的，她的母亲就因此省了无数精力，她也能够安安稳稳地睡眠，这样相处已非一日。不料到1岁零3个月大的时候，她忽生起寒热病来了，饮食起居遂为之颠倒。有一晚醒来要吃，她母亲以为她睡前没有吃饱，就喂她了，岂知一年来晚间睡后不吃奶的好习惯，竟因此被破坏。那天晚上喂后，她就再入睡乡，但第二天晚上醒来又要吃了，不给她吃，她就大哭。她母亲固然不得安眠，别人也被她哭得难以熟睡了。第三夜又要吃，如是者五六夜。你看好好的一个好孩子竟因此而吃了几夜苦，而别人也无辜地受了几夜罪，这些不是当初心肠太软而喂她吃奶的缘故吗？所以习惯已养成之后，我们也不应当有例外的动作，以破坏已成之习惯。

3．小孩子学习事物需自己学习。小孩子生来好动，因为好动，他就能与事物相接触。与事物相接触，那他就知道事物的性质，他的动作能力因此得着发展。若我们代替他做，他总是学不会的。比方在陆地上，我们教他游泳，我们教他这样做、那样做，费了许多心力，但他学了许多游泳方法之后，一到水里去还是要沉下去的，所以我们要教他自己游泳而且要他在水里游泳的。

这种原则说说很容易，做起来却困难极了。小孩子自己要做做，你就代替他做，或者小孩子要动动，你没有机会给他动。比方他现在要学走了，你一看见他跌了一跤，就赶快抱他起来。又比方他看见别人玩皮球也要玩，但你不买一个皮球给他玩。诸如此类，不胜枚举。总之，学一定要自己学的，做父母的一方面不要替他学，另一方面给他学的机会就是了。

三、总结

1．小孩子生来有三种基本能力：感觉、联念、动作。

2．学习是反应与刺激的联合。

3．刺激必须要选择得适当。

4. 要实地施教。

5. 凡能使小孩子快乐的刺激容易印刻在小孩子的脑筋里。

6. 凡刺激发生的时间愈长，次数愈多，那联念也愈牢固。

7. 小孩子开始学习的时候，做父母的要格外留心以免错误。

8. 不要有例外。

9. 小孩子学习事物需要自己学习。

为儿童造良好的环境

小孩子生来大概都是好的，但是到了后来，或者是好，或者是坏，都是因为环境的关系。环境好，小孩子就容易变好；环境坏，小孩子就容易变坏。一个小孩子生长在诡诈恶劣的环境里，到大来也会变成诡诈恶劣的。一个小孩子生长在忠厚勤俭的环境里，到大来也是忠厚勤俭的。这是什么缘故呢？他所看见的，所听见的，都是坏的印象，那他所反映的大概也是坏的。倘使他在一种很好的环境里生长，他所听见的，所看见的，都是很好的印象，那他所表现的，大概也是很好的。

有一次，我从普陀乘船回上海，船上的环境非常恶劣，什么赌博，什么鸦片，几乎到处皆然。服侍我的一个16岁的茶房，看起来很聪明，也居然吃起香烟来。我就劝告他说："香烟是有毒的，你这样小小的年纪，不可吃的！"过了一息，我看见他又居然大搓其麻将。这小孩子曾经读过四年书，看起来玲珑可爱，但是生活在这种环境之下，也就同化了。我们不能说他坏，我们不得不归罪于环境。你说要小孩子不受环境的影响，世界上有几个？有几个能超出环境之上的？

这样说来，环境不但对于成人发生关系，发生影响，对于我们的小孩子也会发生更大的关系，发生更大的影响。我们诚不可不为小孩子创造优良的环境啊。

小孩子生来一点没有什么观念的，但是他有几种基本的能力：接受外界的刺激；这种刺激在脑筋中肌肉里或者可以保留着；他受到那种刺激到相当时期，有相当的反应。

这三种基本的能力，是他一生做人的基础。刺激就是从环境来的，好的刺激，就得到好的印象；坏的刺激，就得到坏的印象。他听见家庭里常常骂人的声音，到后来就不知不觉地也会骂人，他虽然不晓得骂人是好是坏，他看见成人是这样做，就这样学。他看见成人随地吐痰，他也不知不觉地随地吐痰，他不晓得随地吐痰是好是坏，他看见成人这样做，就这样做。

反过来说，如若他所居的环境是很优美的，所听见的音乐是很好的，他就不知不觉地很高兴地唱起来。他看见美丽的图画，他也来画画看。他看见别人说话文雅，走路轻快，他也会慢慢说话文雅，走路轻快的。总说一句，怎样的环境，就得到怎样的刺激，怎样的印象！从所得的印象中，常常发生与印象有关系的动作，所以从前孟母三迁其居，是深深明了小孩子到了那种环境，他就会做出那种动作来的。

我们要问，两个小孩子在同一环境之内生长，就有不同样的动作，长成不同样的人格？这是因为他们本来的三种基本能力不同的关系。不过他们所不同样的，是相对的不同，不是绝对的不同；是数量的不同，不是质量的不同。也不是说一个同样的环境，能养成一好一坏的。

环境究竟是什么意思？

"环境"两字，普通是指儿童所接触的那些静的、呆板的物质。其实，凡是可以给小孩子刺激的，都是他的环境，一切物质是他的环境，人也是他的环境，而且人的环境，比较物的环境还要重要。这是什么缘故呢？

因为人的动作，可以直接影响小孩子的动作，他看了就可以模仿。一张死的桌子，一把死的扇子，虽然可以给小孩子一种刺激，但是有时候桌子、扇子，竟会不发生什么效力的。

为小孩子应该造怎样的良好环境？

一、游戏的环境

从心理方面说，小孩子是好动的，好模仿的。两三个月大的婴儿，就能在床上不停地敲手踢脚，独自玩弄。到了五六个月的时候，看见东西就要来抓，抓住了，就要放进嘴里去。到了再大一点，他就要这里推推，那里拉拉，不停地运动了。一等到会爬、会走，那他的动作更加复杂了，忽而立，忽而坐；忽而这样，忽而那

为儿童造良好的环境

样；忽而爬到这里，忽而爬到那里。假使我们成人像他那样动了两个钟头，那一定疲乏不堪了。到了三四岁的时候，他的游戏动作比以前还要繁多，而他的游戏方法，也与从前不同了。从前，他只能把椅子推来推去，现在，他要把椅子抬来抬去当花轿了；从前他只能把棒头敲敲，作声以取乐，现在，他要背着棒头当枪放了。到了七八岁的时候，他的身体比从前更加强健得多了，精神也非常充足了，知识也渐渐丰富了，因此他的游戏动作，也就与以前不同了。此时他喜欢玩各种竞争游戏，什么放风筝、踢毽子、斗蟋蟀、拍皮球、打棒头、捉迷藏等，他都能够玩了。

游戏对小孩子有什么好处呢？游戏可以给小孩子快乐、经验、学识、思想和健康，所以做父母的不得不注意小孩子的游戏环境，给他有很好的设备，使小孩子得着充分的运动，更让他有适宜的伴侣，使小孩子得着优美的影响。这样，小孩子的身体就容易强健，心境就常常快乐，知识就容易增进，思想就容易启发。

以打球来讲，美国八九岁儿童就能打棒球，打得很好，这是因为他们平常所看见的，所接触的，所玩的，都是很多打棒球的环境。不过相当的环境，需包含相当的设备。

有一次我到南京去，在火车上看见一个母亲带了两个小孩子，一个大的，大约4岁，一个小的，大约2岁。小的抱在手里，大的坐在椅子上。母亲叫大的坐好不准动，大的小孩子坐了一息，就吵起来，他要弟弟的摇铃。母亲不给他，他就哭了！母亲叫他不要哭，对他说："你做哥哥，年纪大了，还要哭吗？不许哭！不许哭！"但是他还是哭，还是吵。后来母亲打了他几下，他哭得更加厉害。那时候我就想到这样小的小孩子，哪里可以像成人一样地坐得牢，他应当有东西玩玩，有图画书看看，有事情做做，就不会厌倦了。他哭了一息，那母亲另外买了一个摇铃给他，他一拿到之后，揩揩眼泪，就笑嘻嘻地玩了。

这种情形，在家里是普通得很。我们有的家庭以为游戏是顽皮的，是最坏的，小孩子的一举一动，都应当像成人一样，使小孩子变成暮气沉沉的"老小人"。这种"老小人"在未变"老小人"之前，他一定要吵，一定要闹，但经种种压迫，他的那种烂漫的天真，好动的心理，活泼的精神，都渐渐消灭于无形，这是何等可惜的一桩事！

小孩子在家里，一定要有相当玩的东西，相当做的事情。要晓得不动不做，小孩子是不会发展的。譬如他不去玩水，哪里会知道水的性质？不去玩冰，哪里会知道冰是冷的？不要因为玩水、玩冰是有危险就禁止他。外国的小孩子，在夏天常常到海滨去玩沙、玩水，那样小孩子何等快乐；到了冬天，有的穿了冰鞋去滑冰，有的拿了雪车去溜雪。这种小孩子，身体一定很强壮，精神一定很快乐。在中国，有的小孩子则不然，一到冬天就被紧关在家里，他偶然看见雪，看见冰，要想去玩，做父母的不是打他，就是骂他。冰雪是很好的环境，我们做父母的不晓得利用，反而把小孩子关在家里，哭哭闹闹！像这种吵闹，做父母的不说是他们自己不好，而反说小孩子吵闹，这真是所谓因果颠倒，黑白混淆，实可痛心！

我们做父母的，往往有一种迷信，就是以为小孩子总是错的，父母总是对的。好像"皇帝是不会错的，错的都是百姓。皇帝是不会犯罪的，犯罪的都是百姓"。所以从父母的眼里看起来，小孩子既然是错，就应当受相当的责罚。其实相反，错的往往是在父母，小孩子往往是对的。像上面所说的那种情况，做父母的不准小孩子玩冰玩雪，这明明是父母不知道利用环境来教导小孩子，哪里可以说小孩子的不好呢！等到小孩子吵闹起来，还说他是会哭会吵，这岂不是冤煞人吗？所以做父母的，应当给小孩子预备适当的环境、充分的设备，使小孩子得着正当的游戏。

二、劳动的环境

小孩子都是好动的，在上面我已经说过了。平时做父母的总喜欢自己劳动而不愿小孩子去帮助他们。如小孩子的起居饮食种种的事情，做父母的常常要为小孩子们代劳。当小孩子年龄小、能力薄弱的时候，当然要父母帮忙。不过在小孩子渐渐长大的时候，做父母的应当渐渐使小孩子自动，从旁帮他们独立。譬如穿衣服这件事来说，小孩子若不会扣纽扣，做父母的尽可以帮他扣；但是他自己能够穿袜子，你就让他自己穿，我们不要因为他穿得慢，穿得不好，就去帮他穿。其他如吃饭、扫地、叠被，甚至浇花、洗衣、烧饭种种活动，在可能的范围内，我们应当让小孩子有劳动的机会来发展他做事的能力。要知道做父母的主要工作是培养儿童自己劳动的习惯，培养儿童自己独立的能力。

三、科学的环境

根据小孩子好动的心理，我们又应当在家庭里给他一种科学的环境，以引起他研究科学的兴趣。当小孩子四五岁的时候，我们就可以给他小木片、小钉、小锤，教小孩子做各种极简单的玩具，如小椅子、小床、小飞机、小汽车等，使他有初步构造玩具的能力。我常见乡间的小孩子在野外三五成群地在那里玩弄烂泥，把烂泥做成糕饼请客人。西洋的小孩子到夏天常在海边玩沙。可见不论中西小孩子他们对于泥沙都是非常喜欢玩弄的。不过普通的泥沙太脏了，我们应当为小孩子购置相当的设备和洁净的沙泥黏土，使他们从玩弄沙泥黏土里可以得到一些初步制作模型的技能。

小孩子到了八九岁的时候，我们可以教他玩玩水枪，玩玩弓箭，还可以教他自用竹筒或纸筒和线来做成极简单极简陋的电话。更可以拿磁石或磁针教他们做各种有趣味的把戏。再大一些的小孩子，就可以教他们怎样做电铃，怎样自己来做无线电收音机。小孩子最喜欢自己做成他自己心爱的事物。所以我们从小就给他关于科学上各种活动的机会和设备，使小孩子有适当的科学环境，以发展他关于科学上的技能和兴趣。

为儿童造良好的环境

四、艺术的环境

（一）音乐的环境

父母能够随时随地唱唱吹吹，使家庭里充满了音乐的空气，这样小孩子不知不觉也喜欢音乐了。倘使家庭有乐器的设备，如无线电、留声机、风琴、钢琴、提琴、笙、箫、笛等，那就更好。总之，小孩子应有音乐的环境，小孩子学音乐，要从小学的；世界上的音乐家，可以说没有一个不是从小学起的。就是普通的小孩子，要学音乐，也必须从小学起；大时学起来，是学不好的。我现在以个人的经验做一个例子。

我的大女儿秀霞，从小就有音乐的环境，到了7岁时候，她就开始学弹琴。学弹琴耳朵是很要紧的，耳朵不能辨别琴音，琴是学不好的，但是我们不晓得秀霞能不能够辨别琴音。

钢琴上的音乐有两种：一种是绝对的，一种是相对的。所谓绝对的，就是在琴上不论哪一个音，一弹就听得出；相对的是刚听了 c 音或 f 音，再弹别的音，这个音他能听得出来。相对的音容易听，绝对的音很难听出来的。

有一天，我到秀霞音乐老师的家里去玩，看见她6岁的女儿光光，会听绝对的音了。我想音乐家的小孩子，大概从父母那里得着了相当的遗传，所以会听绝对的音，没有什么奇怪。但是，秀霞对于声音的辨别有没有遗传呢？我想是没有的，因为我俩对于音乐是不行的。所以我一回到家里，就开始教她听 c、f、e 的声音，我先教她闭了眼睛猜猜看，在半小时内，猜了20次，她就能把琴的c、f、e三个音，差不多能辨别出来了。从那天起，我就再教她听音，过了一个星期，在中央c的音程内的音，都能听出来了。过了两个月，在三个音程内的c、f、e三个音，弹两个音，三个音、五个音、甚至于七个音，她都能辨别出来。这个小小的试验，虽然不能说出重大的原理，但是可以说小孩子的听觉，是可以从小训练的。

（二）图画的环境

小孩子从小就喜欢图画的，我们做父母的不晓得怎样去教他，反而常常把他画图的兴趣打消了、摧残了。有时候，小孩子要画图，他就拿了木炭或毛笔在墙壁上或桌椅上乱涂，做父母的看见了，就要骂他、打他，这样一来，小孩子就不敢尝试了。其实这种现象是给做父母的一个很好的机会。墙壁上是不应画的，桌椅上是不应画的，这是我们都承认的，但是他的图画兴趣，我们是不应该摧残的。我们可以给他几张纸，几支蜡笔，一支毛笔或一支铅笔，好好地教他画，他就可以发表他的意见，得着相当的快乐。将来他或许变成一个艺术家，也未可知。

（三）审美的环境

在家庭里面，墙壁上的布置，桌子上的摆设，都应该有种审美的意味；甚至房间里的各种用品衣服等，都应当放得整整齐齐，不应该随便乱摊乱挂。审美的观念，不到1岁的小孩子已经有了，就是三四个月的小孩子，看见红绿可爱的东西，也就显出快乐的样子。假使房间里的装饰布置都是杂乱无章的，小孩子不知不觉地也会犯这种毛病。反过来说，家庭里很有审美的意义，小孩子不知不觉地也会养成一种审美的习惯。

五、阅读的环境

在外国不少地方，看书的环境到处皆然。在火车上、电车上、轮船上，差不多每个人不是看书就是阅报。有一次我经过东京，看见黄包车夫在没有生意的时候也看报纸。拉我的车夫告诉我："现在上海霍乱很厉害。"他说是从英文报上看来的。一个黄包车夫居然也爱看报，这种习惯多么好！这种习惯，影响着小孩子多么大！试问我们中国的家庭怎么样？我们的社会怎么样？没读过书的固然可以不说，但是读过书的，又怎么样呢？不少受过教育的男女出了学校之后，对于看书，也都没有大的兴味，好像书是属于学校的，于本身的职业，于本身的修养，于本身的娱乐，是没有多大的关系。实在要叹有许多人对于世界大事的认识程度是非常浅陋，就是对于国内的事，也不甚关心，什么各种科学上的新发明，史地上的新发现，都置若罔闻。这种环境，怎样能引起小孩子喜欢看书阅报呢？

所以，要小孩子喜欢阅读，我们的家庭、我们的社会，必定要先有阅读的环境。在家庭里，做父母的，自己一天之间总要看看书，看看报。对于小孩子，我们也应当买给他各种相当的儿童读物。开始的时候，做父母的还应当好好地指导他，引起他的兴趣，使他喜欢阅读哩。

游戏就是工作，工作就是游戏

一、小孩子应有画图的机会

（一）举例

一鸣还没有到2岁，我就给他画图的机会。我买了一盒彩色蜡笔和纸给他，叫他画画。当初他只能随便乱涂不成什么东西，但是他非常喜欢涂鸦的。在这个当儿，我是极注意他坐的姿势和执笔的姿势的，以免他养成坏的习惯。

到了2岁零几个月，他就能画成东西了，到了现在（3岁零9个月），他能画得有点意思了，而且在不知不觉之中已学会许多颜色的名字。右面的图是他画的，题目也完全是他想出来的。

（二）讨论

画图是一件很有教育价值的游戏。小孩子既可以因此发表他的思想又可以学到许多知识。从上面一张图看来，一鸣已能简单地发表他的简单思想了。你看这图中的小孩子戴了一顶帽子，穿了一件有袋的衣服，在旷野里放星鸢。图中又有天和大小乌鸦。

不但他能用图画来发表他的思想而且他学得以下颜色的名字：（中文）红、黄、绿、蓝、白、黑；（英文）red，yellow，green，blue，white，black.

近来我利用图画去教他汉字。我把他画的图画写起字来教他，如上面图中的几个字，就是我特意写上去教他的。我之所以教他学英文的缘故，因为小的时候学习语言比年龄大的时候来得容易。

总而言之，画图在教育上的价值很大，凡小孩子应有画图的机会。

二、小孩子应有看图画的机会

（一）举例

一鸣自从他能够翻阅书籍的时候，就喜欢看图画。他常常从书架子上拿了几本书坐在地上独自翻阅，最喜欢看马或人骑马的图画，这大概是因为他时常骑假马或骑过一次真马的缘故。能够了解骑马的乐趣，所以他也最喜欢看马的图画了。其次他也喜欢看汽车等会动的东西的图画，因为他看见过汽车的缘故。到了后来，他每亲常常用图画讲故事给他听。有时在晚上未睡以前，或天雨的时候，或无所事事的时候，他独自翻翻图画书借资消遣。

（二）讨论

小孩子喜欢看画，可以说是他们的天性，不过做教师家长的，需好好指导他们的。当看画的时候，小孩子的联想可是非常敏捷。譬如他们看见了汽车，就会"呼——呼"地叫；看见了马和马车，就会"哎——哎"地喊。对于各种他们所晓得的东西，或是对于很可能发笑的动物的形状，如"沐猴而冠"之类及人类古怪的形状，如大头矮身各种滑稽的态度，他们一定是最喜欢看的。然小孩子有许多画图是不十分注意的。凡小孩子没有看见过的及不容易推想的东西是不大喜欢看的，例如一鸣小的时候，在未曾看见过船之前，不十分注意关于船的图画，但后来看见过船及坐船之后，就很喜欢看船的图画了。

对于普通男女成人的照片，因为他们现在与小孩子不发生什么关系，引不起什么兴趣，所以小孩子也不十分高兴去看。对于自然界的风景，恐怕因为小孩子没有多大审美的能力，所以不喜欢看什么风景画片。对于各种建筑的图画，小孩子也不大愿意看，这恐怕是缺少经验和鉴赏能力的缘故。然而小孩子对于各种照片，尤其是他们亲属的，是非常喜欢看，而且是引为奇怪的。所以看画这件事，于小孩子实在有许多的利益包含着：一则可以提高鉴赏美术的能力，二则可以陶冶优美的情绪，三则可以养成独自消遣的习惯。各幼稚

　　游戏就是工作，工作就是游戏

园里及家庭中，对于小孩子"看画"的动作，是不可忽视的。

三、小孩子应有剪图的机会

(一) 举例

一鸣还没到 2 岁的时候，我就给他剪图的机会。我先剪给他看，他一看见我剪也就要剪剪看。我遂让他剪。那时他不能剪出什么东西来，不过把纸头剪开就是了。到了 3 岁光景，他很喜欢把书中的图画剪下来。剪下后，用糨糊把图画贴在簿子上。此时他的手筋还没有十分发展，所以不能把图画剪得很齐很好。

不过到了 3 岁零 9 个月的时候，他就能剪得很齐整了。从前他总是剪不好的，比方他要剪一个人图下来，常把人的头剪掉了一半，或把人的脚剪去了一点。到了现在他居然能依图画的外边把图画一张一张地剪下来了。

(二) 讨论

这种剪图的动作对于小孩子有许多好处。

一是养成独自消遣的好习惯。平常小孩子在家里没有事情做的时候，就要"吵闹"。做父母的不明白小孩子好动的心理，就不想想法子去利用他的时间以施行良好的教育，反而消极地禁止他"吵闹"。"吵闹"固然不好，需绝对禁止的，但他之所以吵闹是因为没有别的东西可以玩的缘故。做父母的不知道这一点，一味地禁止他喧哗，到了后来，小孩子就要萎靡不振而没有活泼的气象了。倘使做父母的教以剪纸、剪图，他就不会无谓地"吵闹"，而且可以独自消遣，不会缠绕别人了。

二是练习手筋。小孩子的手筋是要练习的，虽然我们不应叫他做很精细的工作如写字缝纫等，但剪图不是难做的事情。况且我们并不强迫他剪得很好，他喜欢这样剪就这样剪，他能够那样剪就那样剪，完全凭他的能力，任他所想，毫不勉强的。然而无形之中，他的手筋慢慢好起来了。

四、小孩子应有剪纸的机会

（一）举例

现在有许多幼稚园里的教师，都知道教幼稚生用各种纸类裁剪各种东西的。我有一天到某师范的幼稚园里去参观，见一个女教师，正在那里教幼稚生剪纸。许多幼稚生颇能剪裁各种东西，很是敏捷，而且不觉得疲乏。又我的小孩一鸣，有天从幼稚园里回来，在他的夹袋里，拿出一张纸来给我看，很像一只初生的小羔羊，我就问他这个是什么？他笑嘻嘻地对我说："一只羊。"

（二）讨论

剪纸这件事，在我国从前的学塾里是不许小孩子去做的，即使在晚近风气不开的乡曲学校里，做教师的也不知道剪纸在教育上究竟有什么价值。我们大概都知道儿童是好动的，也是喜欢模仿的，所以最好教以剪纸的游戏。一可以使他模仿各式各样的人物，表现他的想法；二可以利用剪纸的动作，在无形中练习精细、忍耐、敏捷、沉静诸美德，所以这虽也是一种游戏，于教育上也是很有关系的。

五、小孩子应有着色的机会

（一）举例一

南星拿了一本国文教科书，独自静悄悄地在房间里用彩色蜡笔把书中的图画一个一个地着起色来。把草着了青色，把天着了蓝色，把人也着了各种相当的颜色。

（二）举例二

一鸣到了现在（3岁零7个月）也能着色了，不过着得不太好。但是在这里我就有机会教他了。我有时坐在他的旁边看他着色。他不会着的时候，我就告诉他怎样着；他不知道颜色名字的时候，我就教他是什么颜色。有时他独自着色。这样，他在无形中学习许多颜色的名字，也慢慢儿能够着色了。

（三）讨论

着色和剪图有同样的功用，不过着色比剪图稍微难一点，但是小孩子到了3岁半的时候，就可以开始做了。

六、小孩子应有穿珠的机会

（一）举例

某幼稚园里的教师，时常教许多幼稚生穿各色的珠儿，许多幼稚生对于这件工作，都觉得甚有兴味，不感觉疲乏。教师在这个当儿，便把各种颜色的变化在无意中指导他，所以在这个幼稚园的幼稚生，对于颜色的辨别、手眼的敏捷，是较其他小孩子优秀得多了。珠子大概分两种：木做的和玻璃做的，木做的不若玻璃做的来得好。

（二）讨论

练习穿珠虽是游戏的动作，却有教育的作用包含在内的。一方面小孩子可以认识红黄蓝白各种颜色，一方面使小孩子得着快乐，借资消遣。至于练习手筋，尤其有效。

七、小孩子应有锤击的机会

（一）举例

一鸣2岁多一点的时候，我就给他一个小锤子、一块木板和许多大钉子，教他敲击钉头。他居然能够把钉头敲得牢了，不过有时候因为他的手筋尚未发展得灵敏，他敲到了自己的手。这是偶一为之，我仍旧用种种方法使他喜欢敲击。

（二）讨论

小孩子好动的。锤击是一种好的运动。他很喜欢把钉头一根一根地敲在木板上，敲好之后，把钉头拔出来，他再把钉头一根一根地敲进去。这样，他就可以玩弄许多时间。

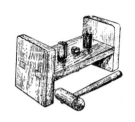

木钉桌   钉钉床

材料：木   材料：木

规格（毫米）：   规格（毫米）：

长（190）×宽（90）×高（105）   长（210）×宽（90）×高（110）

八、小孩子应有浇花的机会

（一）举例

一鸣1岁零9个月的时候，我就买了一个小喷壶给他。起初看见别人浇花，他也要试试看，但是做得不甚好。到了3岁的时候，他就能浇得很好，他自己也很爱护花卉，也不准别人随便摧残。

（二）讨论

小孩子若没有受过教育，见花卉就任意乱采。若从小就教他爱护花卉，那长大也必爱护花卉的。这是浇花的第一好处。小孩子对于花木本是不知道的，现在若我们教他天天浇水，他就慢慢晓得花木一天一天地能长大起来，也晓得花木必须依赖水而生活，这种知识可从浇花动作得来。这是浇花的第二个好处。小孩子浇花的时候，我们可以教他花卉的颜色和花卉的名字以及花卉的结构。这是浇花的第三个好处。从这三种好处看来，浇花确是一种很好的动作，做父母的岂可不注意呢？

九、小孩子应有塑泥的机会

（一）举例

一鸣有一天在厨房里拿一点粉团来给我看，我就暗示他说："你去做一只狗，做一只鸭，做一只鸡"。他就把粉团拿来玩，一会儿就拿来给我看，并且对我说"人"。从前在我的村中，有一个小孩子席珍，很喜欢把污泥取来，在大石上再三地投掷，塑成数种人物的形态，而后再施以各种色彩，非常相像。

（二）讨论

我看见有许多做母亲的，对于小孩子做"泥塑"的事情，必是绝对禁止的。以为小孩子玩污泥，一则污及身上的衣服，二则荒废读书的时间，是很不相宜的事情。然这种观念，可是错了。小孩子能泥塑各种人物，可以养成他们的创造精神，提起他们的兴趣，忘却许多恶劣的感想。他们做成一种人物，而且可以使他们应用色彩，适合于人物的各种身份，加以点缀，这大可增加他们想象的能力。所以小孩子做泥塑的游戏，父母不但不可禁止他们，简直非积极提倡不可呢！

泥工板   彩珠

材料：木   材料：木

规格（毫米）：

长（300）×宽（250）×厚（25）

十、小孩子应有玩沙的机会

（一）举例

我今天在野外游玩，看见一群小孩子在沙滩上玩耍，大家都赤着脚，在沙上滑来滑去，或者互相拉倒在沙滩上，相与玩笑，其中比较智慧的孩子，更把沙泥堆积起来，做成小山的样子，或者在沙滩上用竹竿划成几条线痕，表示河流的状态。他们在沙滩上玩耍，非常高兴，简直连饭都不要吃了。而且我常带了一鸣到乡下去散步，他看见那边筑屋用的一堆泥沙，就去玩弄，玩了好久，还不肯回去。以上看来，小孩子是喜欢以泥沙为戏的。

（二）讨论

戏泥玩沙，是小孩子喜欢做的。我们正可利用泥沙实地去教授小孩子。从前我们给小孩子讲故事，往往没有各种实物的材料，可以加强小孩子的记忆。费烈斯（Zillie A. Faris）以为替小孩子讲解的时候，除应用黑板外，最好是利用沙台作讲解时的帮助。有了沙台，则教授功课或故事的时候，可以划成种种具体的形状，在小孩子的心里格外可以得着更深刻的印象。费氏又以为沙台的主要用法，就是在教授地理的时候，做教师的可以把本地的山脉河流、重要的城池，画在沙台上，实地给小孩子解说，一定可以引起他们的注意的。这不独小孩子可以应用，即在成人说故事的时候，也可以利用的。现在凡没有沙台的学校，简直不能算设备完整的了。唯太细的沙，是不适用的。我们平常总是用黄沙，置在台上，做种种地图，或摆出种种历史上的古迹的所在，加强小孩子的记忆。做教师的，要使小孩子明了沙台的作用，并不是玩弄的东西。小孩子要能自己摆出山脉河流的形势，而无须教师的指导，所以玩沙这件事，在游戏之中，而实含有教育上的作用的，我们万不可把它忽视过去。

总结来说，上面所说的几种动作，即画图、看图、剪图、剪纸、着色、穿珠、锤击、浇花、塑泥、玩沙等与小孩子身心之发展是有密切关系的。这些动作小孩子大概都喜欢玩的。做父母的正可以这些动作去施行优良的教育。

我们都知道小孩子是好动的，倘若没有适当的东西可以玩，那就要吵要闹，要做出不正当的事情来，若不吵不闹，那就要萎靡不振，失却最可爱的一种活泼精神了。小孩子若有以上所说的动作机会，一方面可以独自消遣，得到很好的经验，一方面可以不致缠绕别人。于小孩子于父母都有莫大的好处，我们做父母的对于这些动作岂可不加注意呢？

整个教学法

现今小学和幼稚园里的教学法是怎样的？我敢说是不合教育的原理的，是四分五裂的，是违反儿童的生活的，是违反儿童心理的。什么国语、算术，什么社会、自然，什么图画、手工，什么唱歌、游戏，什么故事、卫生，都是分得清清楚楚，不相混合的。同一个教师教同一级儿童，教国语的时候，教蜜蜂；教图画的时候，教兔子；教手工的时候，教折船；教唱歌的时候，教《麻雀和小孩》；教故事的时候，讲《小猪过桥》。这种分科的教法是完全没有照顾到儿童的生活，儿童的心理的。这种杂乱无章的教法弄得儿童莫名其妙，要知道这种分科教学法是模仿大学的。大学生的程度高、知识深，非分科教学不可的。但小学生、幼稚生则不然，教师尽管可以用整个材料去教他，不必分科教的。若要分科，那么高年级可以采用，低年级则不宜采用的。在未说明理由以前，让我先来介绍一种新的教学法，这种教学法，暂名为"整个教学法"。什么叫作"整个教学法"？整个教学法就是把儿童所应该学的东西整个地、有系统地去教儿童学。这种教学法是把各科功课打成一片，所学的功课是无规定时间学的。所用的教材是以故事或社会或自然为中心的，或是做出发点的，但是所用的故事或关于社会自然的材料，总以儿童的生活、儿童的心理为根据的。这种教材最好一个教师教，一个教师不能教，两三个教师也可，不过时间稍难支配罢了。现在试举一例来表明这种教学法。

1. 先以实物引起儿童的兴趣：教师需预备一只乌龟、一只或两只兔子。

2. 研究龟兔的生理特点等自然常识。

3. 讲故事：《龟兔赛跑》，若儿童有别的龟兔故事尽管可以先讲。

龟兔赛跑

有一天早晨，有一只乌龟从河里爬到岸上来玩，遇着一只白兔子。乌龟说："白兔哥哥早！"兔子也说："乌龟哥哥你早！"乌龟爬得很慢，白兔看它不起，说道："你走得这样慢，实在太不便当。"乌龟回答说："你不要看轻我，我走路最有耐心，恐怕你还不如我呢！"白兔听了，哈哈大笑，说道："怪了！怪了！像你这样走路，如何赶得上我，你若不信，我们就来跑跑看。"乌龟说："好得很，那边山上有一棵大树，看哪个先跑到。"

正说的时候，来了一只花猫，乌龟就喊道："花猫姐姐，我们要赛跑，请你来做公证人。"花猫说声"好！"就走过来，举起前脚说："预备，一——二——三——跑！"

白兔提起四脚，好像飞的一样，向着大树跑；乌龟也立刻很起劲地一步一步向前爬。白兔跑到半路，回头一看，乌龟远远地落在后面。白兔停下来说道："今天天气真热，且等我休息一下再跑，乌龟爬得很慢，万一追上我，我一跳就可以赶上它。"说了就倒在地上，呼呼地睡熟了。乌龟一息也不停，爬到那边，看见白兔睡着，就笑了一笑，再往前爬，不多时乌龟就爬到大树底下，坐了下来。那时白兔醒了，回头一看不见了乌龟，就拼命地往前跑，跑到树边看见乌龟早在那里，就很惊异地喊道："你怎么会先到的？你怎么会先到的？"

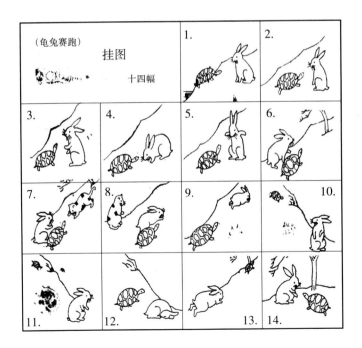

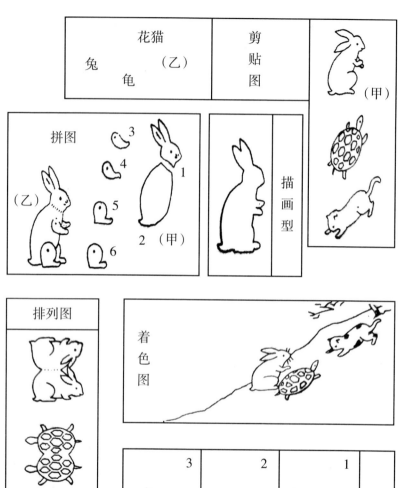

花猫
兔 （乙）
龟

剪贴图

（甲）

拼图

3
4
5
6
1
2 （甲）
（乙）

描画型

排列图

着色图

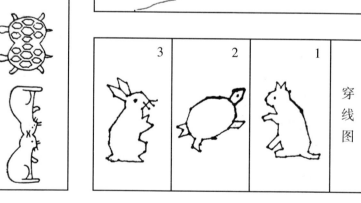

3   2   1   穿线图

讲故事的时候可以配合使用挂图，这种挂图，需放大且着色，以引起儿童的兴趣。故事讲完后，教师可以把后面一两页的各种手工图、剪贴图、描画图、拼图、排列图、着色图、穿线图，一种一种地拿出来，给儿童拼看，让儿童做。

4. 剪贴：儿童可将（甲）图内龟、兔、猫三种空白图先着色，着色后剪下来贴在（乙）图的相当名词上，若贴得不对，就可以教他。这种方法，不但包含剪贴着色，也包含初步的认字。

5. 拼图：教儿童把拼图内的（甲）部先着色后，剪下拼起来，拼成像（乙）部的兔子一样，这个纸兔子的须和脚，是能够动的。这种玩法也是儿童很喜欢做的。

6. 描画：这是一种轮廓图，有两种方法可以玩的。一是用铅笔依照轮廓在轮廓图下面的纸上描画一只兔子，后再着色。二是把轮廓图放在一张纸上，然后用蜡笔在轮廓上左右涂鸦，把空白的地方都涂掉，涂后把轮廓图一拿开，在下面的纸上就现出一只兔子了，年幼的儿童最宜做这种活动的。

7. 排列：儿童可以把排列图剪下后在桌上或是在沙箱内排列起来，变成一个故事。

8. 着色：年幼的儿童可以把图着色起来，初步学习画图。

9. 穿线板：这也是一种手工，儿童喜欢的。

10. 表演：儿童可以把这个故事表演一下。

11. 画图：可以叫儿童把这个故事画出来。

12. 课文：课文是绘图的，就是把上面印的故事一节一节地画起图，使儿童读起来更加有兴趣。

总结一下，看了上面的例子，整个教学法是有组织的，有系统的，是合乎儿童心理的，处处要儿童自己参加的，所以儿童就很高兴学，很高兴做。但有几点要声明的：这种教材很难编，就如这个例子中间没有音乐，理应有歌曲谱词，可以教儿童唱的舞的，但是我没有能力编得起来；教起来是很难的，就是教师对于各种技能都有相当的了解，不然，就不能教了；整个教学法所用的各种教材若无相当材料，不必勉强东拉西凑联合起来，以减少儿童的兴趣。

幼儿园的课程

中华人民共和国的教育，是新民主主义的教育，其目标和内容都已明确规定。因此，幼稚园课程的改革是很迫切的。下面，我就编制幼稚园课程的原则、方法，以及幼稚生的生活历和幼稚生一天的生活，提出来跟大家商讨。

一、编制课程的原则

（一）是民族的，不是欧美式的

中国的幼稚教育，大都是欧美式的，幼稚生听的故事，是欧美的故事，唱的歌，是英美的歌曲，玩的玩具，教的教材，大都是从英美来的，就连教法也逃不出英美式的范畴。不明白，我们的国情、我们的环境与英美不同，怎样可以全般抄袭模仿呢？例如圣诞节，在外国是一个很重要的节日，外国人大都在那天狂欢庆祝的，幼稚园也不例外，而中国的幼稚园也大大地庆祝，这是不必要的。因此，我们编制课程的第一个原则是民族的，不是欧美式的，如此幼稚园的教育才不致与社会脱离而收事半功倍之效果。

（二）是科学的，不是封建的

对于宇宙间各种现象和事物发展的规律与特性，要使儿童从小建立一个正确的观念，并培养儿童有实事求是的精神，反对一切迷信盲从，更反对独裁武断。

（三）是大众的，不是资产阶级的

在旧中国的社会里，幼稚园是资产阶级专有的，一切设施都是贵族式的。今天，在新中国的社会里，幼稚园是为工农大众的子弟服务的。因此，编制课程要是大众的，而不是资产阶级的那一套陈腐、奢侈、脱离广大劳动人民生活的一些材料。

（四）是儿童化的，不是成人化的

幼稚生年龄很小，对于课程的编制，要顾及儿童心理发展与能力，不要根据成人的经验，而编制一些生硬、枯燥、高深的材料让儿童茫茫然不知所以地得到一些糊涂、杂乱无章的知识。

（五）是发展的、连续的，而不是孤立的

编制课程时，对于事物的研讨要有系统，注意事物发展的规律，以及事物与事物之间的联系，不能将一件一件的事物孤立起来，使儿童对事物的发展得不到一个整体的概念。

（六）是配合目前形势和实际需要而不是脱离现实的

根据唯物的观点，对于目前形势的了解，和当地民情风俗以及自然物的学习，是教学中不可缺少的很重要的材料。

（七）是适合儿童身心的发展，促进儿童的健康的

幼稚教育的目标，在培养健全的新中国的幼苗，编制课程当然要适合儿童身心的发展，以促进儿童的健康。比方一般幼稚园所应用很小的珠子，如果让两三岁的小朋友去穿，由于小肌肉没有充分地发展，还不可能做这件工作。再如读法一科，通常有这样的一个错误观念，认为笔画少的字，儿童容易认识。事实上儿童识字的难易和笔画的关系较少，而在乎这个字所代表的事物是否具体，如"狮子"二字恐怕比"七、八"两个字容易认识，当教师讲完"狮子"的故事，而让儿童认这两个字，恐怕儿童的印象很深刻，而"七、八"两个字，恐怕较难记忆。因此，编制课程时，必须要注意儿童身心的发展。

（八）培养"五爱"的国民公德和民主、团结、勇敢、守纪律的优良品质

资本主义国家的教育，是着重个人的发展，那是配合他们国家的个人自由主义的学说，而我们新民主主义国家的教育，却不是如此，要透过群众而发展个人，从群众中培养各种优良的品质。

编制课程时，就要以培养"五爱"的国民公德、民主、团结、勇敢、守纪律为目的，不是无的放矢。

（九）陶冶儿童的性情，培养儿童的情感

个人的性情和情感，是要从小陶冶培养的。在幼稚园里，就要以音乐、图画、文学来陶冶儿童的性情，并从实际生活中培养情

感，如对朋友的爱护，对广大劳动人民的热爱，这些都是编制课程时应该注意的。

（十）要养成儿童说话的技能

如日常生活中偶发事件的报告，家庭生活的报道，讲故事，唱儿歌等，都是养成儿童说话技能的机会。在幼稚园里要多多给予儿童以机会，并帮助儿童组织自己的思想，使儿童能够用清晰的语言正确地表达自己的情感和思想。

以上是编制课程的十大原则。下面，我还要提出我所倡导的活教育五指活动来讨论。

二、活教育五指活动

（一）五指活动的意义

1. 五指活动的五指，是生长在儿童的手掌上的，换句话说，就是一切的活动要在儿童的生活上、智力上、身体上互相联系、连续地发展。如果把这只手掌当成成人的，那么儿童身心的发展就不能依据正常的途径前进，而每次活动也因此变成枯燥乏味，脱离儿童实际生活。这里我们应该说明的是，所谓五指活动的五指是生长在儿童的手掌上，是指要注意儿童心理和生理的发展，但是不离社会实际，领导儿童做合理的活动，予以适当的教养。

2. 五指活动的五指，是活的，可以伸缩，互相联系。通常在中小学里，课程是分割的，各课各自独立，不相联系，而幼稚园里面却不然，课程是整体的、连贯的。依据儿童身心的发展，五指活动在儿童生活中结成一个教育的网，有组织、有系统，合理地编织在儿童的生活上。

（二）五指活动的五个方面

1．儿童健康：包括饮食、睡眠、早操、游戏、户外活动、散步等。

2．儿童社会：包括朝夕会、周会、纪念日集会、每天的谈话（单元研讨）以及政治常识等。

3．儿童科学：包括植物之培植，动物之饲养，自然现象的研讨，当地自然环境的认识等。

4．儿童艺术：包括音乐（唱歌、节奏、欣赏）、图画、手工等。

5．儿童语文：包括故事、儿歌、谜语、读法等。

幼稚园的课程全部包括在五指活动中并采用单元制，各项活动都围绕着单元进行教学。

三、编制课程的方法

关于幼稚园课程的编制，我提出三种方法来讨论一下。

（一）圆周法

所谓圆周法，就是各班预定的单元相同，研究的事物也相同，不过取材内容随着儿童年龄的不同而分别予以适当的教材和分量。

比如本周单元教学是"抗美援朝",对于这个活动的内容,随着各班儿童的年龄和能力而分别选用教材,大班可能进行更广泛的研讨,而小班可能理解得较浅显。依照这个方法编制课程,最大的流弊是各个不同年龄的班次所采用的教材有时大同小异,甚至完全一样,这样一来年龄大的儿童所得到的知识就较少;有的儿童智力高,却会厌烦幼稚园的各项活动。因此,教师采用此法编制儿童的生活需要照顾到儿童身心的发展而分别予以不同的活动和材料。

(二)直进法

所谓直进法就是将儿童生活中可能接触到的事物,依照事物的性质和内容的深浅而分布在各个不同年龄的班级里,各小班研究猫和狗,中班研究羊和牛,大班研究马和虎。依照此法编制课程也有流弊,比如某幼稚园新近买了一只羊,依照课程编制,只有中班进行研究而不给大班和小班儿童观察学习,这对小班和大班儿童也未免有点可惜。……因此完全根据这个方法编制课程也并不尽善尽美。

(三)混合法

所谓混合法就是在编制课程的时候,以上二法均需采用。首先我们可以就3至6岁的儿童在生活中可以接触到的事物,将它列举出来。有的活动可以相同的,不过内容的深浅要注意,有的事物,可以依照儿童年龄的不同而予以增减,比如研究猫,小班儿童仅仅观察其形态和生活情形,而大班就可以研究猫的瞳孔和脚踝。再如拖拉机、起重机的研究，就可以在大班进行。

四、幼稚生生活历（略）

五、幼稚生一天的生活

幼稚生在园的时间，通常是早上9时到园，11时半回家，下午1时到园，4时回家。甚至有许多地方还行半日制，其实幼稚生每天在园时间多少，应何时到园、何时回家，要看当地情形。例如城市中可以迟到早回，乡村里就得迟回早到，而一般工厂及机关所办的幼稚园则完全依照父母办公时间而决定。

下面，是中国中部某幼稚园春天的活动时间表。

某幼稚园儿童活动时间表

时　　间	活动项目	内　　容
？—9：00	健康活动　科学活动	饲养动物　培植花卉菜蔬 自由游玩　阅看图书
9：00—9：15	社会活动　健康活动	早会　升旗　早操
9：15—9：45	社会活动　科学活动	谈话　报告　单元之研讨
9：45—10：15	艺术活动	图画　剪贴　泥工　木工 积木　农事及其他
10：15—10：45	健康活动	户外自由活动
10：45—11：00	健康活动　语文活动	静息　餐点　儿歌　谜语
11：00—11：30	艺术活动	唱歌　玩乐器

时　间	活动项目	内　容
11：30	放午学	
？—2：00	健康活动	午睡
2：00—2：50	健康活动	户外自由活动
2：50—3：05	语文活动	故事
3：05—3：25	健康活动	游戏
3：25—3：45	语文活动	戏谈法　日记
3：45—4：00	社会活动	开会　降旗

【说明】

1. 城市里的幼稚园，大都是早上9点钟开始做有组织的作业。儿童在9时以前从家里陆续来园，教师需在园门口迎接，并进行整洁检查，如设备许可需测体温，然后指导儿童分别饲养园内小动物，或浇花草、蔬菜，做游戏，并要注意鼓励儿童的积极性，做完昨天未做的工作。

2. 早会为一天集体生活的开始，应该很有秩序地进行，升旗时，应训练儿童有尊敬国旗的态度，以培养儿童爱祖国的观念。

3. 早操可以集体也可以分班举行，视儿童年龄和能力的不同而定。

4. 上午9点15分到10点15分为进行单元教学时间，教师可领导儿童对某事物进行观察、研讨，并可将观察研讨所得从工作中发表出来。

5. 除进膳及午睡时间必须严格遵守外，其他各项活动时间可依儿童的兴趣而予以伸缩。

6. 如有空旷之场地必须让儿童多在户外活动，最好每天有两小时的户外生活。

幼稚园课程暂行标准①

一、幼稚教育总目标

1. 增进幼稚儿童应有的快乐和幸福。

2. 培养人生基本的优良习惯（包括身体行为等各方面的习惯）。

3. 协助家庭教养幼稚儿童，并谋家庭教育的改进。

二、课程范围

（一）音乐

1．目标

（1）满足唱歌的欲望。

（2）启发并增进欣赏音乐的技能（包括口唱和乐器的两种）。

（3）发达节奏的感觉，并训练节奏的动作。

（4）发展亲爱协同等的情感。

---

① 本文发表于1929年8月。

（5）引起对于事物（如猫、狗、耕田、洗衣之类）的兴趣。

2．内容大要

（1）以下各种歌词的听唱表情：

①关于家庭生活的。

②关于纪念和庆祝的。

③关于时令和节日的。

④关于自然现象的。

⑤关于常见的动植物的。

⑥关于日常工作的。

⑦关于爱国的。

⑧关于社交的。

⑨关于表演用的。

（2）节奏的听和演做。

（3）通常乐（小锣、小鼓、小木鱼等都可应用）音的欣赏和演做（如听音起、坐、立、行等）。

（4）歌的试行创作。

3．最低限度

（1）唱歌的声音清晰，拍子大致无误。

（2）对于简单的律动（如快、慢、高、低等）都有辨别和反应的能力。

（3）明了四首以上歌词的意义，并能表情。

（4）有独唱两首歌词的能力。

（二）故事和儿歌

1. 目标

（1）引起对于文学的兴趣。

（2）发展想象。

（3）启发思想。

（4）练习说话，增进发表能力。

（5）发展对于故事的创作能力，培养快乐、高尚和爱等的情感。

2．内容大要

（1）以下各种故事的欣赏演习（如口述、表演、发表、创作等）：

① 神仙故事。

②民间传说。

③物语。

④历史故事。

⑤笑话。

⑥寓言。

（2）各种故事画片的阅览。

（3）各种有趣味而不恶劣的儿童歌谣、谜语的欣赏、吟唱和表情。

3．最低限度

（1）能述说四则最简单的故事而意思很明了。

（2）能创作一则最简单的故事而有明显的内容。

（三）游戏

1．目标

（1）顺应爱好游戏的自然性向，而予以适当的游戏活动。

（2）发展粗大肌肉的联合作用，并训练感觉和躯肢的敏活反应。

（3）训练互助协作等社会性。

2．内容大要

下列各种游戏的练习：

（1）计数游戏（如抛掷皮球等可兼习计数）。

（2）故事表演和唱歌表情的游戏。

（3）节奏的（例如听音而做鸟飞、兽走等的游戏）和舞蹈的游戏。

（4）感觉游戏（如闭目摸索、听音找人等练习触觉、视觉等的游戏）。

（5）应用简单用具（如秋千、滑梯等）的游戏。

（6）模拟游戏（如小兵操、猫捉老鼠等的模拟动作）。

（7）我国各地方固有的各种良好的游戏。

3. 最低限度

（1）能参加群儿的集合、成行成圈，而觉协调。

（2）能使用园中所设备的三种以上游戏器具。

（3）知道游戏的简要规则。

（四）社会和自然

1．目标

（1）引导对于自然环境和人民活动的观察，并培养其兴趣。

（2）增进利用自然、满足生活、组织团体等最初步的经验。

（3）引导对于"人和社会自然的关系"的认识。

（4）培养爱护自然物和卫生、乐群等的好习惯。

2．内容大要

（1）关于衣、食、住、行等生活需要、卫生方法，以及家庭、邻里、商铺、邮局、救火组织、公园、交通机关等社会组织的观察研究。

（2）日常礼仪的演习。

（3）纪念日和节日（如元旦等）以及其他节令的研究举行。

（4）身体各部的认识和简易卫生规律（如不吃担上的糖果，不吃杂食，食前必洗手，食后必洗脸，不随地便溺，不随地吐痰，不吃手，不用手挖耳揉眼，早睡早起，爱清洁等）的实践。

（5）健康和清洁的保持。

（6）各类重要旗帜、人物像等的认识。

（7）习见鸟、兽、鱼、虫、花草、树木和日、月、雨、雪、阴、晴、风、云等自然现象的认识研究。

（8）月、日、星期和阴、晴、雨、雪等逐日天象的记录。

（9）附近或本园内动植物的观察采集，并饲养或培植。

（10）集会的演习（以培养公正、仁爱、和平的态度精神为主）。

3．最低限度

（1）认识自己日常生活所用的主要衣食住行各项物品。

（2）略知家庭、邻里、商铺、工场、农田以及地方公共机关的作用。

（3）知道四肢五官的机能作用。

（4）认识家禽、家畜和五种以上植物，了解太阳、风、雨的作用。

（5）认识国旗。

（6）对于师长、家长有相当的礼貌。

（7）有爱好清洁的习惯。

（五）工作

1．目标

（1）满足对工作的自然需要。

（2）培养操作习惯，增进工作技能，并锻炼感觉能力。

①发育粗大的基本动作，成为日后精细动作发育的基础。

②使符合儿童天性的各种动作，常常有展示的机会。

（3）训练关于群体的活动力。

①自信、自重、坚忍、专心、勤奋、互助、热心服务等的精神。

②自主的能力。

③批评能力和接受批评的肚量。

④不浪费时间和材料的习惯。

⑤遵守秩序的习惯。

（4）发展智力。

①锻炼思想。

②培养发表、创造、建设的能力。

③发展欣赏能力。

2．内容大要

由儿童各随所好，实做以下范围内的任何工作：

（1）沙箱装排——在沙盘沙箱等中，利用各种玩具、物品，堆装观察研究过的许多立体的东西，如村舍、城市、山景、园舍、江河、动物场、植物园或其他模型等。

（2）用大小积木装置成房屋和其他建筑物等。

（3）画图——自由单色画或彩色画。彩色画可用各种现成图物，使儿童自己设色，或用自己所制的图物，施以彩色。

（4）剪贴——用剪刀剪各种图形，或用纸折各种物件（如桌椅之类）；或将剪的、折的、撕的图形用糨糊粘在纸上，或用纸条织成各种花纹。

（5）泥工——用泥做成模型，如桃、李、杯、盘、糕、饼等类，并研究泥的性质等。

（6）缝纫——缝纫的动机，大概由玩弄玩偶而来，和装饰玩偶的房屋，或为玩偶做小衣服、小被、小窗帘等。这种工作，应由年龄稍大的担任，年龄较小的儿童，可用硬纸刺孔成为苹果、萝卜或猫狗之类，让他们用颜色线穿编。

（7）木工——用简单木工器具，如锤、锯之类，并能计划做成几种简单的玩具模型（如床、桌、椅、秋千架等），而且知道做的方法和顺序（例如做一只桌，知道四脚应一样长，桌面和脚的比例应相当，四脚应钉在桌面之下等）。

（8）织工——能用最粗的梭织线带等。

（9）园艺——种菜、种豆、种普通花卉等。

【注】以上各种工作，最好都用。但可视环境的情形而选择，并可视儿童的需要而增设其他工作。

3．最低限度

（1）能独做简单的工作而不求助于人。

（2）能爱惜工具和材料。

（3）能整理工具、材料、作品和安置工具、材料、作品的地方。

（4）能保持地上的清洁。

（5）能不弄脏身体和衣服。

（6）能用铅笔、毛笔或蜡笔。

（7）能用剪刀。

（8）能选择颜色。

（9）能排列图形。

（10）能种活一两种蔬菜或花卉。

（六）静息

1．目标

（1）直接的，满足精神康健。

（2）间接的，增进精神活动的效率。

2．内容

（1）静默——仿照蒙台梭利的办法，举行定时的静默。听到某种声音符号后（或振铃，或用某种音调的声音），都需端坐，教师指导值日儿童取静牌（灰色黑字牌）竖在黑板边上，同时观察有无不静默的儿童。等到大家静了，然后叫大家闭起眼睛来。这时，或合掌把头垂下支颐休息；或隐几而卧；或就桌而睡。教师退处一隅，两三分钟后，再发出一种声音符号，使大家仰起头来。声音符号行了一个月之后，也可以变换。有时可加入游戏的意味，时间可逐渐加长。例如教师于一室人静后，退到一室去，隔两三分钟后，以和悦的声音叫一个儿童的姓名。被叫的儿童，便飞也似的跑到她的怀里；然后再叫一个儿童的姓名，一一如法跑去，到人走完了为止。这种游戏，或者可称为"飞燕归巢"，事先可向儿童说明。静息功课，在蒙氏儿童院中，每天不止一次，如定一天一次，以在10时左右（吃小点心者，可在10时后）为最相宜。

（2）静卧——凡行全日制的，最好为各个儿童备卧具，午饭后退休静卧。凡小儿童，应睡2小时以上，年龄较大的，睡1小时半。醒时不当扰及他人（英国新式幼稚园对于此点极为注重）。

（七）餐点

1. 目标

（1）适应需要——儿童食量小，所以进食时间的距离需短，自早餐至午刻，有5时之久，中间一定需要少许饼饵之类充饥。

（2）练习饮食时所应有的礼节。

（3）养成饮食应有的清洁习惯。

2. 内容

每日上午10时左右，每儿食适当的食品（山芋、饼干之类）和饮开水一杯（经费宽裕者，可用牛奶代水，或吃水果少许）。

三、教育方法要点

1. 以上所列各种活动（音乐、游戏、故事、社会和自然、工作等），于实际施行时，应该打成一片，无所谓科目。打成一片的方法，应该以一种需要的材料（应时的如3月的植树节，秋天的红叶，冬天的白雪等；在环境内发现的如替玩偶做生日，公葬某种已死的益鸟，开母姊会等），做一日或两三日内作业的中心；一切活动，都不离乎这个中心的范围。

2．幼稚儿童每天在园的时间，全日约6小时。在都市有特殊情形的幼稚园，可用半日制，每日上午约3小时。中间除定时餐点静息，和全日制的中午停止作业进午餐和定时静卧外，各种活动，不要呆板地分时分节规定（如每时应教何种功课）。但是教师应该胸有成竹，在繁重作业之后，引导儿童做轻便的活动；在桌间作业之后，引导儿童做户外的运动……并可相机在某种活动之后，间以几分钟的休息，以调节儿童的身心。

3．各种作业，可由儿童各从所好，自由活动。但是团体作业，每日也应有一次，由教师用暗示法，吸引儿童共同操作。当团体作业时，如有少数儿童不愿参加，不必强迫。

4．故事、游戏、音乐、社会和自然，大部分都可由教师引导，施以团体作业。工作则大部分应该由儿童个别活动，由教师个别指导。此等活动，可将全部作业分为若干项目（例如图画、剪贴、积木），由儿童分组合作，分工活动，但需注意二事。

（1）分组。以两三人为一组，合做一事，为最有效。

（2）分工。儿童往往未做完这事，又去做那事，或半途而废，或苟且塞责。教师应该训练他们，使他们有责任心。训练的方法：或用表记录，能完成的，予以奖的符号，否则予以戒的符号；或对完成的表示赞许，对未完成的表示冷淡……

5．教师应该充分地预备，以免临时困难。预备的事项，应该随儿童活动的趋向而定。例如在国庆纪念的活动之前，教师对于儿童在国庆纪念的活动中，预料应有若干问题和事实发生，就应该向这一方面搜集材料，准备技能以便应付。

6．教师所提出的引导儿童活动的材料和指导儿童活动的方法，以及一切过程……都需体察儿童的心理，切合儿童的经验。

7．幼稚教育所用的材料，不是空话，而是日常可见可接触，至少可想象的实物、实事。幼稚教育所用的场所，不限于室内，而需以户外的自然界、家庭、村、市、工商业……为最好的活动之地。

8．幼稚园的设计教学，需注意下列各点。

（1）从儿童自由活动中，发现设计的题材（例如一个儿童在沙箱中栽种白菜，教师发现后，便可集合许多儿童设计种菜）。这是设计教学中一个很好的机会，应该利用。

（2）在设计中应有的一切活动，应该提早体察儿童的能力，把儿童不能做或做不成功的部分省去，以免儿童不能做而废止，或因中途失败而懊丧。

（3）设计的材料，以易达目的易得结果的为最好。在一个设计中，又需分为许多小段落，每一小段落，有一小目的，可得一小结果。那么儿童照着去做，得达目的，得有结果，也自然发生兴趣而肯努力了。万一整个的设计，做到中途而多数儿童的兴趣已转移了，那么教师也可把这个设计放下，便从事于多数儿童兴趣所在的设计，等相当的时机到来，再行设法继续。

9．教师是儿童活动中的把舵者，要使儿童跟着教师的趋向而进行，在未达目的前，不要改变宗旨。所发的暗示，也当一贯而不杂乱。在儿童有了反应而未到完成时，不可再有另一种的暗示。

10．教师是最后裁判者。儿童的问题，应由儿童自己去解决。到儿童的确不能解决时，教师才可从旁启发引导。

11．教师应利用奖励，以鼓励儿童对于某种作业的兴趣。幼儿的奖励，以言语的鼓励和玩具的赠予最有效，标志符号等的奖励次之。奖励所应注意的是奖励不可常用，常用则滥而失效。在群众中优胜，固然当奖，个人前后比较而突然有进步的，也应该奖励。

12．有几种技能，应该用练习的方法，使儿童纯熟。练习必须顾到的条件如下。

（1）时间应该短，以保持儿童对于练习的兴趣和注意。

（2）次数的分配，应该合于分布练习的原则（开始时每天在一定的短时间内连续练习，熟后乃间歇练习，纯熟后才停止）。

（3）练习所用的材料，需估计其有无真正价值；不必练习的，不要枉费工夫。

（4）练习的方法，需考查其是否最优良；误用了方法（例如不用实物，而练习抽象符号），也一定劳而无功。

（5）练习时，不但要注意所表现的成绩，并且要注意儿童所用的方法是否合宜。不合的，一定要随时矫正。

13. 园中的事物，凡儿童能做的，如扫地、擦桌子、拔草、分工管理园具等，应充分地由儿童去做。

14. 每半年举行"体格检查"一次，每月举行"体高、体重检查"一次，每日举行"健康并清洁检查"一次。儿童身体上的缺陷和各种疾病，教师应该设法补救。教师不但应有母亲和师长的智能，还需具有看护的身手、治病的常识。

15. 教师对于儿童的身体、性情、好尚，以及家庭、环境……都应注意。最好备一本小册子，将观察所得的记录起来，以为研究和施教的资料。

16. 教师应该常常到儿童家庭去，或请家长到园中来，尽力联络感情，宣传幼稚教育和家庭教育的方法。

17. 幼稚园除利用户外的自然和社会外，依下列标准配备一切。

（1）要合乎我国的民族性。我国的民族性是诚朴坚忍，和欧美、日本不同的。幼稚园的设备不必过于华美，而需注意坚固，不必多取洋式和舶来品，而需尽量中国化。

（2）要合乎当地社会情形。我国地方辽阔：都市、乡村、南方、北土、富饶地、贫瘠区……社会情形各有不同。幼稚园的设备，应该多取当地常见的物品，而不和社会的实际情形分离。

（3）要适应儿童的需要。要体察儿童的生理状况、心理状态、生活情形，随其需要而设备：量不宜太少，期够用；质应便于儿童，以求适用。

（4）要不背教育的意义。积极方面：可以发展儿童创造力和激发儿童想象力的；可由儿童自己使用，并自己装置或拆开的；可以引起儿童兴趣和美感的；可以引起儿童的情爱的；可以发展儿童智力的；有益于儿童身体的。消极方面：要有碍卫生的不取；会发生危险的不取；儿童不感兴趣的不取；非儿童所能应用的不取；有损美观的不取。

（5）要利用废物、天然物和日用品。废物如废书、旧报、破布、无用的玻璃片、玻璃瓶、布片、破碗片；天然物如果核、树叶、花瓣、种子、蛤壳、贝壳、鸟羽、石子；日用品如肥皂、蜡烛等都可利用了做成教育用品、装饰品和作业材料等。这不但省钱，并可启发儿童的创造心。

好教师的教学原则①

教小学生是一件最繁难的事，如果我们能依照教学原则去做，无论如何，所收的效果，一定要大些。教学原则在初等教育方面，最重要的大概有下列几条。

一、寓学于做

换一句话说，就是要在工作的时候，实地地学习。俗话说得好："岸上学游水，到老学不会。"所以无论什么事，空讲也是没有用的，必须要实地去做。学生在做的时候去学习，教师在做的时候认真去指导，然后学生得到的知识技能，才能正确无误，教师指导的时候，才不致空言无补了。

---

①本文原载《儿童教育》1928年第一卷第五期，原题为"几条重要的教学原则"。

二、动机的引起

无论学习什么事，一定逃不了以下的几种过程，就是动机、环境、自习、辅助。

学习开始，必须有内发的倾向，叫他必得要去做这种倾向，就叫作动机。譬如说到重阳节，大家就有登高和听重阳节故事的动机；讲到孔子诞辰，就有讲孔子的历史和孔子的家乡——山东的动机；说到山东，就有研究济南惨案①的动机。动机可说是一切活动的原动力。上面所说的寓学于做，就是说要在相当的环境中间自习、教师在旁辅助指导。但是有了相当的环境，而学习人的本身，没有学习的动机，那就无从去自习，教师更无从去辅助。那就是俗语说的"捉老鸦到树上去做窝永不得成功的"。所以凡是学习，动机自不可少。做教师的就要利用学生的动机，引导他们去学习，再从旁指导，更要设法掌握学生的动机，叫他们自愿去活动。因甲种活动又引起乙种活动的动机，因乙种活动又引起丙种活动的动机，如此川流不息，学生的学习，才能成活泼自动的气象，收准确而又宏大的效果。不过有一点要注意到的，就是学生自发的动机，有时或许无甚价值，或者反而于学习有妨碍的。教师应该要注意到的，在引起动机的时候，无形之中要暗示他们动机的方向，使他们自然

---

①济南惨案又称"五三惨案"，1928年日本帝国主义在济南制造的屠杀中国军民八千余人的惨案。

而然地倾向到那一方面去做。那一种活动，能够利用学生的动机，掌握学生的动机，并且支配学生的动机。这就是好教师的第一个标准。

三、用眼的学习比用耳的学习准确

这一点成人也是一样。俗话说："耳听是虚，眼见是实。"所以我们除了音乐和专门用耳的课程外，应当注重视觉的教育。美国教育界用影片的教育，风行一时，效果亦非常之大。中国现在要照美国的办法，当然是做不到的。不过实物的观察和实地的试验，总要充分地利用才是。

四、能教学生相互地指导，收效更大

教师有时候可以叫学生去教学生。这种方法，尤其是训育方面用得适宜，所收效果有时或许比教师教授来得大，因为从学生看，能够去指导人是非常有荣誉的事。教师叫他去做的时候，他一定奉命唯谨。例如清洁检查和大扫除等，我们教级长去服务，率领同学去做。做级长的，一方面要去指导人，自己一定先要学好，做人家的表率，那就必得要用功了。另一方面学生看见同学能够指导我们，就有一种羡慕的心理，无形之中就会使大家努力仿效起来。用这种方法，教师要注意到几点：一是教师去叫学生的时候，先把指

导的人和问题考量一下，是否能去指导，是否需要叫学生去指导。二是学生在服务的时候，教师要留心观察，随时辅助，遇有差误，用极和蔼的态度，在适当的机会去校正他。三是学生能够去服务的，应当普遍轮流地互相指导，切勿侧重在一两个人。

五、开始的学习，要特别留意，特别慎重

有一句格言"好的开始是成功的一半"。这句话实在是不错，尤其儿童是先入为主，如习惯的养成，技能的练习，开头好，就会好；开头不好，将来除了重新练习外，还要加上一倍校正的工夫。这岂不是不但无益，而反有害吗？

六、练习的时候要充分地注意，有正确的指导

这一条原则，可说同上一条互相关联的。因为开头学习要好，免得发生一种不好的影响，所以练习的时候，务必要使学生十分注意，聚精会神地做，一方面教师要处处留心观察，随时校正，随时指导，方才可以收到正确的效果。我时常看到许多教师，当学生习字的时候，他就端坐在旁看书，这是实在不对的。学生练习写字的时候，举凡笔顺、起笔、落笔、间架、用墨、用纸，都要教师用心去指导校正才是。如果教师不去看他，学生随意乱涂，结果教师把习字上面加上几个圈，就算了事。这样的练习，有什么意思呢？

七、分类的比较，最能得到正确观念

我们教授学生，是要他们从不知道，进而变为知道。要他们知道，就要利用他们已经知道的东西来联络比较。譬如把动物狼教授给儿童，我们就要先把儿童已经看过的狗拿来比较，狼的身体像狗，它的脚高些。又比如说老虎的样子像猫，但是它的身体和牛一般大。狼和老虎，我们不易看到，狗和牛是儿童所常常看到的。这种分类的比较，利用儿童原有的经验，对新事物发生许多观念，对于新事物就容易记忆，就可以得到正确的观念了。

八、比赛和游戏，都是适合儿童的心理和性情的，教授上得法，效力是最大的

因为儿童好胜，所以我们用比赛的方法去鼓励他们；因为儿童喜欢游戏，所以我们用游戏的方式去教他们学习各种功课。但是学习比赛，务必要使胜者勿骄惰，败者勿灰心。至于游戏一层，尤需要组织教材、教法、环境、时间，各方面特别注意，方可收到良好的效果。

上面的几条，都是教学方面的原则。

论幼儿园的环境布置①

对于环境的布置这一个问题，一般的学校和幼稚园，各有不同的看法。有的认为环境的布置非常重要，于是，什么表格呀，挂图呀，图画呀，挂满了整个的墙头，花花绿绿像是新开张的商店，真是琳琅满目，美不胜举；而有的却认为环境无须布置，因此室内一无所有，空空如也。这两种情况，各有偏差。现在，让我们来研讨一下环境的布置这个问题。

一、为什么要布置环境

教育上的环境，在教育的过程中起着一定的作用，这是不可否认的。大家都知道，儿童爱模仿，所谓近墨者黑，近朱者赤。毫无疑义，儿童从四周的环境中可以得到教育，因此我们需要布置环境

---

① 本文是作者在幼稚教育研究会上的一次演讲，由喻品娟记录，曾发表于《新儿童教育》1951年第六卷第十一期。

以充实儿童的生活环境，丰富儿童的学习资料。兹就审美的环境和科学的环境两方面加以简单的说明。

（一）审美的环境

爱美是儿童的天性，透过这种天性，可以培养儿童的情感，陶冶儿童的性情。因此，幼稚园的环境，在室外应该尽可能地开辟草场、花园、菜圃，栽培美丽鲜艳的花卉和蔬菜、绿荫浓浓的树木。在室内也应该布置一些适当的富有教育意义的挂图、图画、漫画和故事画等，让儿童在这个美丽的环境里舒畅身心，陶冶情感。

（二）科学的环境

爱自然也是儿童的天性，透过这种天性，可以培养儿童爱科学爱劳动的感情。因此，幼稚园需要布置一个科学的环境，尽可能地领导儿童栽培植物（花卉、菜蔬），布置庭院，从事浇水、除草、收获种子等工作，并饲养动物。经常指导儿童对于环绕着他们的自然界的事物和现象，进行观察和研究，包括园地的栽培管理、动物的饲养以至日月星辰的变化、鸟雀鸣虫的歌声，通过儿童的双手和感官，使儿童对自然界的事物得到正确的认识，使儿童懂得自然界与自然现象之间的关系。

以上所述，说明了我们为什么要布置环境。现在，我再来谈谈怎样布置环境。

二、怎样布置环境

（一）原则

1. 环境的布置要通过儿童的大脑和双手。根据毛主席《实践论》所述，认识来源于实践。因此，通过儿童的思想和双手所布置的环境，可使他对环境中的事物更加认识，也更加爱护。因此，做教师的应该学会如何领导儿童运用大脑和双手来布置环境。

2. 环境的布置要常常变化。有的教师，一个学期布置一次，不管自己所布置的东西是否已经失掉教育意义，是否已经失掉时间性，也不管它是否已经褪色，让它从开学一直挂到学期结束，甚至一年、两年……这是太不应该了。我们布置环境，要依据社会活动和自然现象而改动，因此需要常常变化。就是表格，如气候图、整洁表等，也要常常变化。这样，儿童才能得到教育。

3. 高度应以儿童的视线为标准。例如一框照片，一张挂图，打算给儿童看的，就应当挂得低些，使儿童看的时候不致要高仰脑袋，十分吃力。讲到挂的格式，中国的挂法都是"对称"的。"对称"固然是美的一个因素，但不是唯一的标准。美是两方面的，划一是美，参差也是美。美中必须有变化，在变化中有统一，在统一中有变化，这样才会融会贯通，达到纯美的境界。

（二）在什么地方布置

1. 室外布置。根据上面所说，幼稚园需要布置一个审美的环境和科学的环境。那么室外就可以布置花坛、菜地、小动物园；如果有池塘，就可以养鱼、养鹅，一池碧水，浮着几只白鹅，四周飘着几棵垂柳，此情此景多么生动，多么优美。儿童在这个环境里面，一定会自动地去接触各种动植物，无形之中，他对于自然界的事物就得到了正确的认识。在这个基础上，培养儿童对自然的爱好和劳动的观点，并发挥儿童互助合作的精神。这是布置环境所给予儿童的教育。

2. 室内布置。室外布置可以领导儿童来做，室内布置也可以指导儿童来完成。

例如要布置小白兔吃萝卜的图案，教师可以事先准备材料，让儿童来剪贴。如果要做娃娃的家，更可以请儿童用木板钉小床、小桌、小椅以及其他用具，就是表格也可以让儿童帮助教师一同挂上去。更可以利用这一活动，各班互助，大班帮助小班，年龄大的小朋友帮助年龄小的小朋友，从工作当中，培养儿童团结互助和友爱的精神。

另外，在室内还可以布置一个自然陈列栏、生物角，使儿童栽培植物，观察植物的变化：发芽、长叶、开花、结果；把鱼和蝌蚪等放在动物缸内，让儿童饲养它们，观察它们的生活状态……

（三）用什么东西布置

1. 自然物。自然现象，四时不同。如果依时令，利用每一时节中的特殊自然物来布置，可以使儿童认识各种不同的自然现象，这是很有意思的。不过我们用自然物来布置的时候，最好能设法改变原有的形状，这样可以更加别致，更加有趣。例如我们用萝卜将有叶的一端切掉，中间挖一个孔，里面填进一些泥土，种豆子或葱。红的萝卜中间，长出碧绿的蕊芽，相映成趣，何等好看，而且还可以让小朋友观察植物如何发芽，研究植物生长时的向上性和向光性。这种布置既可以美化环境，又可以研究自然物，多么有意思。又如柏树的叶子我们可以拿来布置图案，先用糨糊绘一只狮子，然后再以柏叶粘上去，就可以变成一只绿毛茸茸的狮子了。

到了秋天，有许多种树叶都变成了红色，极适于布置之用。使树叶保存它的色素，有一个方法，就是将蜡烛铺在叶上，上面放一张纸，用不十分热的熨斗隔纸来烫，叶上敷了一层薄蜡，叶中的水分就不易蒸发，也就不易改色了。如果拿红的、绿的、黄的树叶来布置故事的插图，那不是非常新颖有趣的嘛！总而言之，我们应随时利用自然环境。一个幼稚园如果有很好的自然环境那更有办法，一年四季，喜欢用什么来布置就用什么，真所谓"取之不尽，用之不竭"。

2. 儿童成绩。室内布置应以儿童成绩为主，儿童画的画图，剪的剪贴，做的纸工、泥工、木工和其他手工，都应该陈列出来，这样可以鼓励儿童。不过，这里我要提出一点，就是陈列出来的作业，不一定是一班中最好的，应该将儿童成绩分别布置出来，使儿童可以得到自我比赛的机会，这是我们应该特别注意的一点，并经常鼓励儿童集体创作以培养合作的精神。

其次，就要谈到一班中最好的作品，我们也要妥为处置，有一个专门的地方来及时将它布置出来，以便鼓励儿童上进。

拿儿童成绩来布置，必须要注意到时间，要不然一月、二月，延长下去，失去了时间性，无论对于儿童或参观者都会失去了布置的意义和价值。

3. 有教育意义的图画、挂图和画片。用图画、挂图、画片等布置墙壁，要根据上面所说的，必须通过儿童的大脑和双手才有意义。关于内容方面，上面也谈过了，这里再强调一下，就是内容应根据培养儿童国民公德为主，不要只注意"美术"一方面。

总结以上所述，布置环境，应根据自然现象和社会情况，在各个幼稚园现有的条件下，领导儿童一同布置，使儿童从布置环境之中，认识四周环境中的事物，了解事物与事物之间的关联。使儿童从改造环境之中创造环境，并培养儿童坚毅、积极、合作互助等优良品质。

第3辑

"活教育"的教学
原则与实践

什么叫作"活的教育"

今天，我同诸位所要讨论的问题是"活的教育"。这是活教育运动的先声。

活的教育

我是最喜欢儿童的，同时我还可以说，今天在座的诸位，也都是喜欢儿童的。儿童总是可爱的，即使最低能的儿童。今天我武断地说一句，儿童的命运，将来的前途，很大程度上操在教他们的成人的手中，这是多么的重要呵！

今天我们实在太惭愧（当然连我也在内），我们不会教小孩，不知贻误了多少聪明的儿童，埋没了多少天才的儿童。没有合理的教育去教过我们的小孩，没有把我们小孩的聪明与天才发展出来，这真是太可惜了！

记得有一次，我试验我的小孩，看看"打"究竟有没有效果。那时我的小孩只有2岁。有一天他的妈妈给他洗澡，不料不留心，把水弄得太热了。他的妈妈把他放在水里，他就大哭，他的妈妈连忙把他抱起来，从此以后他总不肯洗澡了。可是又不得不洗，即使你把他的衣服脱下来了，火炉也生好了，他还是不肯洗，乱跑，你看万一不当心，碰着火炉也是危险的；第二天仍是如此无效，打他仍不肯洗。如此惊吓，彼此痛苦了半年，实在无法，后来乃慢慢地改用鸭子洗澡给他看，试验了多次，玩了多次，才达到目的。从此我得到了一个宝贵的教训，打骂实在无效，绝对不应该，到今天谈起来，我还是非常的惭愧和难过。

我自己还有这样一次经验：有一次，南京幼稚师范的学生要看看我的小孩。我带他一进门来，全体同学就鼓掌欢迎。但是我的小孩一听见这样大的鼓掌声就吓得哭了。

以后到了2岁多，我又带他到东南大学去看表演，演到精彩的地方，我看观众要鼓掌，我就先教我的小孩鼓掌，后来观众果然鼓起掌来，我的小孩也不怕了，不哭了。

所以我可以肯定地说，要了解儿童心理。认识儿童，才能谈到教育儿童，这是我们今天所讲的"活的教育"，而不是死的教育。

活教育与死教育

亲爱的教师：

"活教育"这个名字，恐怕你们已经看见过了。我想这个名字一定会在你的脑海中引起许多疑问。什么叫作"活教育"？教育哪有死的活的呢？即使有的话，活教育与死教育有什么分别呢？我们人是活的，教师是活的，儿童也是活的，活的教师去教活的儿童，难道这个不是活的教育吗？这种种问题，究竟要怎样解答呢？

照普通的说法，教育可以分为三种：一种是家庭教育，一种是社会教育，一种是学校教育。家庭教育和社会教育，可以说是非正式的教育，是没有形式的教育。学校教育是一种有形式的教育，是一种正式的教育。平常一谈到教育，就想到学校教育，我们现在且把社会教育、家庭教育暂时不提，先来讨论学校教育，究竟怎样的教育才算是活教育？怎样的教育只配称死教育呢？

一、活教育与死教育的十大区别

（一）活教育

1. 一切设施、一切活动以儿童做中心的主体，学校里一切活动差不多都是儿童的活动。

2. 教育的目的在培养做人的态度，养成优良的习惯，发现内在的兴趣，获得求知的方法，训练人生的基本技能。

3. 一切教学，集中在做，做中学，做中教，做中求进步。

4. 分组学习，共同研讨。

5. 以爱以德来感化儿童。

6. 儿童自订法则来管理自己。

7. 课程是根据儿童的心理和社会的需要来编订的，教材也是根据儿童的心理和社会的需要来选定的，所以课程是有伸缩性，教材是有活动性而可随时更改的。

8. 儿童天真烂漫，活泼可爱，工作时很静很忙，游戏时很起劲很高兴。

9. 师生共同生活，教学相长。

10. 学校是社会的中心，师生集中力量，改造环境，服务社会。

（二）死教育

1. 一切设施、一切活动，教师（包括校长）是中心、是主体。学校里一切活动差不多都是教师的活动。

2．教育的目的，在灌输许多无意义的零星知识，养成许多无关紧要的零星技能。

3．一切教学，集中在"听"，教师口里讲，儿童用耳听。

4．个人学习，班级教授。

5．以威以畏来约束儿童。

6．教师以个人主见来约束儿童。

7．固定的课程，呆板的教材，不问儿童能否了解，不管与时令是否适合，只是一节一节地上，一课一课地教。

8．儿童呆呆板板，暮气沉沉，不好动，不好问，俨然是个小老人。

9．师生界限分明，隔膜横生。

10．校墙高筑，学校与社会毫无联系。

二、活教育与死教育的详细对照

	活教育	死教育
课程	1. 以大自然大社会为做主要的教材，以课本做参考资料，这是直接的活知识，是直接的经验。 2. 各科混合或互相关联。 3. 不受时间的限制，没有分节的时间表，时间倒为功课所支配。 4. 内容丰富。 5. 生气勃勃。 6. 儿童自己做。 7. 整个的，有目标。 8. 有意义。 9. 儿童了解。	1. 以课本做主要教材，是间接的死知识，是间接的经验。 2. 各科独立而不相联络。 3. 功课受时间的限制，一节授一课，不管科目的长短，时间一到，即须停课。 4. 内容简单。 5. 枯燥无味。 6. 现成的，由教师代做。 7. 片段的，没有系统。 8. 无意义。 9. 儿童不了解。
教学	1. 多在户外。 2. 领导学生自动研讨。 3. 启导式，诱导式。 4. 自动的。 5. 教儿童。	1. 整天在室内。 2. 只会照着课本来讲，学生不懂不问。 3. 注入式，填鸭式。 4. 被动的。 5. 教书。

	活教育	死教育
教师	1. 笑嘻嘻的，和蔼可亲。 2. 声音悦耳。 3. 说话有礼，多鼓励。 4. 低音清晰。 5. 行动轻快。 6. 立得笔正，坐得挺直。 7. 衣履整洁，面目清楚。 8. 态度从容。 9. 精神饱满。 10. 创造能力。 11. 健身。 12. 快乐、乐观。 13. 研究精神。 14. 乐业。 15. 互助合作。 16. 慈爱。 17. 负责。 18. 教学有技能。 19. 了解儿童心理。	1. 板着脸孔，威严可怕。 2. 声音粗糙。 3. 随便粗漫骂。 4. 大声嘅叫。 5. 走路拖地。 6. 立起倾斜，坐下驼背。 7. 衣冠不整，头发蓬松。 8. 脾气暴躁。 9. 没精打采。 10. 模仿。 11. 多病。 12. 忧愁、悲观。 13. 苟且因循。 14. 思迁。 15. 孤独利己。 16. 冷酷。 17. 敷衍。 18. 教学呆板。 19. 不明了儿童心理。

活教育与死教育

		活教育	死教育
儿童		1. 活泼天真，独出心裁。 2. 自己找材料。 3. 兴趣浓厚。 4. 身体健康。 5. 好问好有。 6. 知道求知的方法而活用知识。	1. 呆板，不活动的，死读书。 2. 模仿。 3. 做事读书毫无兴趣。 4. 身体软弱。 5. 唯唯诺诺。 6. 学了许多死的书本知识而不会应用。
行政		1. 学生自己管理。 2. 考核成绩在活动。 3. 教学目的，在培养人优良习惯和服务合作的精神。 4. 尊重儿童的人格，训导的方式是友谊的。 5. 师生共同生活。 6. 教师直接参加各种活动。 7. 有组织有力量。 8. 学校与学生站在同一战线上，向学业上进攻。	1. 学生由教师管理。 2. 考核成绩在纸片。 3. 教学目的在灌输知识，养成技能。 4. 训导的方式，是预限分得很严。 5. 师生界限分得很严。 6. 对于各种活动，教师站在指挥的地位。 7. 学生是一盘散沙，毫无组织的。 8. 学校怕学生有组织，而与学校对抗。

	活教育	死教育
设备	1. 课桌椅分开，可以移动。 2. 座位（讨论式的）一组一组排列着。 3. 图书教具很丰富。 4. 学校的环境整齐美丽。 5. 校内的布置是学生做的。 6. 布置的材料，利用自然物和儿童的成绩。	1. 课桌椅是两根相连死钉在地板上的。 2. 座位（听讲式的）一排一排向着教师排列。 3. 图书教具很简陋。 4. 学校的环境杂乱肮脏。 5. 校内的布置是教师做的。 6. 布置的材料是花钱买来的。

上面所举的对照情形，仍旧是很简单的，若要明了详细的区别，只有待来日有暇的时候，再与各位详细地讨论。各位若有好的意见，务请随时见告，若能加以研讨而惠我结果，供诸同好，尤所欢迎。

活教育要怎样实施

一、绪言

到底活教育是要怎样实施，有些什么内容？一般的人还没有明了，我们也还不曾做一个系统的说明。现在让我们略微叙述一下。

"活教育"这一口号是针对着目前中国教育的实际情况而提出的。"活教育"可以说完全是一种新的试验。

在教育史上，欧美各国曾不断有新的制度发明，像福禄培尔、杜威、蒙台梭利、德可乐利、华虚朋①、帕克赫斯特②等诸氏，他们对于教育制度的建立与教材教法的改善，都有极大的贡献。可是在我国，新的教育理论及新的设施、办法、制度，尚少有人提出。早年如道尔顿制等曾在北平、南京等处试验过，但那只是把外国的教

---

①华虚朋一般指沃什伯恩（1889—1968），美国教育实验家，闻名于世的温内特卡制的创始人，该制以"学校适应于儿童个别差异"的研究闻名。著有《温内特卡公立学校调查》《活的教育哲学》等。
②帕克赫斯特（1887—1973），美国教育实验家，道尔顿制创始人。

育制度加以试验而已，我们自己仅仅对于民众教育、乡村教育，曾有几位学者（如晏阳初、梁漱溟、高阳、陶行知、雷宾南诸先生）创导和实验几种新的设施，如抗战以前，广西之国民基础教育及江西之保学制度，都值得重视。抗战以来陶行知在四川实验天才教育，崔载阳在广东试行民众教育，这些新试验也都是值得注意的。但是严格地说，一般的教育，仍多半是移植欧美各国学者所研究出来的方法制度。这种方法制度，有时未尽适合于我们本国的国情与需要，所以我们应当另辟蹊径，从事于一种新的教育方法之探求。这种新的教育方法到底是什么呢？就是我们现在在这里提出的"活教育"。所以我们对"活教育"这一口号之提出，抱着无穷的期望，希望它能成熟为一种适合时代需要、符合民族精神的完善的教育制度，希望它能从理论走入实践，更希望它能由一隅一地之试验，发展而为普遍之推行。

现在让我们就如何实施活教育，分别叙述于后，以供读者之参考。

二、活教育的目的

"活教育"的目的到底是什么？我想一定会有人提出这一个问题，我可以很简单地回答说："活教育的目的就是在做人、做中国人、做现代中国人。"

诸位一定想，哦！原来就是这么一回事吗？那还不是老生常谈吗？

不错，中国的教育应当和外国的教育有所畛畦，它自有它的特性。这"做人、做中国人、做现代中国人"就是中国教育唯一的特点，不苟同于其他各国的教育目的。

亲爱的读者，我希望你千万不要把"做人、做中国人、做现代中国人"这一句话轻易放过。要晓得这一句话就是我们终身致学的目的。我们虽生而为人，生而在中国，生而在现代的中国，可是有哪几个真正知道做"人"呢？有哪几个真正知道做"中国人"呢？更有哪几个真正知道做一个"现代的中国人"呢？做"人"不易做，做"中国人"不易做，做"现代的中国人"更不易做。你要做一个"现代的中国人"起码要具备几个条件。哪几个条件呢？

第一，要有健全的身体。身体的好坏，对于一个人的道德、学问有极大的影响。在外国素来把身体的健康看得很重，像美国更把健康列为学校七大目标训练的第一项，这是何等看重身体的健全，我们中国人向来被人讥为"病夫"，一到50岁就倚老卖老，自居朽木，准备息影家园，以娱"晚年"了。可是外国人在这样的年龄，正是开始做事呢！这是什么原因？无非是因为我国人体质太差而已，所以在这种情形之下，我们中国人对于这一点当然要特别注重。我们有了健全的身体，才能应付现代中国艰巨的事业，这是毫无疑义的。

第二，就是要有建设的能力。有人说："有破坏然后有建设。"

这句话或许有一部分的正确性，可是我们中国却向来破坏多于建设，结果呢？弄得凡百俱废，如偶有人努力于建设事业，反会被人嫉妒，指为好出风头，这真不是好的现象。我们现在急切需要的是各种建设。诸如文化、建筑物、山林古迹等，不仅要消极地保存，还要积极地建设。就学校来说，学生在校里应当训练他们从事于种种建设工作，大一点的为开辟校园、农场，设立工厂、图书馆，小一点的，修筑道路、整理桌椅、粉刷墙壁、布置环境，学校里面一切东西一有损破，就要学生自己去修好，一有缺点，就要学生自己去补救。过去学生建设能力往往太薄弱，现在我们要把它培养起来，以适应国家的需要。

第三，就是要有创造的能力。中国人的创造能力本来是很强的，不论是文化还是制度，在古代就很发达，只因近数百年来因循苟且不知创造，及至科举一兴，思想就格外受到束缚，一般文人学士，摇笔呐喊的能力本领虽有余，而创造的能力则不足。时至今日，我们急需培养儿童这种创造的能力。儿童本来就有一种创造欲，我们只要善为诱导，善为启发，可以事半而功倍。例如苏联的儿童竟能组织北极探险队，苏联的科学馆中陈列着许多的儿童作品，什么飞机模型呀，汽车呀，精巧绝伦，就是成人做起来也不见得胜过他们呢！我有一个做工程师的朋友曾告诉我一件事，我觉得十分有意思。他说英国有一个汤纳公司是专门做玩具的。起初他们做的玩具都是装置完好的，让小孩子买去玩好了，后来有一次那公

　　　　　　　　活教育要怎样实施

司负责人汤纳先生看见一个小朋友把玩具飞机、坦克等东西零零碎碎地拆下来，又左凑右拼地配上去，仍旧装配成一件完好的玩具。他看了觉得很有意思，就索性把各种玩具的零件卖给小朋友，让他们自己去装配，到后来更进一步，他特意制造了许多小机器，让小朋友四个一组五个一组，自己动手制造各种玩具。小朋友竟比玩玩具更高兴得多，连饭都忘记吃了。这证明儿童是喜欢创造的，我们只要加以适当的训练，不难养成他们这一种可贵的能力。

第四，就是要能够合作。我们中国人个性很强，喜欢各自为政，在团体活动中，常常缺乏合作能力的表现。外国人则不然，对于团体工作极其注重，常能牺牲小我，以成全大我，这种合作的精神，着实值得我们钦佩。回顾我们自己，不免有些惭愧，当初南洋各地都是我们中国一手开发，经济力全操纵在华人手里，可是因为我们缺乏合作，被外国的资本家把我们各个击破，将经济权控制到他们的手里。新加坡的陈嘉庚就是被外国的橡胶公司打倒的，这好比打仗一样，你赤手空拳，孤立无援，怎么不会被人打败呢？外国人骂中国人为一盘散沙，可说一点也没有挖苦我们，自己一想就不禁要为之寒心。所以我们对于小朋友从小就要训练他们能合作、能团结，这才能使他们配做一个新中国的主人翁。

第五，就是要服务。总理曾经指示我们："人生以服务为目的。"如果我们训练的儿童，掌握各种知识和技能，可是不知服务，不知如何去帮助人，那这种教育就可以说全无意义，人原是利己的，但如何制止这种劣性而养成一种崇高的德行，这就是教育的目的，也就是使人与动物有所区别。动物在生了小畜的时候，发生一种母爱。可是这也只限于极短的时期，过了这个时期，小畜长大了，就又要互相争夺，互相啮噬了。狗是如此，猫是如此，动物莫不如此。人如果也不知道助人，不知道为大众服务，那么就一定会变作一个自私自利、只知有我不知有他的市侩，与禽兽也就相去不远了。如果人人如此，那么民族的生存极堪忧虑，国家的前途也万分危险了。

上面所说种种，可见要做一个"现代中国人"是非常不容易的。"活教育"的目的就是要训练儿童做这样的"人"，做这样的"中国人"，做这样的"现代中国人"。

三、实施活教育的对象

活教育的实施当然包括一切教育在内，不论是社会教育也好，学校教育也好，都应当施行活教育。不过现在我们为实施活教育的初步试验及研究便利起见，先拟定了一种从幼稚园至小学六年级施行活教育的课程，这种课程是根据最近颁布的课程标准，再参照实际的需要，斟酌物质条件的情形而草拟的。

四、组织

（一）年级编制

儿童的能力、体力、智力、年龄，互有差异，而且所用的校具、教具也都不相同，比方小学低年级学生的桌椅就和六年级学生所用的相差很大，不能混用，这是因为年龄的关系。又比方五、六年级的小朋友可以让他们试验空气的上压力等，但是一、二年级的小朋友对这种研究是不感兴趣的，这是因为智力的不同。所以为教学便利起见，我们暂且把各年级编制成下列的阶段：

部定科目	各级每周分钟数			各级每科各周平均分钟数	试拟活动	各阶段每周试拟分钟数			各阶段各种活动每周平均分钟数	试拟与部定分钟数之比较
	低年级	中年级	高年级			第一阶级	第二阶级	第三阶级		
	一年级 二年级	三年级 四年级	五年级 六年级			一年级	二年级 三年级	四年级 五年级 六年编		
公民训练	120	120	120	120	公民训练（做人）	90	120	150	120	同
国语（说读）（写作）	420	450	450	440	国语（用书报）语文发表	420	450	450	440	同
社会自然（常识）	150	180	120 180	170 150	社会研究自然研究（常识）	180	210	180 180	190 190	+20 +40

部定科目	各级每周分钟数						各级每科各周平均分钟数	试拟活动	各阶段每周试拟分钟数						各阶段各种活动每周平均分钟数	试拟与部定分钟数之比较
	低年级		中年级		高年级				第一阶段	第二阶段		第三阶段				
	一年级	二年级	三年级	四年级	五年级	六年级			一年级	二年级	三年级	四年级	五年级	六年编		
笔算珠算（算术）	60	150	180	150 / 60	150 / 60		140 60（四、五、六年级）	算术用数	90	150		210			150	+10
劳作美术（工作）	150		90	90	90	60	110 / 100	生产活动	150	150		180			160	+50
体育音乐（唱游）	180		120 150 90		180	60	165 / 110	健康活动 艺术活动（唱游）	180	150 150		180 150			170 160	+5 +55
总计	1080 1170		1230 1380		1470		1300	总计	1110	1410		1680			1400	+100
各种集体活动	180		270		360		270	各种集体活动	270	360		420			350	+80

第一阶段：自幼儿园至一年级。

第二阶段：自二年级至三年级。

第三阶段：自四年级至六年级。

一般的情形，一年级的课程非常呆板。像中高年级那样的样式上课下课，较之幼儿园的弹性课程迥然不同，其中利弊显而易见。

其实幼儿园与一年级的儿童在年龄、体格、智力上都相差不远，这种显著的课程上的分隔是不适宜的。所以在美国早已实行"低年级幼儿园化"，英国的 Infance School 也是把幼儿园年龄的小朋友与低年级年龄的小朋友打成一片，这些既然都是很合理的措施，我们中国自然也应当效法，所以我们把幼儿园与一年级编作一个阶段，是很妥当的。至于二、三年级编作一个阶段，四、五、六年级编作一个阶段，都是根据儿童的智力、体力和学习兴趣而编配，这种编制并不是一成不变，可以有伸缩有弹性，假如学校里没有附设幼儿园，那么把一、二、三年级合编为一阶段亦可。

（二）活动组织

一原则。儿童的活动组织我们依据两个原则来拟定。第一个原则是"根据儿童生活需要"，第二个原则是"根据儿童的学习兴趣"。

二场所。施行活教育的儿童活动场所，在第一阶段是小动物园、小花园、小游艺场、小工场、小图书馆。在第二阶段是小工场、小农场、小社会、小美术馆、小游戏场。在第三阶段是儿童工场、儿童农场、儿童科学馆、儿童世界、儿童艺术馆、儿童运动场、儿童服务团。

上面三个阶段中的活动场所有几处是相同的，例如第一阶段中有小工场、小游艺场，第二阶段中有小工场、小游戏场，第三阶段中也有儿童工场和儿童运动场，可是这种场所的设备和教具，却因阶段的不同而各异。至于"儿童服务团"照理是各阶段都要有的，不过高年级的服务能力比较强些，所以这里特别提了出来。在全校学生的自治组织中，我们还可以设置小警察局，让小朋友来做"小警察"，这种"小警察"是轮流做的，他们因为要"律人"，所以不得不先"律己"，可以收"自治"的效果。

现在学校的教室，可以改称为"活动场所"了，"教室"两个字，顾名思义，着重在"教"。现在有些学校已经把"教室"改称为"工作室"，"工作室"着重在"工作"，也就是着重在"做"，这比起"教室"两个字来好得多了。不过我们现在如果把"工作室"再称为"活动场所"，那似乎更完善一点，因为"活动"包括了"教"，也包括了"学"，所以打破了"教"和"学"的界限，不惟打破了"教"和"学"的界限。因为现在教室固然是活动场所，教室外的大自然、大社会也是活动场所，比较起来，教室的活动场所不过是一个很小的范围罢了。

五、活教育的课程

活教育的课程是怎样的？

活教育的课程是把大自然、大社会做出发点，让学生直接向大自然、大社会去学习。因为中国人对于教育向来有一种错误的见解，比如学生在学校肄业，称为读"书"。教师教授各种学科，又称为教"书"。大家把"书"看作唯一的教育资料。现在我们就要矫正这一种错误的见解。要晓得书本上的知识是间接的，大自然、大社会才是我们活的书，直接的书。过去我们明明有无限丰富的活教材不知采用，只知道捧着书本子死读，其实书本子只能当作学习的副工具，无论是国语也好，常识也好，算术也好，无不皆然。如把教科书当作参考资料加以活用，得益当然也很多的。世间有一种书呆子，不辨菽麦，不分妍媸，这些人并不是因为读了书才变成了呆子，而是因为他们只晓得一味读书，而不去和真正的书——大自然、大社会接触，才变成呆子的。现在我们在这里主张大家去向大自然、大社会学习，就是希望大家能把过去"书本万能"的错误观念抛弃，去向活的直接的"知识宝库"探讨研究。

现在我们要从幼儿园到小学六年级这一段实施活教育，那么关于它的课程，到底应当怎样编制呢？

编制这种课程有两个原则，一是根据新课程标准。标准新近又曾修订过，不过还没有经过各方好好地实验一下。二是根据当地儿童与环境实际需要情形。在这两个基本原则之下，各阶段又分别拟定编制课程的原则：第一阶段以采用大单元编制为原则，第二阶段除国语及算术外，采用大单元及活动中心编制；第三阶段除国语及算术外，采用活动中心编制。至于教材的组织，由各阶段分别厘定活动单元。

依照活教育的理想，国语、算术的课本教学也应当打破，不过依照目前中国的情形及社会上的传统习惯，一时当不能取消。为补救起见，只有想办法尽可能改善这些课本的内容及教法，当年德可乐利叫儿童自己编了教科书研究，华虚朋也叫儿童自己编教科书来应用，他的目的就是要小孩子直接去接触各种知识。比如讲到鱼，就要让小孩子看到真正的鱼，让他们观察鱼怎样呼吸、怎样转弯、怎样浮沉，让他们自己来解剖鱼体，研究鱼的各部。我们要鼓励儿童自己研究的精神，即以一虫一豸之微也能很好奇地去研究。教科书上的知识实在很靠不住的，比如教科书上画了一幅蜘蛛网的图，大家画起来总是八卦形的居多。有一次，我发愿要观察一下，到底蜘蛛结的网是八卦呢，还是九卦，还是十卦十一卦？后来我仔细观察了好几个蜘蛛的网，发现它们有的是二十一卦，有的是二十六卦，不一而足，才知道一般人对蜘蛛网的观念是错误的，儿童能够直接去学习、去研究，结果收获当然要比只靠书本的大得多。

六、活教育的方法

活教育的教学方法也有一个基本的原则。什么原则呢？就是："做中教，做中学，做中求进步"。这一原则，可说是脱胎于杜威博士当年在芝加哥所主张的"寓学于做"（learning by doing），但比较杜氏的主张更进了一步，不但是要在做中学，还要在做中教，不但要在做中教与学，还要不断地在做中争取进步。杜威在芝加哥的时候，把课程都打破了，教师和学生都在一起做，名之为"实验学校"（laboratory school）。活教育的教学也并不注重过去班级教学的课程，而着重于室外的活动，着重于生活的体验，以实物作研究对象，以书籍作辅佐参考。换一句话说，就是注重直接的经验。这种直接的经验就是使人进步的最大动力。直接的经验也就是活教育教学方法的第一个原则。

在幼儿园至小学六年级这一阶段之间，教学的目的是使小孩子获得均衡的发展。在这一时期，并不是专门培养儿童某一技能，或使他们精习某一特殊学科，我们不能让刚出芽的幼苗早熟结果。我们也不能让小学年龄的孩子去偏习某一学科，使他们有畸形发展的趋势。这是活教育教学方法的第二个原则。

活教育教学方法的第三个原则是自动的研究。过去把学生牵着鼻子，耳提面命的教学方法未免有些落伍了。最宝贵的是儿童们自动研究的精神，这种精神是小朋友们本已潜在的，不过因为种种的限制，使它不能流露出来罢了。我们现在最要紧的，就是启发他们这种自动研究的精神。我曾经看见一个姓叶的小朋友在厕所里的墙壁上刮了硝，自己来做爆竹，做得兴高采烈。我看了觉得很有意思，我们先前只晓得硝是在化学实验室的玻璃瓶内的，现在这小朋友却知道硝是可以从墙壁上去刮下来的，还知道硝可以做爆竹，这种知识他哪里得来的呢？这就是因为他有自动研究的精神，才研究出来的。

活教育教学的第四个原则就是积极的鼓励。积极的鼓励比消极的责罚好得多，但是一般老师却常只知道责罚小孩，而不知道鼓励小孩。我的大孩子一鸣因为受了老师的责罚，把算术看得头痛一般，至今还没有改变对算术的态度。我的小孩子一心，有一次写大字，得了几个"双圈"，回到家里就埋头练字孜孜不休，这就是鼓励的效果。我有一个朋友的小孩子，有一天在家里弹琴，刚巧有一位外国教士来看他的父亲，见了这小孩子在弹琴，就笑嘻嘻地说："你弹得不差的！你要学弹琴吗？"这小孩子很喜欢弹琴，可是往常没有人称赞过他，现在他听了这一句话，不觉高兴得不得了。后来就常常学弹琴，现在他已经从外国专习音乐，学成回国了。这也是鼓励的效果，各位看鼓励的作用不是很大吗？

活教育教学的第五个原则是具体的比较。比较就是衬托。一块黑的东西和一块白的东西放在一起，黑的就益显其黑，白的就益显其白。旧诗中有一句："万绿丛中一点红。"这一点红衬托在绿色之中，就有了比较，红的更加好看了。我们对于教学，应当常常采用比较法，有了具体的比较，事理就益加明了。

活教育教学的第六个原则是分组的学习。一般的学校大都是采用分班制，分班制是教师与学生在注意力上交流，只适宜于注入式的教学。分组学习是小朋友以及小朋友教师双轨线的交流，适宜于互相讨论研究和工作。

活教育教学的第七个原则是集体的竞赛。在学校里面，个别的竞赛容易引起小朋友的骄傲及嫉妒，而集体的竞赛，可以养成爱护群体及牺牲小我的美德，还可以避免个别竞赛可能引起的弊病。

在说明了活教育教学原则之后，我还愿意略述一下活教育教学

　　　　　　　活教育要怎样实施

的过程。

活教育教学的过程，可以分作四个步骤：一是实验，二是参考，三是发表，四是检讨。每一个小朋友都应当有一本他自己的工作簿。在工作簿上编他自己的教材。譬如一个小孩子，他研究一只活的青蛙，这种研究和观察的工作就是第一个步骤"实验"。但是这种实验是不够的，他还需要更多的参考书，什么关于青蛙生活的科学小品呀，故事呀，儿歌呀，他要这一类的书，这是他在做他的"参考"工作，也就是教学过程的第二个步骤。他在参考了这些书之后，可以写一篇关于青蛙生活的报告，或者编一个木偶戏或故事，或者是童话，或者是演一幕自编自导的关于青蛙的小小戏本，这就是教学过程的第三个步骤。在这一步骤之后，老师就和小朋友一起检讨这一个学习过程，这就是第四个步骤了。

七、教师

从事活教育教学的教师，一定要具备几个基本的条件，才能够愉快胜任。关于做一个活教育教师的条件，我曾经在一篇文章中特别说明过，现在再扼要来说一下。

一要爱护儿童。不爱护儿童的人必不为儿童所爱。儿童既不爱他，就不信仰他，不信仰他就不会听从他的领导。

二要了解儿童。不了解儿童，就会和他们隔膜，儿童把你看作外人，不把你看作他们一群中的一分子。

三要有积极的态度。对人对事都要从好的地方看，许多事情就不会发生问题；态度消极的人，他会对自己从事的工作渐渐发生厌倦，对自己所相处的一群儿童发生厌恶。

四要有研究的精神。能研究，才能够进步。一个以已有的知识为满足的人，他就会有故步自封的弊病。他自己能够研究，才能够指导小朋友去研究。

五要有改造环境的能力。他能够改造环境，辟草莱为坦道，化荒野为乐园。这种能力还可以收潜移默化之功，使小朋友也有改造环境的力量。

六除具有国语修养外，需有一种专门学科的特长。

七需有健全的体格。

八、设备

在设备方面，我们可以分四方面来讲。

一是场所。活动的场所除了充分利用自然环境和社会环境之外，还可以将原有的教室分别改造为各种活动场所。

二是校具。各种校具和课桌椅、黑板等都以能够移动为宜。

三是教具。要应用各种实物和仪器。

四是教材。教材分两部分：一部分是基本教材，就是大自然和大社会，一部分是参考教材，就是图书杂志和报纸。

九、考成

在每一个活动完成之后，我们就要举行检讨会，把实验参考和发表的三种记录和作品，仔细批评考核。如果小朋友的成绩能够达到最低标准，就给他一个奖章。这种奖章是什么呢？

在物质条件很艰难的情形之下，当然不一定要有铜质或铅质的美丽奖章分送给小朋友，这原是仿效童子军的一种办法。我们现在可以制定几种代表各活动中心的木质图案，这种图案，可以用来盖在每一个小朋友的成绩簿上。比方一个小朋友研究青蛙成绩达到了预定的最低标准，就奖他一只青蛙的图案，戳盖在他的成绩单上，这个图案就是用来代表抽象的分数的，可以随时考查。除此之外，还可以从小朋友成绩中挑选特别优良的举行公开展览，另外再赠给奖状，去鼓励他们的学习兴趣。

当然要从事这种教学活动，并不是顶容易的。设备要充足，教师准备要充分，小朋友要善为指导。在开始的时候，一定会遭遇几次失败的，但只要大家不怕烦，不灰心，一定能得到美满的收获。教师应当要抱着学习的态度去教，他需要用一本簿子来记录他的教学情况、困难或心得，以资改进。还可以和同志在一起检讨，共同设法，解决困难，贡献自己的心得。这是一种新的试验。在我们所预料的困难和挫折后面，却隐藏着无限的希望和愉快呢！愿与亲爱的同志们共勉之。

活教育五指活动进行办法

国立幼稚师范学校附设国民教育实验区为实验活教育拟订以五指活动为具体工作，特约幼师附小、正大附小、南昌实小做初步实验研究，暂定进行办法如后。

一、目标

建立中国儿童教育新方案。

二、性质

本活动从儿童生活出发完成儿童的完整生活，进行时具下列五种性质。一是儿童实际的工作。二是儿童能力的表现。三是儿童集体的创造。四是儿童活动的联合。五是儿童工作的检讨。

三、教师

教师参与此项活动时，他的责任是引发，他的工作是供给，他的任务是指导，他的态度是欣赏。

四、事项

本活动的五项工作是：一、儿童健康；二、儿童社会；三、儿童科学；四、儿童艺术；五、儿童文学。

五、组织

参与本活动各学校全体师生集体的及联合的组织推行机构与指导机构。

一是由国立幼稚师范国民教育实验区函聘参与实验学校主要负责人及各科专家7至9人组织国民教育实验委员会，并依各组活动性质设立健康、社会、科学、艺术、文学五个专门委员会，负责计划推动五组活动实验工作。

二是参与实验学校全体教师组织五指活动指导委员会，并依各组活动性质设立健康、社会、科学、艺术、文学五组负责指导五组活动之实施。

三是各校儿童组织定名为儿童团，由各校全体儿童组织之。

四是各校儿童团设团务委员会，由儿童推举11人至15人组织之，各组活动负责人以由团务委员会兼任为原则。

六、集会

定期举行各种活动大会，各校师生参加，举行下列事项：成绩展览；实际作业；教师座谈。

本学期依照时令及实际需要每月举行联合活动大会一次，其集会时间及内容暂定如下。

3月25日举行艺术活动大会，内容包括美术展览、音乐演奏、戏剧演出等。

4月4日举行健康活动大会，内容包括营养展览、国防体育竞技、选举健康儿童及游戏比赛等。

5月5日举行社会活动大会，内容包括时事测验、时事座谈、社会调查及建设新泰和设计研究等。

6月6日举行科学活动大会，内容包括科学讲演、科学测验、科学表演、科学创作品展览等。

7月1日举行文学活动大会，内容包括作文竞赛、创作品展览、诗歌朗诵、文学座谈等。

上述活动大会时间、地点及进行办法由国民教育实验区分别拟定通告施行。

七、教学

各组活动均须编成教学单元，此项教学单元按月由国民教育实验区会同各校教师预为编定，并供给一部分资料，各校实施教学时应与原有科目、原有教材妥为配合。

一是采取集体教学、集体创作的方式，废除科目名称，按照各组活动的内容，将原有科目归并实施教学。

二是各种活动只分室内室外，不分课内课外，将原有集体活动各依性质分配于五指活动内施行。

三是算术仍以原有名称排入课表，按照教育部规定实施，随时联合研究实验。

四是习字一项宜另排时间练习，每日练习一次，时间定于每日下午上课前30分钟。

五是原有国语教材尽量与各组活动单元配合教学，不合时令、不合需要的教材全部删除，另编教材补充，如遇有特殊情形，可另订时间教学。

六是原有常识及高级自然社会教材尽量与各组活动单元配合，作为参考资料，并另发每个活动学习纲要。

七是各种活动应用公约由各校师生共同会商拟定，交实验区综合后公布施行，所有应用表格及成绩考查办法由实验区拟定分发运用，以昭一律，而资比较。

八、经费

各组活动进行时所需的实验费及设备费暂定如下。

一是各组活动进行事项由实验区统筹办理者，其经费由实验区开支。

二是各组活动进行事项由参与学校联合办理者，其经费由实验区统筹办理。

三是各组活动进行事项由各校单独办理者，其经费由校实验费项下开支，并由实验区分别予以奖励。

九、结果

各种活动进行时应保持其继续性，但工作中不断的报告应注意三种特质。

不是一条一条的章程，而是具体的方案。

不是一篇一篇的教材，而是整个的内容。

不是一步一步地经过，而是事实的建设。

本学期各组活动的结果另附各组活动实施大纲。

十、注意事项

各组活动进行时应注意下列各种事项。

一是健康第一，各校实施五指活动时，应注意本身能力，应注意全体师生心理情绪。

二是各校实施五指活动时，应注意本身计划及分别缓急与实际情况编入行事历，按照程序进行。

三是集体教，集体学，集体创造。活教育五指活动是一种创造性的实验，只有国内外各种新教育运动实验成果可供参考，并有一定成规可循。各校教师与全体学生宜用热烈情绪互相鼓舞，互教共学，时常商谈集体创造。

四是雪泥鸿爪点滴可贵。各校实施五指活动时，应每一单元均须拟定实施办法，妥订进行计划，在进行过程中应将实际情况，如教学心得、学生反应、困难问题及其解决办法，不论篇章片段，一一记载于我的工作簿上，以便检查与研究。每一活动结束时，将实施方案及其结果一一加以整理成书面文字报告实验区，以便整理付印，提供参考。

儿童健康活动实施大纲

一、目标

培养儿童健全的身心。

二、范围

（一）体育活动。（二）个人卫生。（三）公共卫生。（四）心理卫生。（五）安全教育。

三、活动项目

（一）体育活动

1. 各校项目。

（1）早操或课间操。

（2）组织球队（小足球、篮球、乒乓球等）。

（3）各项体育技能竞赛。

（4）各项游戏竞赛。

（5）举行郊外活动，如远足等。

2．三校联合项目：联合运动会（儿童节时举行）。

（二）个人卫生

1．各校项目。

（1）基本卫生习惯训练。

（2）举行健康检查。

（3）举行缺点矫治和复查。

（4）举行儿童身长、重量测量和发育速度统计。

（5）选举健康儿童。

2．联合项目。

（1）组织夏令儿童健康营。

（2）举行儿童营养展览会。

（三）公共卫生

1．各校项目。

（1）举行大扫除。

（2）举行传染病预防注射及宣传。

（3）举行灭五毒（蚊、蝇、虱、臭虫、鼠）。

（4）组织儿童家庭整齐清洁辅导队。

2．联合项目：举行出生死亡调查。

（四）心理卫生

1．各校项目：举行问题儿童个案研究。

2．联合项目：举行问题儿童调查。

（五）安全教育

1．各校项目。

（1）举行防空演习。

（2）举行救护训练。

2．联合项目：举行避灾竞赛。

四、与实验区协作事项

（一）健康视导（请实验区派卫生技术人员经常巡视三校，随时予以指导）。

（二）设置儿童心理卫生指导机构。

（三）制定幼儿园、幼稚园及小学各阶段体育卫生最低限度设备标准（根据人数多寡、分区、经济、分期完成、注意性别年龄五个原则办理）。

（四）制定体育卫生营养标准。

（五）举行儿童卫生测验。

五、组织

组织儿童健康营，每校组织一营，设正副营长各一人。每阶段为一连，设正副连长各一人。每级为一排，设正副排长各一人。每十人为一班，设班长一人。其番号幼师附小为第一营，南昌实小为第二营……

六、顺序

（一）各校做的工作由各校根据实际情形编入行事历。

（二）联合做的工作与实验区协作事项。

1. 健康活动指导机构于2月下旬组织完成。

2. 健康视导每学期举行三次：3月初、5月初、7月初各视导一次。

3. 各校健康营于2月20日以前一律成立。

4. 问题儿童调查于3月中旬办理完成。

5. 4月4日举行联合运动会及卫生展览会。

6. 5月中旬举行儿童卫生测验。

7. 分区举行出生死亡调查，于6月中旬完成初步工作。

8. 夏令儿童健康营于7月中旬组织成立。

9. 制定各阶段设备标准及体育卫生营养标准，于7月中旬完成初步工作。

七、结果

（一）每校组织一儿童健康营。

（二）制定体育卫生营养标准。

（三）制定幼儿园、幼稚园及小学各阶段体育卫生最低限度设备标准。

（四）组织儿童夏令营。

（五）举行联合运动会及展览会。

儿童社会活动实施大纲

一、目标

（一）使儿童明了个人和社会的关系。

（二）使儿童参加社会活动，培养其服务团体的智能和兴趣。

（三）使儿童了解乡、镇、县、省和全国的关系及中国与世界的相互影响，激发其爱国爱群及民族精神的发展。

（四）根据时事的演变探求今后世界的新趋势。

二、范围

包括公民、历史、地理、时事。

三、活动事项

（一）各校单独举行的活动。

1. 实施中心问题单元教学。

2. 社会调查和参观——组织儿童考察团调查学校附近失学成

人、失学儿童及有关乡土部分各项研究资料等。

3. 社会建设研究——如制作新泰和的模型沙箱，布置含有建设性的活动，各校便于研究社会建设并设立儿童社会研究室。

4. 国民月会及抗战宣传——国民月会须按月举行，召集学校附近民众参加并利用德育日出外做抗战宣传工作。

（二）各校联合举行的活动。

1. 时事座谈会——本学期举行三次，每校轮流主持一次。

2. 出版五指活动半月刊与其他各组刊物综合编辑。

3. 举行时事测验——本学期举行一次，由实验区主持。

四、研究对象举例

（一）家庭生活的研究（幼）。

（二）学校生活的研究（低）。

（三）邻里生活的研究（低）。

（四）泰和研究（中）——各校研究科目如"我们的文江村""我们的上田村""我们的杏岭村"。

（五）建设新中国的研究（高）。

（六）中国近百年来史实的检讨。

（七）中国抗战与世界战争。

五、实施顺序

（一）组织。

1．国民教育实验区设置儿童社会研究会。

2．每校设儿童社会研究会。

（二）顺序。

1．各校儿童社会研究会须在开学后第三周以前成立。

2．儿童考察团各校须于开学后三周以前组织成立，规定时期分别考察，并以各校附近区域于本学期内两个月中尽先考察完竣。

3．5月5日举行儿童社会展览。

六、结果

（一）各校实施时事教学。

（二）制定社会科学最低设备标准（幼、低、中、高四阶段）。

（三）编辑乡土教材由实验区编印。

（四）举行儿童社会展览一次。

（五）设立社会科研究资料陈列室——将各校社会科研究所得之成绩巡回陈列，以资观摩。

（六）扩大儿童社会研究会组织。

（七）编我们的文江村（幼小）；我们的上田村（实小）；我们的杏岭村（正小）。

（八）各校于学期结束后将活动实施方案及其经过，分别书面报告实验区，整理付印。

儿童科学活动实施大纲

一、目标

（一）增进儿童科学知识。

（二）培养儿童实验兴趣。

（三）启迪儿童创造能力。

二、范围

本组以生物、理化、工业及生产劳动为范围。

三、活动事项

（一）关于各校本身方面。

1. 动物园，水族缸，飞禽笼，畜养舍，养蚕。

2. 植物园，蔬菜，植树。

3. 工场。

4．气象台，风向计，寒暑表，雨量器。

5．电气厂，水力发电机。

（二）关于三校联系方面。

1．组织儿童科学社，各校设分社。

2．编"科学之友"书报。

3．举行科学演讲、科学测验。

4．举行儿童科学大会。

（三）关于向外请益方面。

1．找科学朋友。

2．参观工厂及科学研究机关。

四、时间

各级每星期至少有两个半天作为研究时间，一分配在午前，一分配在午后。

五、方法

（一）生物方面低年级以认识为主，中年级以饲养及培植为主，高年级以研究为主。理工方面归高年级作业。

（二）活动过程大概分为：设计，参加，工作，维持与开展。

六、结果

（一）每校布置一科学室。

（二）编印科学小册。

（三）三校联合举行儿童科学大会。

儿童艺术活动实施大纲

一、目标

（一）陶冶儿童的热情绪。

（二）启迪儿童的审美感。

（三）发展儿童的欣赏力。

（四）培养儿童的创造力。

二、范围

包括音乐、美术、工艺、戏剧。

三、活动

（一）活动机构：各校成立儿童艺术馆，并逐渐充实其设备内容。

1．儿童音乐队。

2．儿童美术创作会。

3．儿童剧团。

（二）活动事项。

1．各校联合举行儿童音乐会及乐队交替演奏。

2．各校联合举行儿童艺术展览会。

3．各校儿童戏剧演出。

4．各校创造儿童歌曲十首。

5．各校联合编辑低、中、高年级音乐教材。

6．各校编制音乐家故事五则（与儿童文学组合作）。

7．各校编制美术家故事五则（与儿童文学组合作）。

（三）活动性质。

1．关于儿童音乐方面。

（1）能配合单元教学。

（2）有建设性与战斗性。

（3）适合儿童能力。

（4）与儿童生活有关。

2．关于儿童图画方面。

（1）器材必须适合国民经济。

（2）取材于实际生活。

（3）使用方法必须适合儿童心理状态。

3．关于儿童戏剧方面。

（1）剧情须简单明了。

（2）切合儿童能力。

（3）合于儿童兴趣。

（四）活动时间及过程。

1．时间。

（1）音乐每星期三次（每次约30分钟）。

（2）美术雕塑每星期半天。

（3）戏剧每星期半天。

2．过程：（1）欣赏；（2）共同讨论；（3）个别学习；（4）集体创作；（5）研究改进。

四、结果

（一）各校设立儿童艺术馆。

（二）举行儿童音乐演奏会每学期一次。

（三）举行儿童艺术展览会每学期一次。

（四）举行儿童戏剧演出每学期一次。

（五）编制儿童歌曲一册。

（六）编制音乐家的故事一册。

（七）编制美术家的故事一册。

（八）编制低、中、高年级音乐教材三册。

儿童文学活动实施大纲

一、目标

（一）培养儿童对于文学的欣赏能力和发表能力。

（二）培养儿童对于中国文字的认识和运用。

（三）培养儿童对于文法修辞的研究兴趣。

（四）培养儿童对于文学的创造能力。

二、范围

（一）童话。（二）诗歌。（三）谜语。（四）故事。（五）剧本。（六）演说。（七）辩论。（八）儿童应用。（九）书法。

三、活动事项

（一）故事竞赛。（二）诗歌朗诵及创作。（三）文学座谈会（研究写作及编辑技巧）。（四）演说及辩论竞赛。（五）写作竞赛（包括书法与作文）。（六）编写壁报。（七）搜集民谚儿歌及谜语。

（八）编制儿童故事、名人故事。（九）编制儿童剧本。（十）联合编辑《活儿童》月刊"儿童文学"专号。（十一）联合举行儿童文学研究会。（十二）同时并举儿童文学作品展览。

四、实施程序

（一）组织。

1. 国民教育实验区设置儿童文学研究会。

2. 幼师附小、正大附小、南昌实小各设文学研究会分会，并设立儿童文学资料室，其活动以儿童为主体，教师参加辅导。

（二）顺序。

1. 各校文学研究会须在开学后第二周以前成立。

2. 各校壁报除每级自编级刊在校张贴外，并由各校文学研究会编制壁报一种，每期缮写四份，一份送实验区保存，一份在本校张贴，两份与其他两校交换，每月编写两期，各校同于3月1日出版。

3. 故事竞赛。

4. 演说竞赛。

5. 辩论会。

6. 写作竞赛。

以上后四项活动各校低、中、高年级经常练习，定期举行竞赛，本学期并举行三校代表联合竞赛一次，其办法另订。

7．三校各级儿童经常相互通讯，每月至少一次。

8．在《活儿童》月刊上编辑"儿童文学"专号于7月出版。

9．7月1日举行儿童文学大会一次，同时举行儿童文学作品展览会并举行演说竞赛会，办理决赛。

五、结果

（一）扩大文学研究会组织。

（二）出版儿童月刊，儿童文学专号。

（三）在大众日报编辑儿童文学周刊，由三校文学研究会轮流主持。

（四）出版儿童故事集三种。

（五）出版儿童诗歌集三种。

（六）出版儿童剧本三种。

（七）各校于学期结束后将活动实施方案及其经过分别书面报告实验区整理付印以供他校参考。

活教育的教学原则①

教育原则第一次说得最具体最透彻的，恐怕要算格里高利的《教学七律》了②。最著名而收效最大的教育讲演，恐怕要算威廉·詹姆士③的"讲演录"。詹姆士把重大的教育心理原则，用流利的言语、生动的文字叙述出来、描写出来，使听者、读者得到很大的益处。

现在我想采用格里高利、詹姆士二位先生的说教方式，把活教育的教学原则也一条一条地叙述出来，以供教师们参考。

①活教育十七条教学原则曾分别发表在《活教育》月刊各卷，1948年汇编成集，由上海华华书店出版。

②格里高利的《教学七律》于1884年首次出版，该书简明扼要地阐述了支配教学技巧的重要因素，包括教师定律、学习者定律、语言使用定律、课程定律、教学过程定律、学习过程定律、复习定律。

③威廉·詹姆士（William James，1842—1910），美国哲学家、心理学家、教育家，哈佛大学教授，曾两次被选为美国心理学会主席。他是美国实用主义的倡导人之一，主要著作有《对教师讲心理学和对学生讲生活理想》《心理学简编》《实用主义》等。

这里所举的十七条原则，都是根据最近儿童心理的学说和我个人的教学经验写的。我的目的是与格、詹二氏相同的，就是"心理学具体化，教学法大众化"，使得做教师的、做家长的读了，都能了解，都能应用，并供同人研讨。

一、凡是儿童自己能够做的，应当让他自己做

没有一个儿童不好动，也没有一个儿童不喜欢自己做。6个月的小孩子，看见桌上有红的橘子，一定要伸着手来拿拿看。

1岁的小孩子，刚刚学走的时候，他一定要沿着椅子桌子自己走。你若抱了他，不让他走，他会挣扎，一定要下去。

1岁半的小孩子，他要自己吃饭，他要拿着汤匙，装着饭菜，放进嘴里。假如你要喂他，把他的汤匙拿去，他一定会挣扎。你若勉强地把饭放在他嘴里，他会把饭吐出来，张着嘴巴，号啕大哭呢！

这是什么缘故呢？他若自己动手，自己吃饭，可以得着肌肉运动的快感。嘴巴也得着相当的滋味，即使汤匙拿得不稳，饭菜装得不牢，掉在桌上、身上，但这是一种练习的好机会。他已经会做了，我们应当让他自己做，虽然做得不是很好，但是于整个学习看起来，没有多大的关系。况且初次的失败，是必经的步骤。我们应当让他自己去学习去试验，不做不试验，他就学不会了。

我曾经在北京看见一个10岁的独生子，衣服要别人给他穿的；

饭要别人喂给他吃的；走进走出，还要人跟着他。你看这个小孩子，因为没有得着练习的机会，已经失掉了活动的能力。

在学校里的一切活动，凡是儿童自己能够做的，应当让他自己做，做了就与事物发生直接的接触，就得着直接的经验，就知道做事的困难，就认识事物的性质了。

要知道做事的兴趣，愈做愈浓，做事的能力，愈做愈强。

这种情形，不仅儿童是如此，中学生也是这样的。去年实验幼师在荒山上建立的时候，许多工作都是由一百多个女生自己动手来做的，这些女生，虽然不是过惯养尊处优的那种悠闲的生活，却不是劳动惯的。记得当初筑路的时候，学生的兴趣虽然是很好的，但她们的工作却进行得很慢，锄头拿不动，铁耙提不起，就是提起来挖下去，土也挖得不深。有的手上还会擦破了皮，肿起了泡，有的到晚间，睡在床上，两腿觉得酸痛，哼哼叫苦呢！这是什么缘故呢？因为她们没有做惯，所以开始的时候，一动就觉得很累。

几个月之后，手起茧了，力气大了，锄头也觉得轻了，筑路的技术也高明得多了，筑路的兴趣也格外浓厚了。

不但筑路是如此，编草也是如此，烧饭也是如此。不仅仅劳动是如此，一切的活动都是如此。

"做"这个原则，是教学的基本原则，一切的学习，不论是肌肉的，不论是感觉的，不论是神经的，都要靠"做"的。不看花卉，不能欣赏花卉的美丽；不听音乐，不能欣赏音乐的感染力；不尝甜酸苦辣，哪会知道甜酸苦辣的味儿呢？不是胼手胝足，哪会知道"粒粒皆辛苦"呢！

所以凡是学生能够自己做的，你应该让他自己做。

二、凡是儿童自己能够想的，应当让他自己想

一切教学，不仅仅在做上打基础，也应当在思想上做功夫。我这里要声明的，就是思想照行为心理学来说，原是一种动作。不过为一般人的了解起见，我们不妨把思想和动作分开来说。

最危险的，就是儿童没有思考的机会。我们一天到晚所做的事情，所有的活动，十之八九都是习惯。早上起来，穿衣服是习惯，吃饭是习惯，走路是习惯，写字是习惯，运动是习惯，睡眠是习惯，一切的一切，都受习惯的支配，思考的时间却是很少。

在学校里读书，教师在教室里对学生讲，学生望着教师竖着耳朵听。好一点的，教师在黑板上写写，学生在抄字本上记记，要思考的是老师，儿童不过听听、看看、写写罢了。

这种注入式的教学法，用不着儿童思考的。但要知道思考是行动之母，思考没有受过锻炼，行动就等于盲动，流于妄动。

有一天，一个9岁的小孩子问我："竹管里有空气吗？如果有的，怎样会进去的？"这个问题是多么好。我们应当怎样鼓励他去想出种种的方法，来解决这个有意义的问题？ 那时我也答不出来，想了几天，我就同他共同来研究这个问题。

我们预备了一根两端有节的竹管和一桶水、一个钻子。我先把竹管放在水里问他："假使竹管里没有空气，我把竹管钻一个洞，你留心看水会怎么样？假使竹管里有空气，你想有什么东西会从竹管里出来？"问了以后，我就在节上钻了一个洞，一个一个的小泡从小洞中钻出来了。他看见了小泡，就喊起来说："空气！空气！"

这个小小的实验，证明竹子里有空气，小孩子自己亲眼看见的。这个实验，假使小孩子大一点的话，应当自己去想出来，不过因为他年龄太小，一时想不出，所以我同他一起做。等到小泡泡一出来，他就想到这是空气。这一点我们可以不必告诉他，泡泡就是空气。假使连这一点我们都要告诉他，那这种实验就没有多大意义了。

过了一年后，他在学校里也做这个实验。老师问他说："空气怎样进去的？"他就能够回答说："竹管里有空气，从小就有的，有什么证据呢？我看见竹子里面有水，有水就有空气，因为水里是有空气的。还有，水能够进去，空气也能进去的。"这个10岁的小孩子一年的工夫，能够有这种思想，这种理解，那将来当未可限量。这个小孩子在9岁以前，已经能够自动地思想。做父母的、做教师的，也能够鼓励他思想，所以到今天，他的思想比十五六岁的孩子还要来得深刻呢！

这不过是一个例子而已，举凡在学校里面各种的活动，各种的教学，你都不应该直接去告诉他种种的结果，应当让儿童自己去实验，去思想，去求结果。

他的方法不一定对，他的思想不一定正确，他所获得的结果不一定满意。我们教师的责任，是在从旁指导儿童，怎样研究，怎样思想。越俎代庖，是教学中的大错。直接经验，自己思想，是学习中的唯一门径。

三、你要儿童怎样做，就应当教儿童怎样学

在陆地上学游泳，是没有多大用处的。儿童尽管在陆地上日夜练习游泳，一到水里，还是要溺死的。你要儿童游泳，你一定要在水里教他学，而且要他自己也实地到水里去，否则光是你游泳给他看是没有用处的。

学生不论男女，应当会烧饭。单单在教室里讲饭怎样煮，菜怎样烧，鱼怎样煎，肉怎样煨，虽然讲得津津有味，学生听得垂涎三尺，但是到了厨房里，学生还是不会烧饭的，饭还是要烧焦，菜还是烧不出味来。你要学生烧饭，你一定要给他一个适当的设备，相当的机会，让他自己动手学习的。

你要儿童说话说得很得体，做人做得很好，你要他处世接物都很得当，你一定要使他在适当的环境之内得到相当的学习。

四、鼓励儿童去发现他自己的世界

学校里所学的实在是很少，即使老师拼命地注入、填塞，而儿

童所学的东西，还是不够应用的。况且所填塞的东西，都不容易消化，不容易理解，吃了进去，也是如同吞枣，而和学问的修养，仍是没有多大关系的。

在学校里，老师教一样，你学一样，老师教两样，你就学两样，老师不教，你就不学。一学期薄薄的几本教科书，就可作为教师唯一的教书法宝，就可作为儿童唯一的知识宝库。

把一本教科书摊开来，遮住了儿童的两只眼睛，儿童所看见的世界，不过是一本6寸高、8寸阔的书本世界而已。一天到晚要儿童在这个渺小的书本世界里面去求知识，去求学问，去学做人，岂不是等于空想吗？

儿童的世界那么大，有伟大的自然亟待他去发现，有广博的大社会亟待他去探讨。什么四季鲜艳夺目的花草树木，什么光怪陆离的虫鱼禽兽，什么变化莫测的风霜雨雪，什么奇妙伟大的日月星辰，都是儿童知识的宝库。

大社会也是儿童的世界，家庭怎样组织的，乡镇怎样自治的，社会上的风俗习惯怎样形成的，国家怎样富强的，世界怎样进化的，这一切社会的实际问题，都是儿童的活教材。

南京鼓楼幼稚园的小朋友，对于自然就产生了很大的兴趣。看见田野的花草，就会去采来问老师，看见花木间的蝴蝶昆虫，就会去捉来研究，地上的石子、矿物，也会去收集陈列。

有一次，有一个小学里的小孩子，在家里开了一个博物展览

活教育的教学原则

会，请了许多小孩子来参观。有什么东西展览呢？说来很有趣，在一个房间的角上，展览了什么铜币、贝壳、矿物、鸟蛋、邮票、石子、碎玻璃片，小孩看得很高兴。这是小小的博物世界，是儿童自己发现的，是儿童自己创造的。

不要说大自然大社会应当鼓励儿童自己去发现，就是图画也应当要儿童自己去发现，去培养的。

教师只在教室里教儿童画图，画什么一瓶死花、三只死鸟、几样水果，那引不起儿童画画的兴趣。你一定要带他到大自然里去实地写生，到大社会里去写真，那么儿童画画的兴趣就会增加，画画的技术就会提高。

我知道有一个小孩子得着父亲的鼓励，出去总是带着一本画册的。看见一个挑馄饨担的，他就给他画一张；看见抬轿的，他也画一张；看见乡下人挑着小孩子进城的，他也画一张；社会上一切的对象，都是他画画的好材料。日积月累，他的兴趣一天一天浓厚，他的作品一天一天多起来，他的画画技术也一天一天精起来了。

儿童的世界，是儿童自己去探讨，去发现的。他自己所求来的知识，才是真知识，他自己所发现的世界，才是他的真世界。

五、积极的鼓励胜于消极的制裁

没有一个人不喜欢听好话的，也没有一个人喜欢人家骂他的。这种心理，是每个人都有的。我们可以利用这种心理来鼓励儿童怎样做人，怎样求学。

我们小时在私塾里读书的时候，就喜欢吃"红鸭蛋"，假使吃了几根"红心甘蔗"，那放学回家，心中就要快快不乐呢！

假使今天吃2个"红鸭蛋"，明天写字的时候，就希望吃3个"红鸭蛋"。明天吃3个"红鸭蛋"，就希望后天吃4个"红鸭蛋"。这种小小的鼓励，可以增加儿童学习的兴趣，促进儿童求知的欲望。总之，鼓励，不论是物质的还是精神的，都是非常重要的。

在学校里鼓励的机会格外多，你若看见小朋友在地上拾起纸屑，你就应该对他说："啊！小朋友，你做得真好！"小朋友听到这类鼓励的话，下次看见纸屑，他一定要拾起来。假使今天你看见一位小朋友的文章，做得比上次好，你也应当鼓励他，对他说："这次你的作文比上次进步了。"这个小朋友对于作文的兴趣，一定格外浓厚了。

假使你看见一个小朋友演说得好，你称赞他几句，这个小朋友对于演说，一定会格外努力。随便什么事，你要小孩子怎样做，做什么样的人，学什么样的事，求什么样的知识，研究什么样的问题，你要有一个法宝，什么法宝呢？就是"鼓励"。

反过来说，消极的制裁不仅没有好处，反而有害。

有一个新生，他是口吃，说起话来总是说不出来。他的老师不明了口吃的心理，骂他说："你这样大的年纪，说话都说不清楚，你好好地说！"这样一骂，他反而一句话都说不出来了。这是什么

　　　　　　　活教育的教学原则

心理呢？你骂他使他自己觉得是口吃，一有这种感觉，他就格外说不出来了。

你若看见了口吃的人，应当怎样教他呢？你绝对不要说他，你一听到他有一句话说得不口吃，就称赞他说："啊！你这句话说得好。"这样一来，他的胆子就大了，他的胆子一大，口吃的毛病就会减少，慢慢地口吃就会无形中治愈了。

从前，旧式的学校管理儿童，总是用消极的方法制裁的。什么不准随地吐痰，纸屑不准随地乱抛，不得高声说话，不得无故缺席，不得在墙上乱涂。方法都是消极的。

活教育不是消极的，是积极的。你不要禁止小孩子不做这样，不做那样，你要教小孩子做这样，做那样。你不要禁止乱抛纸屑，你要鼓励小孩子把地上的纸屑拾起来，丢在废纸篓里。你不要禁止小孩子在墙上乱涂，你要鼓励小孩子把肮脏的墙壁怎样刷白。你不要禁止小孩子高声说话，你要鼓励小孩子在公共场所怎样轻轻地讲话。

一切的一切，你要用鼓励的方法来控制儿童的行为，来督促儿童的求学。消极的制裁不会产生多大的效果，有时候反而容易引起他的反感呢！

六、大自然大社会是我们的活教材

有一天，我在上海参观一个小学。还没有走进教室，就听见小朋友齐声朗诵，什么"嗡嗡嗡，嗡嗡嗡，飞到西，飞到东，一天到晚忙做工"。

我就进去，问小朋友说："哪个看见过蜜蜂，请举手！"四十来个小朋友中，只有两个举起手来。这种知识，有什么用呢？这种书本的教学，真是害人，小孩对于蜜蜂，完全没有经验，读了一课《蜜蜂》，不知道蜜蜂是什么东西，蜜蜂怎样工作？怎样生活？对于人有什么关系？这种种重要的事实，小孩子茫然不知。小孩子所知道的，只是会飞会叫的飞虫而已。我们为什么不教小孩子去研究真的蜜蜂呢？我们为什么不向大自然请教呢？

有一天，我去参观一个小学。这小学在一个小菜场的后面，参观之后，我就问教自然的老师："你教自然有什么困难呢？"

他说："自然真不容易教，没有标本，没有仪器，怎样教得好呢？"

我就转过身来指着前面的小菜场对他说："这不是你的标本、你的仪器吗？一年四季，季季有各种蔬菜，天天都有新鲜的鱼虾。在这个时候，你可以买几个红萝卜来，把它切成两段，把生叶子的这一段，用绳子做一个网儿挂起来，再在剖开的一端挖个洞，洞里放一点泥，种点豆儿、葱、蒜，天天浇浇水。过了几天，叶子生出来了，葱、豆都发出芽来了。再过几天，葱、豆都发芽成长，葱茏可爱，挂在教室里，好像一盏红灯笼，鲜艳夺目，非常美丽。在这个活动里，小朋友可以知道种子怎样发芽，植物怎样生长，也可以把教室布置得新颖悦目。这种教材多么有生气！多么有意义！"

我又对他说："鱼虾是很好的教材，菜场里蚌、蛤、鱼、鳝、虾、蟹，种种不同的生物，都可以做儿童的好教材。你可以买几条鱼来，同儿童研究一下，鱼怎样会游水的，怎样会游上游下，转弯抹角，怎样呼吸，怎样食物，这种种问题，都可以试验研究。

"你滴一点墨水在水里，就可以看见鱼会把墨水从嘴里吸进去，再从腮里吐出来。

"你也可以把鱼剖开来，看鱼鳔是怎样的？鱼鳔有什么用处？假定你再要研究高深一点，你要知道鱼在水里呼吸什么东西，除了吃小虫之外，它是不是需要空气的。你也可以把它试验一下，它不吃小虫，还能活的，若吸不着空气，就会死的，怎样试验呢？这也简单得很！你把它放在普通的水里，看它怎样，你再把它放在冷开水里，看它怎样。

"这个小菜场是你的标本，是你的仪器，是你的宝，即所谓'取之不尽，用之不竭'。这是活教材，这是活知识，这是活教育。小孩子看了一定很高兴，做起来一定很快乐，所得到的知识很丰富，所得到的观念很正确。"

亲爱的教师，大自然是我们最好的教师。大自然充满了活教材，大自然是我们的教科书，我们要张开眼睛去仔细看看，要伸出两手去缜密地研究。

现在，我的房子四周不知有多少鲜艳的花草、奇异的昆虫、美丽的飞鸟。

昨天，有一个朋友在地上拔了根一尺多长的木本小树对我说："这是做蜡纸的原料。"他把树皮剥下来，叫我拉拉看，我拉了半天，还是拉不断，树皮非常之韧，树皮的纤维非常之细。

这种丛木，到了冬天在干枝上开了很美丽的紫花，到了春天在干枝上长了碧绿的叶子，结了珠子似的小果子。漫山遍野，好像杜鹃花似的到处生长。在浙江这种树已经变成宝贝了。十几年来，日本人到中国买了去，做了蜡纸卖给我们。英国人也买了这种树做了蜡纸卖给我们，一年几百万，利权外溢，我们自己还不知道利用。

现在，我住的地方，山前山后到处都有，单单泰和一个地方，不知有多少，全江西那更不必说了。恐怕不但江西有，湖南也有，恐怕广西有，广东也有。所谓"遍地黄金，俯拾皆是"。我们做教师的，应当如何张开眼睛去仔细看看，运用两手去缜密地研究？

这种有价值的活教材，在大自然中多得很。种地是最好的活动，什么蔬菜，什么山薯，什么玉蜀黍，什么萝卜，无数的东西都可以作种植的好材料。

饲养家畜也是很有价值的好活动，什么养鸡养鸭、养猪养羊、养蜜蜂、养鸽子、都富有生产意义的。

所以，亲爱的教师，书本上的知识，是间接的知识，你要获得直接的知识，真实而经济，你应当从大自然中去追求、去探讨。

大自然是我们知识的宝库，是我们的活教材、活教师，我们应

活教育的教学原则

当向它请教，向它探讨。大社会何尝不是我们生活的宝库，何尝不是我们的活教材、我们的活教师呢？

这个世界是多么神秘，这个社会是多么复杂。这次的抗战是我们民族史上最伟大、最光荣的战争。这次的欧洲大战是法西斯主义与民主主义的大决斗。我们做教师的，为什么不教学生研究时事、探讨史地？从研究时事中我们可以得到宝贵的教训，从探讨抗日与欧战有关的史地中我们又可以得到宝贵的活知识。我们若一研究这次敌人进攻沿海各城市，就可以研究出各城市对于抗战的重要性。比如敌人为什么要占领宁波、台州、温州、福州、余姚、绍兴呢？理由是很简单、很明显的。敌人要封锁我们的出海口，要掠夺我们的资源。宁波、台州、温州、福州，都是重要的港口，若被封锁，虽于最后胜利无大关系，但对于我们的运输却有相当的影响。

这种教学，教师教起来，多么生动，多么深刻；学生学起来，多么兴奋，多么有趣，我们何必一定要把一部活地理四分五裂，呆呆板板地教小孩子死记死读；我们何必一定要把一部中华民族进化史支离破碎，一朝一朝呆呆板板地教小孩子死记死读呢？我们为什么不去研究抗战用来做研究史地的中心或出发点呢？我们为什么不研究第二次世界大战来了解各国的史地及其民族的文化呢？大自然大社会都是我们的活教材，我们为什么不从"现代"的活教材研究到"过去"的史事、"过去"的地理呢！

七、比较教学法

比较的教学法有什么好处呢？它能使小孩子对于所学的事物认识得格外正确，印刻得格外深切，记忆得格外持久。这句话究竟怎样讲呢？让我来说个明白。比方我们教小孩子去研究一只猫，最好我们用一只狗去同它比较一下。我们可以这样讲给小孩子听："猫喜欢吃鱼，狗喜欢吃肉；猫会捉老鼠，狗会打猎；猫有一种特别的武器，你们应当注意的。它有一副铁钩似的脚爪，走路的时候，脚爪缩在肉垫里，不会出一点小声音，一看见老鼠，伸出脚爪，把老鼠一把抓住，这是它捉老鼠的妙法。狗儿也有一种特别的武器，它有非常灵敏的嗅觉，它利用这种嗅觉，帮助我们打猎，帮助我们捉贼，帮助我们破获盗案。"

我们把狗、猫这样一比较，小孩子对于狗、猫的认识，不是格外正确吗？小孩子所得到的印象不是格外深刻？不但如此，小孩子会格外喜欢猫、狗，会格外高兴研究猫、狗呢！

假使我们教小孩子认识鸡的特点，最好我们也用比较教学法。我们可以用鸭子和鸡来比较。鸭子嘴巴是扁的，鸡的嘴巴是尖的。为什么鸡的嘴巴是尖的呢？因为便于在地上找东西吃。鸭子的嘴巴为什么是扁的呢？因为便于在水里找东西吃。鸡的脚是三个分开的爪，便于在地上走路。鸭子的脚趾中间有蹼，便于在水里游水。这样一比较，对于鸡鸭的认识不是格外清楚、格外正确吗？

各种常识都可以用比较的教学法来教，国语也应当用这种教学

　　　　　　　　　活教育的教学原则

法教的。比如要小孩子认识"收穫"的"穫"字，你最好用"獲得"的"獲"字做一个比较。这个"穫"字是"禾"字旁，是收稻的意思。那个"獲"字是反犬旁，是打猎的意思。这样一比，两个字就分析得很清楚，小孩子就易认识，容易记得牢了。不但教单字应当这样比较，就是连词也应当如此。比如你教"勇敢"两个字，最好用"胆怯"两个字来对比。你教"虚伪"两个字，最好用"诚实"两个字来对比。教句子最好也用比较的方法去教。

我们看下面的句子：

这里画只猫，那里画只狗。
这里画一只猫，那里画两只狗。
这里画猫，那里画狗。

这三个句子都是对的，但每一个句子都有不同的地方。第一句单说"只"，没有说"一只猫""一只狗"，这个"一"字加不加没有关系，也可以说不加倒来得好。为什么不必加呢？因为这个句子里的意思，注重在猫在狗，不是注重在一只两只，你若写了一只猫一只狗，就把句子的重要性分散了。

第二句的意思和第一句有点不同，第二个句子是注重在只数，所以这里"一只"，那里"两只"的"一""两"数目字，必须明白地表示出来。

第三句的情形又不同了。注重性是在地方，东西的多少不必说出来的。

你看，这三个句子，句句都有它的特性，第一个句子表明东西（猫狗）；第二个句子表明数目；第三个句子表明地方。你这样一比较，一指导，小孩子对于字句的认识格外清楚，小孩子所得到的印象也就格外深刻了。

常识、国语当然要用比较的方法来教，音乐美术也应当用比较的方法教。

我们先说音乐吧。有的人唱起歌来用喉音的，声音从喉咙里出来。要校正这错误，你应当唱给他听两种声音，一种是从胸部与腹部发出来的，一种是从喉咙里发出来的。小孩子听见了这两种不同的声音，就能明白声音应当怎样发的。假使你不用这种比较的方法去教他，你也不唱给他听，只单教他不要从喉咙发出声音来，你尽管说，尽管骂，他还是不懂的。但是你把两种声音一比较，他就能听出好坏来了。这样小孩子学起音乐来就便当得多了。

颜色也要用比较法去教的。各种颜色一比较，颜色的特质就格外来得显著。中国有句话，"万绿丛中一点红"。这一点红经绿一衬显得格外红，绿同红一比显得格外绿了。没有红，不容易显出绿的美，没有绿，不容易显出红的艳。红绿两色互相作用呢！

我们又有一句话叫"黑白分明"。这句话什么意思呢？若是我们只有"黑"而没有"白"，那这种黑究竟黑到什么程度，我们不容易看出来。若是我们只有"白"而没有"黑"，那这种"白"也不会很明显的。但一经比较，黑白的颜色就显得格外清楚了，这是用一种对比的方式来说的。

假定你问到这种白色的深度，那你必须把它同标准的白色来比较。你若要知道黑色的深度，那你必须把它同标准的黑色来比较，所以要分辨颜色的深浅美丑，我们应当采用比较的方法。

你若讲到物体的美，那更加要用比较的方法来决定了。你说这个人美，那个人丑，我相信在你的脑海中，一定有一个美的标准或者一个丑的标准。不然，人的美丑，你一定分别不出来的。看了下面三个图，就能明白我所说的话了。

假定这里只有一个图，你不能说这个图丑，有了第二个图，你就可以看出第一个图画得丑，假如只有第三个图而没有第一个图、第二个图，你也不能说第三个图画得最美。有了第三个图，就可以看出哪一个丑，哪一个美，哪一个不丑不美。

我们再举一个例子。你看下面四个图，哪一个最好看？你一看就喜欢第四个图，假定只有第一个图，你不能说它好看或者不好看。但是你用几个图一比较，好坏你就看出来了。

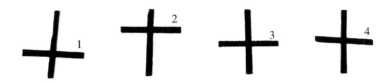

看了上面所说的话，我们不妨武断地下一个结论，就是：常识、国语应当这样教，音乐、美术应当这样教，一切课程也都应当这样教。

现在我们再进一步说，不但知识应当这样教，做人也应当这样教。

有一天，有一个7岁大的女孩子到我家里来同我的小孩子玩。我一看她，心里觉得很快乐。这个女孩子生得非常可爱，圆圆的脸孔、雪白的牙齿，身上穿得干干净净，满脸还堆着笑容。

我就问她："你的牙齿真白，怎么会这么白的呢?"她说："我天天刷牙齿的。"我问："你一天刷几遍呢?"

她说："早上起来刷一刷，晚上要睡觉了再刷一刷。"

等到这个女孩子出去了，我就对我的小孩子说："刚才来的小朋友不是很可爱吗? 她的脸总是笑眯眯的，她的衣服干干净净的，她的牙齿雪白的，你要像她一样可爱吗?"

她说："要的，要的。"

我说："那么你应当怎样做呢?"

她说："我要有笑眯眯的脸孔，干干净净的衣服，洁白的牙齿，每天早晨刷一遍，晚上刷一遍。"

我说："对啦！对啦!"

这是用比较的方法来教我的小孩子怎样做人。做事也应当这样教。

我们在学校里教小孩子做人做事，现身说法给小孩子看，一方面教师以身作则，一方面用中外古今名人的故事来教。什么《孔融让梨》，什么《司马光破缸救同伴》，什么《花木兰从军》，什么《岳飞精忠报国》，什么《七十二烈士为国殉难》，什么《华盛顿砍樱桃树》，什么《林肯解放黑奴》，什么《南丁格尔救护伤兵》，等等。这种种故事，都是教小孩子怎样做人，怎样做事，这种教法，比较来得具体，比较来得生动。

总而言之，比较教学法在教育上有很大的价值，在学校里应当占着很重要的地位。你若用这种方法去教小孩子，那小孩子对于所学的事物一定学得格外有兴趣，认识得格外清楚，印刻得格外深切，记忆得格外持久了。

八、用比赛的方法来增进学习的效率

儿童大都喜欢比赛，喜欢竞争的。做教师的应当利用这种心理去教导儿童，去增加儿童的兴趣，去促进学习的效率。所以在学校里，有什么作文比赛、演讲比赛、阅读比赛、书法比赛、足球比赛、乒乓球比赛、图画比赛，甚至科学比赛、健康比赛。什么科学，什么活动，在学校里都可以比赛，这种比赛式的教学，各国都曾经充分利用的。

这种比赛的教学法，究竟有什么好处呢？

小孩子本来不喜欢读书做事，一有比赛，小孩子就会高兴读书，努力做事。

上学期幼师附小举行了一个运动会。在未开会之前，儿童对于运动，没有什么兴趣，一听说学校要举行运动会，他们就很高兴。在准备的时间，各班的儿童都争先恐后地练习。开运动会的时候，他们就玩得很高兴。

比赛似乎是一种魔力，普通的小孩子都喜欢。比赛的确可以提高兴趣，增进效率。比赛这种活动，不要说小孩子喜欢做，成人也都喜欢的。在美国，运动比赛是最热烈了。冬天有冬天的运动比赛，夏天有夏天的运动比赛，学校有足球队、棒球队。这个大学同那个大学比赛。一到星期六，全国各大学都忙于运动比赛。学校固然有学校的各种球类运动组织，全国各大城市也都有运动组织，这种组织带营业性的，参加的会员都以运动作为一种职业。所以到了星期六下午，全国各地到处都有运动比赛。在这种职业性的运动中，打拳、角力是两种很重要的运动比赛。所以美国人民对于运动比赛真有点疯狂。成人不但喜欢比赛运动，就是工作也喜欢用比赛方法来做的。

　　　　　　　活教育的教学原则

几年前我到苏联去，看见一个工厂里用比赛的方法来鼓励工人加紧生产。我看见在黑板上画了一张表。

图	工人姓名	分数
蜗牛		41～50
牛		51～60
马		61～70
自行车		71～80
火车		81～90
飞机		91～100

蜗牛代表最慢的工作、最少的生产，飞机代表最快的工作、最多的生产。每星期考查一次。考查的时候，根据一定的标准，每个图代表工作的进展、产量的多少。根据这种已定的标准，把工人的名次重新登记在表上。到了火车一级的就得着一种奖，到了飞机一级的，又有一种特别奖。

这种奖品是很有意思的。我看见在电影院中最好的两排座位，叫作荣誉座，就是给工作成绩最优良的人坐的。或者免费坐船乘车到郊外去游玩，或者领了免费的荣誉券到餐馆里去吃东西。

这样说来，比赛的方法，在学校里可以提高兴趣、鼓励学习、增加效率，在社会上可以加紧工作、增进生产。

但是比赛也有种种的弊病，我们不得不避免的。

从前，我在东大教书的时候，有两个中学借我们的操场比赛足球，甲校被乙校打败了。乙校的学生都显出骄傲的态度，对甲校的同学非常无礼，既不准甲校的同学从大门回去，又要赶他们从后门出去，嘴里还要大声喊着说："呵嘘！呵嘘！"好像赶猪狗的样子。其实这种无礼的举动还不算什么。有时候在运动场上双方会动起全武行来；有时候学生不听指挥、反抗命令，反而把评判员痛打一顿。像这样的比赛、这种竞争，不但没有好处，反而养成许多坏的习性，什么打胜了就骄傲，打败了就灰心，不服从评判，不遵守指挥，竞争变成倾轧，比赛变成妒忌。

我们应当怎样举行比赛呢？比赛的时候，应当用什么态度？要怎样指导？

在美国哈佛和耶鲁两所大学每年进行足球比赛，看的人有7万之多，一张票要卖到5块至10块美金。比赛的时候，双方的队员都十分激昂，观众的情绪都十分热烈，这边啦啦队"啦啦啦"，那边啦啦队"哗哗哗"，若是一个球踢进球门，全场的7万观众都会大声喊叫，似疯若狂，兴奋异常。在这种情形之下，胜利是多么荣耀，失败是多么丢脸。但实际的情形是怎样的呢？

比赛一毕，胜负一决，败的一边队员毫不气馁，反而鼓着余勇跑到胜的一边队员那里，同他们握手，庆祝胜利，表示敬佩。这种体育精神，实在是了不起的。胜的并不骄傲，败的也不灰心。这种比赛，真正能提高尚武精神，增加运动兴趣，促进体育效率，于公

活教育的教学原则

于私都有莫大的益处，做事做人，得着很好的教训。运动比赛应当有这种光明的态度，各种校内校外比赛也应当有这种宝贵的精神。所以我们要教小孩子怎样接受胜利，怎样担负失败，要使得胜者不骄，败者不馁。不但在运动场上是如此，在教室里也应如此。现在做学生时是如此，将来在社会上做人也应如此。

比赛通常分两种，一种同人比赛，一种同自己比赛。同人比赛又分两种，一种是团体比赛，一种是个人比赛。足球、排球、篮球等，都是团体比赛。还有田径赛，差不多都是个人比赛。

清洁比赛、演说比赛、健康比赛都是注重在个人身上的。究竟是团体比赛要紧呢，还是个人比赛要紧？

在学校里个人比赛的价值不及团体比赛来得大。在团体比赛中，我们可以学习许多做人做事的美德，合作、牺牲、互助，都是在团体中养成的。

比如比赛篮球，对方把球打过来，你接到了它，不要横冲直撞不顾前后左右，只想把球丢中目标，显示自己的能干，这种玩法绝对不会成功的。你要看看这个球应当递给什么人，不必自己来居功，你一定要同人合作，你应当丢的时候丢，不应当丢的时候不要丢。你的责任是怎样同人合作，把球怎样传给别人，要知道别人的成功，就是你的成功，也就是团体的成功。在团体比赛中，合作第一、互助第一，个人的利益必须放弃，团体的胜利务必保证。

像这样一种牺牲、合作的精神，只能在团体比赛里养成。不过在这里我们要注意的，就是团体的范围不要太狭窄了。有时候学校举行清洁比赛以班级来作单位，固然是很对的，但这里还有两种危险，我们要防备的：第一，个性似乎不容易发展；第二，团体中容易发生摩擦。

在学校里，个人的比赛当然是可以有的，不过不要太注重。团体比赛应当注重，不过不要太过分了；注重过分，就会发生摩擦和倾轧。所以有的时候，要把团体比赛的范围扩大。怎样扩大呢？就是把学校里的小团体集合起来，同别的学校来比赛，这样小我大我化，小团体集合化了。

以学校作单位，固然比以班级作单位来得大，但范围还是不够大，所以有时候，我们要举行以省为单位的全国性的比赛呢！

现在我们来讲自己和自己比赛吧！这种方法，在欧美的新学校已经试用且有成效了。究竟怎样实施呢，那要看各种比赛的性质了。

各种自我比赛，究竟隔多少时间举行一次呢？每星期举行未免太麻烦了。每学期一次，似乎相隔太长久了。每个月一次，来得妥当些，教师的精力，学生的精力，都能够顾得到。下面的一张表格，可以作为参考。

活教育的教学原则

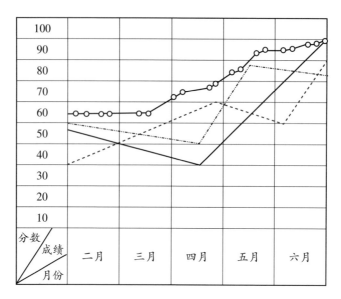

-------------- 算术

———————— 常识

—·—·—·—·— 国语

○—○ ○—○ 美术

　　这种比赛，实际上是很简单的，就是小孩子的成绩每月考查一次，考查的分数，就是比赛的结果。这种比赛，究竟有什么好处呢？

　　第一，小孩子容易受到鼓励，不容易灰心。

　　比如乙儿和甲儿比赛，甲儿的智力不如乙儿，乙儿的智力是100分，甲儿的智力只有50分，两人比赛，甲儿非常用功、非常努力，乙儿是很偷懒的。一个月之后，两儿的成绩究竟怎样呢？甲儿因为天资较差，虽然努力，还只能得到60分，而乙儿因天资较高，虽然懒惰，仍旧可以得到80分。若是我们单凭分数来作比赛的根据，那不是很不公平吗？偷懒的得着奖励，努力的反而得着灰心？所以与人比赛，不及自我比赛来得妥当，自我比赛就没有这种毛病了。

自我比赛没有什么聪明愚笨的分别，只有努力和懒惰的问题，懒惰只有退步，努力当然进步。

自我比赛的时候，每个儿童当然努力；一努力成绩就会来得好，成绩来得好，儿童就容易得着鼓励；一得着鼓励，儿童就有兴趣；一得着兴趣，儿童就容易努力；一努力学业就有进步。所以自我比赛，儿童容易得着鼓励，容易学得多，做得好。

第二，儿童明了自己的成绩，高兴学习。

从儿童的学习心理来看，凡是儿童知道自己的成绩，就容易产生学习的兴趣。上面所举的成绩进展表，就是使儿童容易明了自己的成绩，容易引起学习的兴趣。

我们现在把上面所说的再简单地总起来说几句：凡是普通儿童都是喜欢比赛的。比赛有什么好处呢？比赛可以增加学习兴趣，提高学习效率。比赛分团体和个人两种。团体比赛的价值比个人比赛的来得大，合作、互助、牺牲精神可在团体比赛中培养的。但团体的范围应当常常加以扩大，不要变得太狭窄。比赛中有两种精神，小孩子必须要学到的，就是胜者不骄，败者不馁。个人比赛又分两种，就是与人比赛和自我比赛，自我比赛较来得妥当，我们应当多多采用。

九、积极的暗示胜于消极的命令

亲爱的教师，我来提出几个问题，请你答答看！

一个四岁的男孩子，蓬了头，拖了鼻涕，跑到学校里来读书，你应当怎样教他？

一个五岁的女孩，在操场上游玩，听见上课铃就赶快跑，一个不留心，被树根一钩，"扑"的一声跌了一跤，那时你在后面看见了，应当怎样教她？怎样对她说？

一个十来岁的小孩子，胆子非常之小，一到晚上就不敢到黑暗的地方去，你应当怎样教他不怕黑暗？

一个十一岁的男孩子，喜欢拿人家的东西，你应当怎样教他？

这些问题，你看了有何感想？粗看，很简单，仔细研究起来，倒也很复杂很难解答的。我们不妨来试试看。

第一个问题是清洁的问题。这个问题，可以从两方面来说：一是母亲的问题，一是小孩子本身的问题。他家里也许是很穷的，他的母亲没有受过相当的教育，小孩子出来，让他蓬了头发，拖了鼻涕。照理他的母亲应当把他的头发梳一梳，脸孔洗一洗，再让他出来。这个问题，做教师的应当怎样去解决？第一个办法，就是去访问他的家庭，告诉他的母亲应当建议小孩子每天必须要随身携带一块干净的手帕，这块手帕不一定要很好的，就是一块干净的布也可以。第二，就是在学校里替他梳一梳头，洗一个脸。我们现在要问，你做老师的怎样对他说？怎样教他以后不蓬头、不拖鼻涕？

你不应当在别的小孩子面前对他说："你这个小孩子多么脏，蓬了头，拖了鼻涕，赶快去弄干净。"这样一说，这个小孩子会发生两种反感：假使他怕羞的，他就会哭起来；假使他倔强的，他不听你的话，他不肯去梳头洗脸。所以，这种命令是没有大用处的，你应当用一种暗示的方法去教他。

你可以指着干净的小朋友说："啊！你的头发梳得多么整齐，面孔洗得多么干净！"这样一说，那个肮脏的小孩子，假使聪明一点，就会领悟到你的意思，恐怕他会轻轻走过来请你替他梳一梳头，洗一洗脸。假使这个方法不行，这个小孩的智力不够高，领悟的能力不够强，那你最好带他到清洁室里去，轻轻地对他说："你到镜子里照照看。"一照就看见他自己了，那时候，他一定会请你替他梳一梳头、洗一洗脸的。

这种方法看起来似乎是软性的，实际上小孩子是愿意改进的。这种方法，看起来似乎很费时间，你要花一点心思去对付。最容易做的是一种消极命令。你看见一个肮脏的小孩子，不知不觉会说他、会骂他，教他这样做、那样做。这种硬性的教育是不彻底的，是暂时的。积极暗示是比较难做，但收效实际上是很大的。

　　　　　　　　活教育的教学原则

第二个问题是痛苦的问题。假定你看见小孩子跌倒了，你就很慌张地跑过去对他说："小朋友，不要哭，不要哭，跌痛了没有？"本来他可以不哭的，给你这样一说，他反而哭起来；本来他不觉得很痛的，给你这样一说，他反而觉得痛了。究竟你应当怎样做呢？你可以对他说："小朋友，真乖！跌了一跤，自己会起来，真能干！"这样一鼓励，他要哭也不哭了。即使有点痛，他也会咬着牙齿，忍着痛苦了。

　　今天吃晚饭的时候，一个3岁的小孩子，在吃饭桌子下面玩耍，正要走出来的时候，一个不当心，在桌子边"砰"地撞了头，我以为他一定要哭了。他的妈妈非常机警，一听见撞声就对他说："乖乖今天能干，头皮会敲铜鼓了。"他出来一点不哭，没有表现出痛的样子，不过在桌子边硬硬地敲了几拳，就走开去了。这是很好的暗示性教学法。他的母亲暗示他要勇敢，这个小孩子有了勇气，就不会哭了。

　　第三个问题是惧怕的问题。这个问题的原因，大概是在黑暗中受惊吓，或者听人讲可怕的故事，所以到了黑暗中，他总想起可怕的情形；或者在黑暗中有的东西刺激他的想象，有的东西看起来好像是他所怕的东西，如在白天他被狗吓了一下，到了晚上他就会怕，以为黑暗中就有那可怕的狗。

　　我有一个侄儿，小的时候很怕鬼，晚上出去，总是要人陪的。有一天晚上，我带了他和他的哥哥到东南大学去听课。他的哥哥

（12岁）提了灯笼在前面走，我跟在后面，他一定要走在我们两人的中间，我特意走上去，走在他的前面，他不肯，一定要走在中间。我对他说："你为什么一定要走在中间？"他说："我怕。"我说："怕什么？"他说："怕鬼。"我说："走在中间就不怕吗？跟在后面会怕吗？中间同后面有什么分别呢？"他说："在中间就不要紧。"

这个小孩子为什么这样怕呢？就是前几年在家乡的时候，常常听见乡下人讲鬼怪故事，他听的时候，非常爱听，但听了之后，就不敢回家了。

小孩子容易受暗示的，我们不要以鬼怪的故事去暗示他，但是已经有了这种惧怕，我们用什么方法去消灭这种惧怕的心理呢？这个问题比较复杂，有一个方法，就是仍旧用暗示法去消灭惧怕的心理。他怕黑暗，我们还是带他到黑暗的地方去，你用言语告诉他不怕是没有用的。以行动来暗示他，你要显出不怕，一次两次三次，慢慢就会消灭惧怕的心理。不过这种惧怕是有黏性的，要等到小孩子年龄大一点，身体强一点，勇气增加一点，理智纯一点，胆子也会大一点，惧怕的心理自然会消灭的。

第四个问题是有偷窃性的问题。这个问题当然是相当复杂的，他今天之所以喜欢拿人家的东西，由来已久，不是一朝一夕所养成的。要解决这个问题，一定要考察它的原因。假定是因为家庭的关系而拿人家的东西，我们一定要满足他的欲望。我们要用正当的方

　　　　　　　　活教育的教学原则

法来满足他的需要，我们一方面讲廉洁的故事给他听，一方面要他知道尊重别人的权利。假若一班之中，有一个很好的学生，对公家的事物特别爱惜，你就可以趁这个机会，在大众面前把这个学生提出来讲给那欢喜拿别人东西的小孩子听。不过有一点你要注意的，不要直接对他说："你不要拿人家的东西，你从前是这样的，现在你要以某人为榜样。"这种话是多讲的，一讲反而引起他的反感，你只要暗示他，要他模仿就够了。

还有富有暗示性的故事，也可以产生很大的效力。

总的来说，暗示可分四种：一种是语言，一种是文字，一种是图画，一种是动作。

小孩子看了《西游记》，想上西天；看了《七剑十三侠》，想做神仙；看了《三国演义》，想做鞠躬尽瘁的诸葛亮；看了《岳传》，想做精忠报国的岳武穆，这是文字的暗示。

小孩子听了孙中山革命40年的奋斗史，就想建设新国家；听了林肯解放黑奴的故事，就想打倒奴隶制度，这是语言的暗示。

看了一张可爱的小孩子图就快乐，看了一张可怕的暴行图就痛恨我们的敌人。这种种的图画，已经有很大的暗示力量，所以世界各国都爱美术，都利用图画来做宣传工具。

动作的暗示，比任何暗示恐怕要来得大。

有一天，我教小孩子吃番茄。没有吃过番茄的人，也许不会喜欢吃的，但是番茄富含维生素。在欧美各国均认为是一种最经济、可口的食品。我的小孩子，当初没有吃过，我恐怕他们第一次吃了不好，以后就不喜欢吃了。这是我自己的经验，二十几年前，我到北平西山卧佛寺去玩，看见一个在那边养病的学生，种了许多番茄。我问他这是什么东西，他说这是最好吃的东西，就摘了一个青的番茄给我吃。青的番茄很酸涩，我咬了一口就连忙丢掉。我得了这种很坏的印象，到了美国，有一年的工夫，对于这样可爱的番茄不敢尝试。有一天，有一个外国朋友一定要我吃，他吃给我看，他吃得津津有味，我就勉强尝了一下，一尝番茄的滋味，和从前大不相同，吃了几个，慢慢就喜欢吃了。到了后来，最喜欢吃番茄，这是我个人的经验。

适当的暗示是很重要的，得到这种经验之后，我就利用暗示性去教导小孩子。

有一天，我买了许多番茄，先把它在开水里一烫，把皮剥掉，切成小块，用点糖拌拌。拌的时候，他们都睁着眼睛看着我，我剥皮的时候，同时就说："这个多么红，多么好看！"拌了之后，我就吃给他们看，一吃下去就说："好得很！好得很！"他们看见我吃得津津有味，就也要尝尝看，我就给他们每人一块，他们还没有吃下去，我就说："不是很好吃吗？"他们皱一皱眉头，一口把番茄吃下去了。从此以后他们就很喜欢吃番茄了，我用这种动作的暗示去教导他们。

动作是富于暗示性的。动作愈激烈，暗示性当然愈大。小孩子

　　　　　　　活教育的教学原则

看了戏剧电影，回到家里就要去表演。戏剧电影是活动的，有很强的暗示性的魔力，因此我们要利用戏剧、利用电影，去实施儿童教育，实施社会教育。

上面所说的四种暗示，都有很大的力量，究竟哪一种最大呢？这也很难说，不过从儿童心理看来，动作的暗示性恐怕要算最大的。做父母的、做教师的，应当以身作则，利用动作的暗示去教儿童。

十、替代教学法

替代法究竟怎样，让我来举几个例子。

（一）有一天，我看见我的孩子一鸣拿了一块破烂的棉絮裹着身体当毡毯玩。那时候，在我脑筋里就起了许多感想：我是立刻把他的破棉絮夺去呢，还是让他玩弄得着一种经验？ 是叫他把棉絮丢掉，还是用别的东西来代替？仔细一想，用积极的暗示去指导他好。我就对他说："这是很脏的，有气味的，我想你一定不要的，你要一块干净的，你跑到房里去问妈妈拿一块干净的。"他听了，就跑到房间里去换了一块清洁的毯子。

棉花是小孩子喜欢玩的，但是脏的东西，小孩子不应该玩的。我们可以给他新的东西，他同样可以得到玩耍的经验，这是一种以物代物的方法。

（二）小孩子喜欢画画的。有一天，有一个小孩子用铅笔在墙壁上乱画，把墙壁弄得很脏。看到这种情形，你应当用什么方法去处置他呢？打他是不对的。他画画是一种正当的活动，我们应当让他画，不过墙壁不是画的地方，假定画得好，那也没有什么关系。他能画壁画，那是很好的。但是普通的涂写，是不能观赏的。最好的方法，就是给他大的空白的纸张，让他在纸张上面去画。画了之后，你把他所画的图挂在墙壁上，来鼓励他的兴趣，这是一种以建设代替破坏的方法。

（三）小孩子总喜欢占有的，看见东西总喜欢要，好吃的喜欢吃，好拿的喜欢拿，好用的喜欢用，好玩的喜欢玩。公私的观念没有形成，学校里面，常常有你争我夺、东挪西拉的事情发生。在家庭里，做父母的，应当给小孩子相当的设备，什么看的书、玩的玩具、睡的床、坐的椅子、用的桌子，在可能范围以内给他一个小的房间，他可以睡，可以玩，可以读书。应当鼓励小孩子多收集贝壳、邮票、钱币、昆虫、石头、图画、标本、矿物和植物。凡是小孩做的成绩，什么图画、手工，都应当让小孩子自己去保存。凡是不花什么钱的东西，都尽量设法搜集。这种搜集，有时候可以陈列起来，开一个展览会。这种搜集活动，可以满足小孩子占有的欲望，同时也可以培养小孩子的兴趣。

不但搜集可以满足占有的心理，就是种菜栽花、养鸡养鸭，都可以发展小孩子的个性。让小孩子种点花生，种点青菜，种点萝卜，或是养鸽子、养兔子、养狗、养猫，都有很大的意义。有一点

　　　　　　　　　活教育的教学原则

我们应当特别注意，你顾到儿童占有心的时候，你不要忘了他要在社会中生活的，你不要顾到专心发展他的个性，养成一种利己的心理，而忽略了共同生活的一种原则。所以一方面你尽量可以要小孩子有自己的东西，但另一方面必须要他参加共同的生活。比如，种地啊，养家畜啊，不要给他一个人专有一块地或一样东西，要大家共有，要大家合作，这是顾到个人的占有心，而同时顾到公共的事物，这是以搜集来代替争夺的方法。

（四）普通小孩子都喜欢合群的。在家里孤独的小孩子，就会产生想象的伴侣。在学校里，一个孤单而没有朋友的小孩子是一定有问题的。

有一个6岁的小孩子，吃饭的时候，总要在桌上另外放一双碗筷，给他想象的伴侣吃。游戏的时候，他会自言自语地交谈。有一天，他正在地板上玩弄玩具的时候，一个客人从外面来，在他的面前走过，这个小孩子就喊起来说："你不要踏在我的朋友身上。"这个小孩子因为没有伴侣，所以脑筋中有一个想象的伴侣。在这种情形之下，做父母的应当想法子替他找一个伴侣同他玩玩。若是没有真的小孩子，洋娃娃也可以的，清洁的猫狗也可以的，都可以代替真的伴侣。

（五）在学校里小孩子无形中会有组织，没有正当的指导，没有正当的组织，小孩子自己会三五成群、四五结队的。那一种成群，那一种结队，常常会做出不正当的举动，做出各种破坏的工作，甚至产生偷窃的行为。

做教师的，应当利用他合群的心理、组织的能力，把全校的学生组织起来。消极的制裁是没有用的。在小学里，儿童团是很好的组织。在中学里，自治会以及各级的级会、各种课外活动，都可以满足小孩子合群的心理，这是以正当的组织来代替不正当之活动。

（六）小孩子喜欢游戏，喜欢赌博的。我在上海的时候，常常看见小朋友在街上抽签，一个铜板抽一抽，抽着了有糖吃。还有一种转糖，一个铜板转一转，中了什么，就得着什么。这种侥幸的心理，不要说小孩有的，就是大人也是有的，什么跑马、跑狗、打回力球，都是这一套。我们用各种游戏来替代赌博。赌博最重要的，不过是一种机遇，为什么小孩子喜欢赌呢？一方面固然是一种侥幸的心理，另一方面有一种机遇的因子，引起小孩子好奇的心理。

游戏也有机遇的要素的。比如捉迷藏，各个人都有被捉到的可能，这是机遇。在操场上各种球类比赛，各种运动，都有成功与失败的机遇。运动与游戏可以满足小孩子侥幸的心理，所以游戏可以代替赌博的。

总而言之，小孩子生来无所谓好，无所谓坏的，他时时喜欢游戏，我们应当想办法来满足他的欲望。同时要使得他顾到别人家的幸福，要使得他参加共同的生活，要使得他爱护公共的事物。小孩子好奇的、侥幸的心理也是有的。机遇的引诱，可以引起他的好奇。我们可以用各种游戏来满足他的侥幸心理。小孩子是好动的，他喜欢做这样、做那样，你没有东西给他做，他就要破坏，就要捣乱，所以我们要他做，要他建设，要他创造。小孩子喜欢合群，我们应当让他有一种正式的组织来发展他的能力，来养成他们的群性。我们要处处顾到儿童的心理，我们要用各种替代的方法来满足他的欲望，来发展他的个性，来培养他的人格。

十一、注意环境，利用环境

"大自然大社会都是活教材"这个意思，我已经在上面详细地说过。现在我要说的，就是在大自然大社会的环境中，你可以找到许多活教材、活教具。

"麻将"不是各个人都喜欢吗？为什么我们喜欢麻将呢？其中必定有奥妙。麻将是骨头做的，摸一摸就有一种触觉的快感。麻将又刻了红红绿绿的颜色，什么红的"中"，绿的"发"。你把牌儿在桌上一拍，就听到清脆悦耳的声音。你在桌上拿起来的时候，就产生一种神秘的心理，这张牌是"白"还是"风"，这里有一种机遇，你若碰到了，那么就是运气来了，若是碰不到，那只可耐着性子等着。麻将实在是好玩的赌具，无怪中国人都喜欢，近几年来，麻将在美国也风行一时呢！

因此，在20年前，我在南京办鼓楼幼稚园的时候，我自己向自己说：麻将是一个很有趣的赌具，为什么我们不把它变成一个好玩的教具呢？假使能变成识字的教具的话，那不是小孩子识起字来很快吗？麻将牌怎样变成教具呢？听起来好像很奇怪，做起来倒很容易，那时候我就跑到夫子庙，叫麻将店的老板替我刻副活字块。我在儿童用书中选出了200多个字，每个字刻两块。儿童喜欢颜色的，所以我叫他依照部位，着了红、绿、蓝、紫的彩色。比如"鸡""鸭"两个字，"鸟"部用红的颜色，"又""甲"部都用绿的颜色；比如"江""草"两个字，三点水用蓝的颜色，草头用绿的颜色。字块这样一着色，就显得格外鲜艳夺目了。

怎样玩呢？有两种玩法：一种是凑对子，一种是拼句子。凑对子是为不识字的儿童玩的，拼句子是为已经识了几个字的儿童玩的。可以让孩子们围坐在一张桌上，共同玩耍。

赌具变成教具，多得很呢！我曾经把国外的一种钟面式的赌具，变成一种好的练习算术的教具。它究竟是一种什么赌具呢？是一个洋铁做的小圆盘，盘面上像一个钟，有长针秒针，长针秒针周围都有分数，你把长针一拨，秒针也跟着移动。长针转得快，秒针也转得快，长针停了，秒针也会停的。长针假定所指的分数是8，秒针所指的是7，那你就得56分；假使我拨的长针是在9分，秒针是在8分，$8 \times 9 = 72$，那我就胜了。你看这个不是个很好玩的九九表吗？小学三年级的学生，学习九九表的时候，正好玩这种教具呢！

在新年的时候，你可以在街上看见一种赌具：许多小孩子围着一个糖摊，在那里转糖。糖摊是一个圆盘，盘的四周放了各种各样的糖菩萨、糖动物，盘的中间是一个轴。轴上挂着一根横木，横木的一端垂着一根针。你假定要赌的话，就给卖糖的一个钱，给了之后，你就可转了，针转到哪里，哪里的糖人就是你的了。

这种赌具，在新年的时候，到处都可以看得到，它的魔力是非常大的，我们为什么不把它变成一个教具呢？20年前，我就这样问自己。我就做了一个转盘，教小孩子认识数字，形式虽然稍微有点不同，原则都是一样的。怎样不同呢？盘上画了格子，格子的上面写数目，下面写字，什么字呢？看情形而定。你可以写各种动物的名字，你也可以写各种花木的名字及小孩的名字。学什么，你就写什么。若是你能够在字的底下再画上图，那就更好了。小孩子可以看了图就认得字，这是一种看图识字、识数的好玩具。

赌具固然可以变成教具，玩具更加容易变成教具了。新年的时候，在空场上摆着一个傀儡戏台，锣鼓一敲，大大小小、老老少少都跑来看了。这种有魔力的民间娱乐的工具，为什么不可以变成一种教具呢？

八年前，我到欧洲去考察教育的时候，在英国、法国、苏联都看到傀儡戏。回国后我就在南京鼓楼幼稚园介绍傀儡戏给幼稚生玩，他们玩得很高兴。在上海，介绍给小学生玩，他们玩得很起劲。现在在江西介绍给幼稚师范同学做教具，也做得很有价值。师范生编写剧本，布置戏台，自造傀儡，给幼稚生玩、给民众看，都玩得很起劲，看得很高兴。这是把民间的娱乐工具变成儿童的教具。

赌具固然可以变成教具，民间娱乐的工具固然可以变成儿童的教具，木屑竹头、破布碎纸，何尝不可以变成教材教具呢？竹圈不是儿童的恩物吗？不是普通的竹子做的吗？竹子可以做碗、做罐头给小孩子玩。木头木片可以做飞机、坦克车、汽车、桌、椅等各种玩具。有一只小猫，看起来那么可爱，它是什么东西做的呢？一只破袜子而已！

纸篓里的废纸，可以变为很好的教材呢！你把碎纸浸在水里，浸了一两天，拿出来用面粉一揉，揉成纸浆，好像粉团一样，你要把它做兔子也可以，把它做老虎也可以，你要把它做立体地图也可以，碎纸是一种很好的教材呢！

你要做一个成功的教师，你一定要注意环境，利用环境，环境中有许许多多的东西，初看看与你所教的没有关系，仔细研究研究看，也可以变成很好的教材，很好的教具呢！

十二、分组学习，共同研究

活教育的教学原则，我已经讲了十一条。以前所讲的，都注意在个别学习，本条所要讲的，是分组学习，共同研究，以集体的力量来得到学习的效力。传统的教育，注重在个别的学习，就是像我们现在的学习，形式上是一级一级地上课，而实际上仍是个别地学习。

我们知道在教育制度上有一种名字，叫作班级教学，就是像我们现在这样上课。这种制度是中国新兴教育制度以来的教育。我们知道以前的教育是私塾的教育，完全是个别教学的，各人学各人的，各人个别地进行学习。它的好处是各人依照各人学习的能力，个别发展，可以不受别人的牵制。班级教育是大家一同来读一样的书，一同来学同样的东西，进展的速度是一样的。它的好处是什么呢？先生一个人教，学生共同来学，时间经济，设备经济，人才经济。而它的坏处呢？使得全班的同学变成了中庸之才。好的不能上去，坏的勉强上去，没有主动，没有特殊的进展，大家被"班级"所限制了。

新教育为什么忽然反对班级教学呢？这是研究心理时的一个大发现，也可以说是20世纪的新发现，发现人类都有个别的差异。以前的人以为儿童是具体而微的大人，都是一样地生长，一样地发育的，以为人类都是一样的智力，一样的体力，其实各方面都是不同的。所以有的人就主张分别学习，认为教育应适应个别的差异，应当依照各人的智力、体力、能力而发展。在中国，班级教育系在新教育之前，新教育的个别教学就是补班级教学的不足。所以新教育就有各种不同的制度，像文纳特卡制、道尔顿制、蒙台梭利教育方法都是注重个别学习的。

现在我所要说的，既不是班级教学，也不是个别教学，我主张以分组来研究，共同来讨论。分组研究有什么好处呢？

第一是有组织。班级的形式，虽然是一班，好像有许多人在一起学习，还有级长，而实际上学习的时候，是没有组织的，因为大家都是一个一个地学习同一样的东西。分组学习是怎样的呢？比如我们以研究儿童文学为中心，我们可以分成几个组来研究，一组专门研究儿童故事，一组专门研究儿歌，一组专门研究歌曲，一组专门研究童谣谜语。各组先来阅读有关的书籍，然后来相互报告，提供意见，彼此讨论，以一个人的思想能力而至于一组，以一组而至于一级。我们看图，可以知道彼此发生了连带的关系。

4个人可以发生6个人的关系，5个人可以发生10个人的关系，6个人可以发生15个人的关系，7个人、8个人当然可以发生更多的关系。由此我们可以明了集体学习，就是以大家的思想来互相感应。我们研究学问专靠一本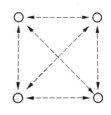书，所得就只限于一本书。如果除读书外又和人来讨论，因为和人讨论就有刺激，有刺激就有反应，刺激越多反应也越多。从刺激和反应的中间就可以研究出一个真理来，与人讨论是互相刺激的，所以集体学习是超过个别教学的，超过班级教学的。

这里还有一个问题，就是集体学习与时间的问题。我们要集体学习，当然不能以时间来限定学习，所以像班级教学的一小时一小时地上课，就不能适合了。至少以两小时或半天为度，根据所学的材料，应当以充分的时间来研究、来讨论。

第二是经济。分组学习是先来分组研究，再来互相报告，再来共同讨论，使全体的人都能得到各组所研究出来的东西。本来我们一个人只研究一个问题，现在集体学习，一个人同时可以学到许多东西，等于研究了许多问题。我们教学的原则是要学生学习，教师的责任不过是从旁指导学生而已。

教学时还有一件事，我们应当特别重视的。什么事呢？就是注重教学的过程。一般的教学，往往只注重教学的结果，而不注重过程。怎样重视教学过程呢？就是我们怎样学、怎样教，才能学得好、学得快，两年的功课一年可以做完，而做起来很快慰。这是教学时应当注重的。

集体学习是活教育教学原则的一种方式。一个人的思想，需要有刺激，有了刺激，思想就越来越多，越来越进步。别人给我们的刺激，不一定是好，但因别人的刺激而引起我们其他的思想，同样可以得到好处。

我们中国有句话说："三人行，必有吾师。"无论农、工、商人，都可以跟他学习，学习一定要多方面的。旧式的教学，只见老师在打气，这是单轨的教学（如图），因为只有教师对学生的刺激是单轨的，我们现在要把它变为复轨的。集体学习是用分组来研究，共同来讨论的方式。各人都有意见发表，彼此都有不同的思想，思想愈多愈复杂，就可以整

理出一个真理来。

还有做的时候的态度非常重要，不要以为自己总是对的，别人总是错的，要大家贡献意见，择其类别加以分析而讨论之，那做时兴趣一定浓厚。一人做事与两人做事就有不同，两人做事，彼此商量，意思就多；就是享乐也是如此，所谓独乐不如共乐，所以研究学问更应当共同来学习的。

十三、教学游戏化

游戏是人生不可缺少的活动，不管年龄性别，人们总是喜欢游戏的。健康的小孩子是好动的、快乐的。假如在读书的时代，我们也能化读书的活动为游戏，那么，读书不是会变得更有趣、更快乐、更能进步了吗？但是，我们中国人往往轻视游戏，把游戏当作顽皮的活动，小时爱游戏，大家还没有什么话说；一个十六七岁的小孩，也要游戏的话，那么人家就会骂他"没出息"。因为在他们的心目中，总认为读书的时代就不应游戏。这种把读书与游戏孤立分离的看法，完全是错误的。假如说读书只有读书，读书就不应游戏，那么读书的生活，势必枯燥无味，哪里还谈得到进步！

做到教学游戏化，就要使读书生活兴致蓬勃，学习进步分外迅速。究竟如何才能使教学游戏化呢？现在就举几个例子来说明。

在幼稚园教学中，我们利用积木游戏，让小朋友自己来搭一座房子，在花园里还养着许许多多的动物，这样就可以使小朋友学会

　　　　　　　活教育的教学原则

如何布置环境，如何辨别动物的种类，同时对于儿童身体的发展，也有很大的裨益。沙盘游戏也有同样的功用。

唱歌也是一样，就以唱一只"龟兔赛跑"的歌来说吧。假使在唱歌的当儿，请几位小朋友共同表演起来，那么，对于龟兔的特点，就更加容易明了，而且还能引起小朋友研究的兴趣。

在小学教学中，学习认字和造句，也可以利用游戏的方法。

比如认字教学，我们可以把全班小朋友分为两组，老师拿出写着字的卡片来给小朋友们看，小朋友一见到这个卡片，马上就要读出上面的字来，说得最快的就把卡片送给他，到最后看哪一组的小朋友得到的卡片最多。

又如造句教学，也可以用同样方法来进行。假定全班有40个小朋友，就分成两组，坐列两旁，每个小朋友手上拿一张写着字的大卡片，字的大小，以大家彼此能看得见为度；两组的字是相同的，40张卡片，共有20个不同的字，每个小朋友都应当记住自己手上所拿的是什么字，并认得别人手里的是什么字，准备好了以后老师就读出一个句子来，比如"兔子比乌龟跑得快"，或者"兔子睡着了，跑不过乌龟"，于是两组中拿着这几个字的小朋友们就赶快跑出来，依次序排成这样一个句子，哪一组快，就算胜利。

把枯燥无味的认字造句化为兴致勃勃的游戏活动，在做的过程中，培养兴趣，加强学习，这就是教学游戏化的真实意义。

不过，游戏是不是有范围的？各种学科，任何儿童是否都可以采用？这些问题，实在非常重要。游戏化适用于任何人与儿童，也适用于任何工作与教学，只是儿童年纪愈大，教学游戏化的困难愈多罢了，幼稚园比小学容易，小学比中学容易，至于大学，教学游戏化的困难便更大了。

在教学游戏化的过程中，我们做老师的还特别要注意两个问题。

第一，要注意方法与目的的配合。游戏的方法，本来是为了要达到教学目的而运用的，忽视了这一点，就失掉了教学的意义。例如学习算术，我们用拍球游戏来教学数字，用投圈游戏来教学加法，当小朋友已学会数与加法之后，我们竟忘记了教学的进度，还是继续做拍球投圈的游戏，致使算术课变成了游戏课，完全失去了算术教学的意义。因此，老师应当随时考查小朋友们的进度，以达到教学游戏化的要求。

第二，要注意多数人活动的机会。教学游戏化最容易发生的流弊，就是由极少数成绩较好的小朋友来做，其余的小朋友坐着看，这无异于剥夺了大多数儿童的学习机会，做老师的当特别注意这个问题。任何游戏，要使各个小朋友都能参加为准。

教学游戏化是以做为中心的，也就是"做中教，做中学，做中求进步"的教学运用。其充实与发展，还有待于大家的研究与努力。

十四、教学故事化

"教学故事化"是从"儿童爱好故事"这一个理论基础所产生出来的教学原则。所以，当我们要追问为什么要教学故事化的理由时，必须把"儿童为什么爱好故事"这一问题，先来予以讨论。

就日常生活的观察、学校教学的体验我们可以发现，没有一个儿童不喜欢看故事、听故事和讲故事的。儿童爱好故事的倾向，绝非偶然。一方面，儿童本身具有这种倾向的动力；另一方面，故事的形式与内容，对儿童心理的适应上，也有巨大的作用。详细说来，有下列诸点。

第一，故事与儿童的情感有交流作用。很明显，故事中所描述的对象，大都是有生命的。尤其是"拟人"或"拟儿童"的方式最为普遍。人性的表现，往往使故事中的人物与读者、听者或讲者之间，发生情感上的交流。这种情感的接近与交流，把故事中人物的喜怒哀乐，他的奇遇，他的危险，他的成功，他的失败，所有这一切，都转化为我们自己的喜怒哀乐，自己的奇遇，自己的危险，自己的成功与失败。把自己的情感投射到故事之中，便是儿童乃至成人所以爱好故事的原因之一。

第二，故事情节的神奇，能满足儿童的好奇心。儿童富于好奇心，事物的新异能激起儿童的好奇心。

故事在儿童的心目中是新异的，这新异不仅存在于故事的人物身上，同时，故事情节的错综复杂，其所涉范围的广泛，关系的神奇，都是满足儿童好奇心理的资料。儿童之所以爱好故事，这自然也是重要的原因之一。

第三，故事能激起儿童的想象力。儿童有儿童自己的思想。儿童的想象力不论在数量上、与实际相符的程度上或性质上都跟成人不同，但儿童有自己丰富的天真思想，那是毫无疑问的。故事结构的曲折、描述的生动，实有引人入胜的功效。而且，每一个故事都具有猜想的成分，把儿童导入无限推论的境界之中，致使儿童获得很大的快乐，这便是儿童所以爱好故事的又一原因。

第四，故事组织的完整，适合于儿童的学习心理。儿童对于组织完整、意义连贯的事物，容易学习，容易了解。而对于那些零星破碎、漫无组织、孤立片段的事物，不易学习，不易了解。凡越容易了解的，儿童越喜欢去学。换言之，就是组织完整、意义连贯的事物，儿童便喜欢它。故事的组织，正合于这个要求。因此，每个儿童总喜欢故事。同时，故事的描述是活动的、常变的，它每以儿童年龄的差异来变更它的内容与组织，使它更适合于每个儿童的情感。

由于上述的各种原因，故事于儿童而言是一种重要的精神食粮，通过故事的形式，儿童的学习一定兴致百倍。但是，在传统教学的过程中，由于旧课本内容的限制和教师教死书的毒害，使儿童对于故事爱好的倾向，遭受了严重的阻碍。旧课本中除了形式教条以外，没有故事。教师除了以课本为经典之外，也没有故事。故事被排除于教学门外，这在儿童心理上确实是一种严重的压迫。所以，在许多学校中，一个和善可亲的教师，每每被儿童所请求来给他们讲故事。如果教师拒绝了，那么，儿童的内心是会痛苦的，读起书来也就没精打采了，哪里还谈得上教学的效能。然而，通常一般人总不了解故事在教学上的重要，也不知故事在教学过程中应当如何运用，这是多么大的遗憾！现在，我们要打破传统教育对故事的蔑视，而提出"教学故事化"的原则。

教学故事化可以从两个方面来说。

第一，是教材故事化。这是用故事的体裁来编排教材、用教材。故事的体裁可以分成两种，其一是直接的，故事的叙述是以第一人称为出发的。比方"我看见一个工人""我听到鸟叫"之类的叙述。其二是间接的，故事是以第三人称为出发点的，比如"他在跑路""他看一本书"之类的叙述。

直接的叙述，由于跟儿童的情感较易接近的缘故，因此所收到的效果，较之间接的故事来得更显著、更敏捷。下面的一段故事，便是用直接法来写的：

　　有一天早晨，一只小白兔从山洞出来玩，在路上看见一只乌龟，就说道："乌龟哥哥早！"乌龟说："白兔哥哥，你早！"乌龟背了一个硬壳，爬得很慢。白兔笑道："你背了这样重的东西，实在太不方便了！"乌龟说："你不要笑我，走起路来，

恐怕你还不如我呢！"……（见拙编《儿童故事》）

但有时候，这个故事是这样被描述的：

> 有一天，有一个老师在课堂上讲一个龟兔赛跑的故事，他说："有一天早晨，乌龟背了一个硬壳，爬得很慢，白兔就笑乌龟，说它背了这样重的东西，实在太不方便了。乌龟叫白兔不要笑它，如果走起路来，恐怕白兔不如它呢……"

同样的故事内容，用两种不同的方式来表现，结果如何，用不着说，大家一看就明白了。所以教材要故事化，而且要直接故事化，才能生动、有力。

教材故事化，并非仅指国文教材一种而已，凡历史、地理等教材都可以运用故事化的原则，都可以采用直接故事化的原则。

第二，是教法故事化。活教师是一个善于引起儿童学习动机的教师。固然儿童的学习要由儿童自己来做，但如何引起儿童的学习动机，完全看教师是否有活教育的修养。引起儿童学习动机的方法虽然很多，但利用故事的教法，确是容易收效的。教法故事化的目的，就在于引起儿童学习的兴趣，使他们注意力集中起来，快快活活地来做自己的工作。传统教育要儿童"苦读"，而我们应当要儿童"乐干"，唯有臻于乐干的境地，儿童才能学得真知识、真学问。

教学故事化是活教育的新要求，它在教学过程中究竟能产生如何的效果，是有赖于我们教师的努力与研究的。

十五、教师教教师

所谓教师教教师，就是举行教学演示或者组织巡回教学辅导团一类的组织。

教学演示同巡回教学辅导是近代教育方法上一种新的趋向，不仅能够在一个学校、一个城市里举行，同样地也可以应用"分组学习，共同研讨"的原则，推行到所有的学校里去。

就目前教育上所发生的最严重的问题看来，在职教师如何充实自己，如何提高，的确最值得我们重视。一个优良的教师当然第一是他自己本身条件的优越。

教师通常进修的方式大概有下面几种：

（一）各种研究会

（二）讲习会

（三）暑期学校

（四）夜学校

（五）其他进修方式

上述这些进修方式以举办各种研究会最为普遍，它的性质可以分为分科的或混合的，定期的或不定期的。

根据我的个人经验，这种只是用耳朵听、靠别人用嘴讲的讨论或者讲演方式不能收到成效，由于并非亲身去做不能切实感觉的缘故。几年前，我就组织教学演示来补救这种缺点，就是本文所讲的教师教教师方法的一种。

战前的上海，教学演示是分区举行的。每学期规定每星期六由一个学校担任教学演示。每次演示及担任工作的人员事前都准备好，是采用轮流方式的，而且依据各科的性质分别举行。比方讲，音乐要怎样教，图画应该怎样教，或者国语、时事等怎样才能教得好，就根据这些问题分别举行音乐教学演示、图画教学演示或者国语教学演示等。举行音乐教学演示时，全区各校音乐教师全体参加观摩，担任教学演示的教师事前准备教案油印分发。

这种教学演示的步骤是：担任教学演示之教师做一教学设计，并演示给到场的各教师观摩。演示完毕即举行讲评，讨论其优点缺点。接下来进而研讨怎样应用最新教法，选择最新教材而完成最合理的教学工作。

这样一来，经过一次音乐教学演示，一般音乐教师就能领悟到音乐这一门课是应该怎样教，怎样才教得好，并且能了解他自身过去在教学方法上所犯的错误。这种经验是单凭听讲，没有参加实际教学演示的教师所无从获得的。

这种方法有很多优点，我们应该特别提示出来：

（一）施教者（即担任教学演示的教师）事前须有准备，即使对某科教学平时不大感兴趣，亦非努力准备不可，在这种准备工夫上可以增加他在教学上的兴趣。

（二）其他教师因有轮流担任的机会，因而亦需加以准备，用这种鼓励方法，可以增加其他教师的教学兴趣。

（三）因为彼此互相观摩，互相批评，学校的行政自然而然跟着改进。采用这种方法实际上比行政当局派员到学校去视察容易收效，而且更吻合教育上的"自动的积极的"原则。

（四）一般教师参加可以得到观摩切磋的益处，进而改进其教学方法。

（五）受教者（即教学演示的对象）在演示前已得到很大的鼓励，借用外力督促和鼓励儿童，实在亦是一种方法。

举行教学演示有几点我们应该注意：

（一）施教不易，主持教学演示者事前应声明，这是讨论方法，不是任意批评，是对事而非对人，否则容易引起误会。

（二）施教者不是示范而是施教，要使参加的人都很明白。

（三）施教者事前一定要有充分准备，主持人应与施教者洽商妥当，否则会使施教者感到不安。

（四）演示以后，一定要多方提示问题，尤其提供参考书籍，以引起教师能对以后的教学问题做进一步的研讨和解答。

（五）除教学本身外，教学以外的有关技术、动作、习惯等内容都应加以注意。

（六）施教者对于施教的整个教学过程都需注意。

（七）尽量避免让学生事先知道。

此外，在行政组织内，组织巡回教学辅导团，聘用专门人才，依据活教育所定五指活动，分科担任辅导，这种辅导工作，对于一般教师颇有帮助。

办理巡回教学辅导，应由各地教育行政机关或管理颇有成效的学校，首先倡导并轮流到附近各学校去演示，因时因地因人而制宜，把握时机，通过这种方式，协助当地各级学校组织各种教学演示会议，使成为全区的教学中心据点。

教学演示同巡回教学辅导，是教师教教师的最好方法。一个优良的教师一定乐意参加教师教教师的工作，来充实自己本身！

十六、儿童教儿童

儿童教儿童，意思就是以儿童来教育儿童，以儿童来指导儿童。陶行知先生所提出的"小先生"制，就是以儿童教育儿童为原则的。

儿童教儿童究竟有什么好处呢？它跟成人教儿童又有什么不同呢？现在，我想做一个简单的说明。

第一，儿童了解儿童的程度比成人所能了解的更为深刻。我们都知道，教学是否能收到好的效果，就要看教者对于学者的心理是否了解为定。了解深，效果大，了解浅，效果小，这是不易的定则。成人与儿童之间，由于年龄、经历上的差异，彼此的认识，总免不了一条鸿沟横亘其中，除非成人教师对儿童心理学已具有相当的基础。儿童与儿童之间的情形，就显然不同了。由于他们彼此年龄的相仿，兴趣易于接近，理解力与思想较一致，尤其是儿童最乐于把自己的经验告诉别人，当他学会一点新的东西时，他总是很热心地让别人知道。儿童了解儿童较深刻，这是我们所以要提出儿童教儿童的第一个基本认识。

第二，儿童鼓励儿童的效果比成人所能获得的效果更为巨大。我还记得有过这样一回事情，一个12岁的小朋友，对三四百个中学生演讲国际问题。他年纪虽小，但演说起来非常生动有力，个个听者都被感动。这次演讲的价值，我想与其说他加深听者对国际问题的认识，还不如说是他已经激发了听者的上进心更加合理。因为在这位小朋友演讲之后，学生们都有这样的感觉，他们这样想：人家是一个小孩子，能说得这样有理、动听，难道我自己就不如人家吗？于是，从那以后，各个学生都分外地注意国际问题，时时训练自己的口才。每个学生，都得到了很大的鼓励。假使那次对他们演讲国际问题的不是小朋友而是成人，那么，所得结果也许会截然不同，因为学生们心目中认为成人能够做这件事是并不稀奇的。我们所以说儿童教儿童，对被教儿童的鼓励较大，原因也就在于此。

第三，儿童教儿童教学相长。以上两点，都只是指学者方面来说的，担任教的儿童，是否能在教的过程中获得裨益呢？我们的回答是肯定的。儿童为了要教，事先就得充分准备；在教过以后，他对于所教的内容，认识必然更加清楚。所以，儿童教儿童，不但是被教者得益，即使教者本身，亦得到很大的益处。这种得益，不仅是在教材以内的知识范围而已，儿童且获得发展创造才能的机会。

儿童教儿童，原则是可以确定了。但教的办法应该怎样呢？这里，想简单地提出几种办法来。

第一，个别儿童轮流教。在同一学校或同一班级中，个别儿童可以轮流施教，使大家都有教的机会。同时，每个人既然都有轮到教的可能，当他学的时候，也就特别地用心了。当年，我办学校的时候，就采用了这个办法。比如说早操，就是由小朋友自己来领操，大家轮流领，老师在旁指导。于是，早操一开始，小朋友们个个都很用心专一地早操，而且还仔细地看领操的怎样领操，以便轮到自己的时候，知道怎样来做。就教学的效果上来说，这方法确能收益。

第二，各校儿童轮流教。这是以学校为单位的，每个学校互相轮流派学生来教，不仅是演讲，他们还可以有壁报交换、学术表演交换、时事演讲交换、音乐表演交换，种种活动都可以互相交换，互相观摩。学生们的情绪真热烈极了，几乎是很自然地形成了学校与学校之间的竞赛。这种办法，不仅学生们得到很大的鼓励，连教师们都得到很大的鼓励，为了使自己学校的学生有更好的表现，他们指导儿童的活动的确是更热心、更兴奋了……

第三，各城儿童轮流教。把学校的范围扩大，使各城市的儿童

　　　　　活教育的教学原则

互相交换作业，互相交换教学。这种办法，做起来虽然比较困难，非有严密的组织不可，不过，儿童确实能够胜任这个工作的。这不仅能使儿童本身得到活的知识，就是各地的文化也可借此得以交流。

第四，各国儿童轮教。这是以国际儿童为范围的。

儿童教儿童，是有效的教学原则，希望它能与"儿童互助运动"密切配合，使人类文化得一份推动之力。

十七、精密观察

观察是获得知识的基本方法，而精密观察则是开启真理宝藏的钥匙，握着这把钥匙，我们便能接近科学的真理。探险家是凭着精密的观察，在自己生活的世界以外，发现新的世界的。科学家也是凭着精密的观察，在自己生活的周围，发现新的事物。无论是探险家或科学家，都是运用观察方法的能手，他们都凭借精密观察之力，来拓展新的世界！因此，在我们教学的过程中，如果也能采用观察的方法，一方面通过实地观察来施行教学，另一方面通过实际研究来培养儿童善用观察的学习态度，则教学的效果，必将因此而有所增进。

为什么用了观察的方法便能增进教学的效果呢？

第一，由观察所获得的知识是直接的知识。我们曾经说到过，根据知识来源的不同，知识可以划分为直接的与间接的两种。凡是经过符号或语言报道出来的，都属于间接的知识，具体点说，从书本中得来的知识便是间接的知识。而另一方面，我们从事物本身得来的有关该事物的知识，才是直接的知识，由观察所获得的知识，便是直接的知识。间接的知识是前人实践经验的总结，是人类文化的积累，对教育学生是重要的，不可少的。但光有间接知识是不够的，还必须引导学生接触实际，从大自然大社会中去观察、去探索、去获得直接知识。因为间接知识是经过别人收集、分析之后所得的知识，还要经过自己的观察和探索才能加深认识和理解，才能检验这些知识的真实性以至有所发明和创造。所以间接知识和直接知识是互为补充、缺一不可的。

第二，亲身经历的经验，印象最深刻。自然教科书曾告诉我们空气中含有约 1/5 的氧与 4/5 的氮，但这一个概念，儿童是不容易记忆的。活的知识，向书本中寻求，其印象的确是很淡薄的。假使现在我们改变一种方法，我们用一个水槽，把一个玻璃钟盖在水中，然后在玻璃钟内燃烧蜡烛，这时我们立刻可以发现水槽中的水便逐渐流入玻璃钟中，使钟内的水面慢慢地增高起来。当燃烧停止时，钟内水面刚好升高到钟内体积 1/5 的地方。这说明了空气中 1/5 的氧，已经燃烧而耗去了，因此水便代替了氧，占领了它的空间。经过这样的实地观察之后，儿童对于空气中所含氧与氮的比例问题，必定获得较深刻的印象。假使这些实验是由儿童自己动手来做的，那么它的印象将更为深刻。印象的深刻，对儿童知识范围的扩展关系至巨，于此，我们可以获得更好的教学效果。

第三，容易发现问题，也容易解决问题。就上面所举的例子来说，当儿童看到钟内的水面上升时，他们马上就会发问："为什么水面会上升呢？"当然，儿童能提出这样的问题，是非常有意义的，但这种问题，只有当他们在观察的过程中才能发现。观察固然容易发现问题，而许多问题，也只有借观察的方法，才能解决得明确完满。比如上面所提出的问题"为什么水面会上升？"我们完全可以用文字或语言解释给儿童听，告诉他们这是大气压力的缘故。但大气压力究竟又是怎样一回事？说来说去，也许更使儿童糊涂，还不如直接让儿童来观察大气压力的现象来得更清楚，因为直接的知识，最具体，最容易了解。自然科学方面的问题，固然可以用观察的方法来解决，就是其他新学科的许多问题，也同样可以从观察的方法入手。

第四，我们可以说观察不仅能增进教学的效能，同时，还可以培养儿童学习的兴趣与求真的态度。我们都知道，死教书不仅教的人自己觉得枯燥无味，就是儿童也异常的痛苦。这种痛苦的感觉，在儿童方面可以说是最敏锐的，因此他们惧怕读书，对任何学习，都显示冷淡的态度。遇到这种情形时，我们总说学生学习不起劲，其实这并不是学生不起劲，而是因为教学的方法有问题。假使我们改变教法，发挥观察的作用，使儿童向活生生的事物去学习，向大自然大社会去学习，那么，他们的学习兴趣必能勃然大作，然后予以正确的指导，儿童自然能获得真实的学问。

观察的教学，不仅能促进教学兴趣，而且儿童的人生态度，亦将因此而得到健全的发展。观察所依据的是客观事实，失去事实的支持，则附会造作都将产生。儿童养成观察习惯之后，一种尊重事实、求真求是的态度很自然地会建立起来。

但精密的观察怎样才能达到？现在略述几点如下。

第一，全面的观察。片面的观察，不足以概括全体，根据一点、一线、一面的观察，就来做全面的概括，往往错误百出。精密观察的首要条件就是要全面的观察。

第二，比较的观察。有许多事实，必须经过比较，才能得到正确的结论。比如说，我们想知道稻谷在怎样的条件之下才能生长得快，像这样的问题我们非用比较观察法不可。我们让谷子播在有日光的环境中与不见日光的地方有什么不同，播在干燥的土中与潮湿的土中又如何，经过多方面的比较之后，我们才可以获得一个较为正确的结论。因此，比较观察法，也是精密观察所应具有的条件。

第三，系统的观察。观察作为教学的方法来运用时，是具有一种明确的目标的。为使教学的目标能完满地达成，观察的过程必须具有严密的计划，然后按着这种计划，再来做系统的观察。有系统的观察，实是使观察得以精密的主要条件。

第四，五官俱到的观察。全面的观察要照顾到观察对象的各个方面，至于五官俱到的观察，则是观察者的主观的努力。观察者不仅是以片面的感官进行观察，而且还需要以视觉、听觉、嗅觉与触觉，五官俱到观察，才能发掘事物的真理。这就是说当观察的时候，我们要尽可能地利用我们的感官。我们用眼去看，用耳去听，用舌去尝，用鼻去嗅，并且还得用手去摸，让它们互相补充，互相帮助，使观察的过程更加完全、更加正确。

观察是人类获得知识的基本方法，而精密观察则是开启真理宝藏的钥匙，握着这把钥匙，我们便能够接近科学的真理。假使要教学能获宏大的效果，则精密观察的方法，便不能不予以正确的运用。

第4辑

幼儿园教师
基本素养与训练

谁是成功的教师

做教师难，做一个成功的教师更难。但是做教师的，谁不想做一个成功的教师！

我们都知道，教师的工作是直接影响着成千上万的学生，而间接又由这些学生来影响更多的人。教师的影响既如是之大，所以凡是做教师的，谁都应该做一个成功的教师。

一个教师，他要整天跟学生生活在一块，一言一语，一举一动，无形之中，学生都受着莫大的影响。所以有人说，学生是教师的一面镜子，教师的行为习惯，学养人格，都可以在学生们的行为上反映出来。因此，一个教师如果希望学生有好的表现，自己一定先要有好的表现。但是，怎样才能有好的表现呢？又怎么样知道自己的表现是好的呢？

无疑的，我们需要一种量尺。一个教师可以用它来度量自己的成就，量出的结果，就是他成功或失败的最好的标记。而且，我们还可用以做自我检讨，找出自己的优点和缺点。

下面，我提出几种测量教师品格的量表，跟大家讨论。最后为了供给教师在个人方面、职务方面，做一个忠实的自我检讨起见，作者更提出美国最近的一种教师自我测量的量表。

一、笼统的测量方式

30年前欧美各国大都应用着这种方式。其内容都是根据各个教育家的意见，将教师应有的品格，分为普通的和特殊的两大类。

（一）普通的品格

分健康、仪表、声音、辞令、机敏、同情心、合作心、热心负责、诚恳忠实、进取精神10项。

（二）特殊的品格

教师除具备普通的品格之外，各级教师还应该具有特殊的品格。幼稚园教师应该具备何种品格呢？依柏格莱（Bagley）和堪斯（Keith）的意见，有下列四项。

1. 对于琐细事件的兴趣。

2. 对于各儿童的兴趣。

3. 明慧的忍耐心。

4. 清晰的头脑及和蔼的性情。

又小学教师应该具备何种品格呢？阿尔麦克（Almack）和兰格（Lang）曾经根据业务分析的原理来拟订：像参考书、图书馆书目、书报指南等用法，普通学校所用教材的资料，朗读与语调悦耳正确，能奏一种乐器或歌曲等，共20条。

二氏又列举了小学教师应有的知识、技能和道德的标准：

1．知识——读法、语言、拼法、算术、史地、公民、卫生、书法、体育、科学初步、音乐。

2．技能——注册保管、制作报告、指导游戏、监护儿童行为等。

3．道德——合作、热心、守正、坚忍、振作等。

二、计分的测量方式

计分式的测量表也是25年前所采用的，内分四大项：（1）教室管理共155分。（2）仪容言动，共192分。（3）教材及教法共521分。（4）学生反应共132分，总计1000分。（可参阅孙邦正编著之《教育视导大纲》）。

第一项，教室管理，下分上课下课、进出教室、空气、座次、课内秩序等八小项。

第二项，仪容言动，内分态度、举动、体格、衣履、语言等八小项。

第三项，教材及教法，内分组织、复习旧课、指定工作、矫正、活动等十小项。

第四项，学生反应，内分兴趣、发问、反应三小项。

每一小项内，又分若干条，像上课下课这一小项内，共分3

条，遵守时间，9分；迟到或早退3分钟以上，6分；不依时间，3分。测量的时候，可以逐条记分，然后将各项总分相加，就可以看出这位教师的教学的效率是不是很高。

三、自我检讨的测量方式

检讨式的测量方式，是美国的一位教育工作者芬纳（M. S. Fenner）所拟订的。我已经将它全部翻译出来了。教师可以用来自我检查，对于自己的身体、言行、生活、工作各方面，都可以自问自答地测量出自己是否是一个成功的教师。

（一）我的仪容

1. 我的仪容已尽我所能，使我感到可爱吗？

2. 我好好地整饬，使头发清洁，双手及指甲经常清洁吗？

3. 我的牙齿及口腔气味表示饮食适当和口腔卫生吗？

4. 我保持直立的姿势，而不依靠书桌吗？

5. 我的头部正直，两肩向后，胸部凸出，足趾支持体重，两臂及两腿舒适地摆动，显得风度优美吗？

6. 我避免坐立不定和用手指旋转铅笔等癖性吗？

（二）我的康健

1. 我具有由康健而产生的充沛的体力吗？

2. 我的卫生习惯是合理的和规律的吗？我得到充足的新鲜空气和阳光吗？我有适当的饮食习惯吗？我适当地休息和锻炼体

格吗？

3．我有免除健康上的缺陷和可以治愈的慢性疾患吗？

4．我戒除有害健康的习惯吗？

5．我能控制我的意识，而不在事后做不负责的推托吗？

6．我能常年保持有余的精力，而不致发展成慢性的疲劳吗？

7．我心情愉快，容光焕发，显示心理上和精神上的健康吗？

（三）我的谈话

1．在公开场合或私人谈话中，我的谈话能予人以良好的印象吗？

2．在轮到我说话时，我不侵占他人的谈话时间吗？

3．我曾察听自己的声音，知道确是悦耳的吗？

4．假如我有了语音的缺陷如发音含糊、鼻音或音节不清等，我有过适当的矫正吗？

5．我说得相当慢吗？

6．我每天练习，以期养成清澈的发音和清晰的语音吗？

7．我常常在增加我的词汇吗？对于发音尚不确知的字，我查阅字典吗？

8．我经常注意改进我的国语，使之值得作为学生的模范吗？

（四）我的待人

1．即使是在别人嘲笑我的时候，我仍能保持幽默感吗？

2．我对人讲话委婉而和悦，不过分地率直吗？

3．我遇致怒之事，仍能保持心平气和，以免自己的感情受伤，而得批评和建议的益处吗？

4．我能从从容容地和他人会晤，正视对方的眼睛吗？

5．我在宴会时有良好的礼貌吗？

6．我所写的信富有趣味吗？

7．我抑制自己，不过分用"我"字吗？

8．我能充分地报道时事、音乐、文字、运动以及其他方面的情形，不使我的谈话只限于"本行的事"吗？

（五）我的职业

1．我是一个本地教育学会、省教育学会及全国教育学会的会员吗？

2．我从专门的阅读、联合会、暑期学校、旅行等来充实我的教学吗？

3．我已研究过遵守我的职业的道德规律吗？

4．我能体味教师职业的重要性，并且熟知它的历史吗？我宁愿教书而不愿做其他的事情吗？

5．由于自我检讨，指导员的建议，或应用新法实验，我曾发现我的教学弱点并且努力克服吗？

6．我曾将我的教课经验撰文发表吗？

7．我至少用薪水的百分之一来购买经过选择的书籍吗？

8．在人类福利方面，我至少选择一个重要的范围而做一个忠诚的研究者吗？

（六）我的学生

1．我像对待朋友一样地和学生相处，并且建立了相互了解、信任和尊敬吗？

2．我对每一个学生有真诚的兴趣，使他们感到公平无私吗？

3．学生有机会和我讨论班级及其他的问题吗？

4．我的教课是否有良好而有效的计划，使学生们都能真正地学习？学生喜欢我的课吗？

5．学生对所教的课和指定的课业觉得能清楚理解吗？

6．我利用有兴趣的班级活动来获得良好的秩序，且使每个学习者都做相当的贡献，而非由于勉强服从吗？

7．对于学习有困难的儿童们，我在课外给予指导，而不引起全班注意他们的行为吗？

8．我的教室整齐清洁吗？对于我的学生们是一个可爱的儿童之家吗？

（七）我的同事

1．我和同事们的友谊良好吗？

2．我和同学们、学校行政当局和教育局合作吗？

3．我对于教室以外的事，如餐厅和运动场的监护等，尽了我应尽的责任吗？

4．我有庆贺同事们职务上的成功的雅量吗？

5. 我能按时地和准确地撰写报告和记录吗？

6. 我认为教师会议是一个学习的机会吗？

7. 我把决不诽谤同事这件事作为一个永久的规约吗？

8. 我能改变我的计划来配合他人的计划吗？

9. 我忠于我所参加的职业团体，并且将它的利益置于自己的利益之上吗？

10. 我履行诺言及义务能够使人信赖吗？

（八）我的社会生活

1. 我是一个好邻居吗？

2. 我是真正地住在这里，还是做一个流动的教师，兴趣和活动均集中在外面呢？

3. 我参加社会活动吗？我投选举票吗？

4. 我访问学生的家庭，俾能明了他们的背景和需要吗？我向父母们表示我对他们的孩子真诚地关心吗？

5. 我是父母教师联谊会的活动分子吗？

6. 我所教的课业和社会生活相配合，使之变成了活的教学吗？

7. 我的社会的及道德的标准与我的职业相称吗？我在校外交友谨慎吗？

8. 我重视本地的风俗吗？

以上三种方式，我们可以来讨论一下，到底哪一种方式最好，最合用。第一种方式，我觉得太笼统，也不太具体，所以教师测量的时候，似乎得不到一个正确的答复。第二种方式可以说是给视导人员应用的，仅限于教师在教学的时候，逐项地测量、记录分数，而对于教师的人品学识各方面，都没有列举出来，所以第二种方式，只能用来测量教师的教学效率。第三种方式，是美国测量教师的一种方式，而这一种方式比较具体，内容也较详尽。就是日常生活最细微的小事件，也都列举出来了。所以每一个教师，可以依照里面的问题，在每一个星期里，或每一个月里，自己反省一次，然后在问题后面做上一个记号，表示自己是否做到了。不过，这一个量表的内容，还不能完全适合于中国教师应用，我希望以后能够加以修正，加以补充，拟订一个比较完善的测量表，给中国的教师应用。

谁是成功的教师

怎样做人民的幼稚园教师

教师是最伟大而又最辛勤的雕塑匠，是人类灵魂的工程师。教师所负的任务是非常艰巨的。尤其在新中国的现阶段，要把旧教育转变为新教育，这并不是一件轻而易举的事。教师们首先要自我改造，把自己从旧教师改造成为人民的教师。在思想意识上、教学态度上、教学方法和技术上来一个转变，加紧学习，建立正确的观点，站在广大的人民大众的立场上，改造旧的教学态度和教学方法，这是新时代对教师的要求。

幼稚教育是人生最基本的教育，也是人生最重要的一个教育历程。因此，做一个幼稚园教师，其任务是更加重大的。现在我将人民的幼稚园教师应有的认识和应具备的条件分成下列几点和大家商谈。

一、政治思想方面

1. 要认识中华人民共和国之文化教育建设的方针。1940年毛主席发表了著名的《新民主主义论》，在这本书中，明确地指出中国的新文化运动属于新民主主义性质，其内容是民族的、科学的、大众的，即是说"它是反对帝国主义压迫，主张中华民族的尊严和独立的。它是我们这个民族的，带有我们民族的特性。它同一切别的民族的社会主义文化和新民主主义文化相联合，建立互相吸收和互相发展的关系，共同形成世界的新文化""它是反对一切封建思想和迷信思想，主张实事求是，主张客观真理，主张理论和实践一致的""它应为全民族中百分之九十以上的工农劳苦民众服务，并逐渐成为他们的文化"。这些原则已经明确地成为建设新中国文化教育事业的各项政策（《共同纲领》）。因此，作为幼稚园教师首先应该认识当前中国文化教育建设的方针，为新中国的幼稚教育而效劳。

2. 要认识教师的主要任务是提高人民文化水准，培养国家建设人才，肃清封建的、买办的、法西斯主义的思想，发展为人民服务的思想。加里宁说："苏联教师最伟大的一个任务是把幅员广大、民族众多的苏联全体人民都造就成为有知识的人。"在人民文化水准很低的现今中国，这个任务是具有相当重大的意义的，因为国家的建设工作，需要千千万万的知识分子，所以当前的教育方针是为工农服务，为生产建设服务。

3. 要学习马列主义、毛泽东思想的立场、观点和方法。做一个人民的幼稚园教师，必须要学习马列主义、毛泽东思想，也就是说要建立唯物的观点、劳动观点、群众观点以及组织的观点等，采用理论与实践相一致的方法，站在人民大众的立场上去分析问题，并合理地解决各种问题。

4. 要认识教师的重要任务是培养儿童爱祖国、爱人民、爱劳动、爱科学、爱护公共财物等公德。作为一个幼稚园教师，对于培养儿童"五爱"的公德，必须要有明确的认识。无论在日常生活上或各项教学活动中，要指导儿童从爱家庭、爱幼稚园扩大至爱祖国、爱全世界的劳动人民。要培养儿童有爱好劳动的习惯，也唯有爱劳动才能体会劳动的伟大，才能珍惜劳动人民的劳动成果，才能爱护劳动人民所创造的公共财物。因此，希望每一个幼稚园教师在日常生活上、教学活动中能完成培养儿童爱祖国、爱人民、爱劳动、爱科学、爱护公共财物等国民公德的任务。

5. 要认识教师是新中国的主人，要热爱祖国，要积极参加政治活动。在反动政权的统治下，不少教师以不过问政治为无上清高。现在我们的国家新生了，政权已属于人民，每一个人都应该以主人翁的姿态来参加各种政治活动，尤其是作为一个人民的幼稚园教师，更要为民先锋，起带头作用，站在人民大众的立场上为国家建设而努力。

二、业务修养方面

1. 要认识儿童是新中国的幼苗。先进的社会主义国家，对于儿童的养护和教育，不但能得到法律的保障，而且能广泛地引起社会各阶层人民的注意。儿童是国家的幼苗，明日国家的一切建设事业需要今日的儿童来完成、来发展。因此，作为一个幼稚园教师需要深切地认识到这一点。

2．要认识幼稚园是培养新中国幼苗的苗床。儿童是新中国的幼苗，那么幼稚园就是培养幼苗的苗床，其任务实在是伟大而艰巨的。因此，做幼稚园教师的人，应该要认识到自己工作的重要性，务必要使生长在这一个苗床里的幼苗，能够生长得很苗壮。

3．要认识幼稚园是解放妇女的桥梁。要解放千千万万的妇女，去参加国家的经济、政治、文化各部门的建设工作，我们必须解决她们的教养子女问题，幼稚园（包括托儿所）可以说就是解决这个教养问题的最好的设施场所。因此，我们可以说幼稚园就是解放妇女的桥梁。

4．要认识幼稚园是改造家庭教育的助手。幼稚园不但是解放妇女的桥梁，也是改造家庭教育的助手。因为幼稚园教师都受了专业训练，对于儿童身心的发展、儿童优良习惯的养成都有相当的认识。而父母们对于如何教养子女，可能缺乏某些知识。幼稚园教师就要负起协助父母改进家庭教育的责任。

5．要了解和精通幼教业务。要做一个好的幼稚园教师，一定要了解和精通自己的业务，如音乐、自然、故事、游戏、舞蹈、手工、图画等教学技能和各种教学方法。

6. 要了解教师本身的品质是养成儿童品格的重要因素。加里宁说:"教师的世界观,他的品行,他的生活,他对每一个现象的态度都这样或那样地影响着全体学生。"这是非常正确的。教师的一言一语、一举一动,无形之中都会深刻地影响儿童的。所以,做一个好的教师一定要具有优良的品质,处处以身作则,这样才能养成儿童良好的品格。

7. 要了解怎样保护儿童的健康。

(1)培养卫生习惯。卫生习惯是巩固儿童身心健康的必备条件,从幼稚园开始就要积极指导儿童注意日常生活上的卫生习惯。如每天早晨大便一次,不乱吃零食,经常保持身体、面部、服装的整洁习惯等。

(2)注意作息时间。从保护儿童健康和养成规律生活的习惯上看,在幼稚园和家庭里面,对于作息时间是要儿童严格遵守的,如按时起床,按时睡觉,按时进膳等,都是值得教师们注意的。

(3)发展儿童各种活动动作。一个人的身心发展在他最早的几年当中是最迅速的,也是最基础的,所以儿童各种活动动作的发展在学龄前是非常重要的。

(4)重视户外活动。空气和阳光对于儿童健康的重要性是不言而喻的。因此,幼稚园的活动最好能够在户外。苏联的幼稚园即使在冬季也规定每天必须在户外活动3至4小时。户外活动对于儿童身心的发展,实在是必要的。

（5）给儿童充分的娱乐和游戏。娱乐和游戏对于儿童身心的发展是有重大的意义的。它可以给儿童丰富的经验，它也可以让儿童学习怎样控制情绪和怎样与人相处，还可以发展身体的技能，启发儿童的智力。因此，幼稚园应该为儿童设置良好的游戏环境，指导儿童游戏，使儿童在游戏中得到良好的教育。

（6）了解什么是儿童的营养。植物需要一定的养料和水分，才能茁壮成长。儿童也需要良好的营养才能发育成长，所以幼稚园教师一定要了解各种食品的营养和儿童的需要。

（7）注意儿童合理的衣着。营养对儿童的健康是非常重要的，合理的衣着也不能忽视，如质料的选择，式样的选择，教师都可以向母亲们建议。有的孩子四五岁了，母亲还是给他穿开裆裤，这是有碍个人卫生的；还有些孩子，一到冬天就被长袍大褂束缚得连走路也成问题了。诸如此类，幼稚园教师应该随时指导母亲们纠正过来，或者选一个适当的机会向母亲们做一次集体的教育，以便使儿童们得到合理的衣着。

（8）预防传染病。预防传染病是保护儿童健康最重要的工作，所以教师们一定要了解怎样预防各种传染病，如天花、麻疹、白喉、百日咳、霍乱、伤寒等。随时和卫生机构联系，实施预防。

（9）矫正儿童身体的缺点。这里所说的儿童身体上的缺点，并不是指很严重的现象，是指比较轻微的缺点，无须医药上的矫治而能矫正的，如口齿不清、口吃、坐立姿势不正确等。必须医药矫治

怎样做人民的幼稚园教师

的，要尽可能指导家长正式就医，或教给长期应该注意的矫正办法和优良习惯的养成。

（10）锻炼儿童的体格以适应环境。苏联的儿童对于体格的锻炼是非常注重的，如冷水浴是常常进行的。经过这样的锻炼，他们才能在冰天雪地的土地上生活着，适应他们寒冷的环境。我们往往不知道如何锻炼，一味地防护，把儿童养得太娇嫩，这是应该改变的。

（11）给不同年龄的儿童各种玩具和游戏器具。玩具和游戏器具对于幼儿的重要，正和大中小学学生有教科书一样。随着儿童的身心发展，各时期儿童对于玩具和游戏器具有不同的爱好。因此，玩具和游戏器具的设置，要随着儿童年龄大小和爱好而分别配备，才能助长儿童身心各方面的正常发展。

8．要了解儿童的智力是怎样发展的。

（1）感觉训练是认识一切环境的基础。"生而知之"是不可能的。儿童对于环境中各种事物的认识一定要眼睛看到，耳朵听到，手接触到，才能了解事物的真相和性质。著名的女教育家蒙台梭利认为训练儿童的感觉是非常重要的，这是很正确的。

（2）儿童智力是在游戏中、作业中、劳动生活中、自然社会中获得基本知识的累积。因此，教师们必须设置各种游戏的环境、工作的环境，并组织儿童参加一些力所能及的劳动，随时随地向大自然大社会请教，追求事物的真理，这是发展儿童智力的钥匙。教师们应好好地掌握，为儿童打开一道智慧之门。

（3）帮助儿童注意四周的环境。帮助儿童注意四周的环境可以发展儿童各种兴趣，满足儿童的求知欲，培养儿童的观察力。我曾在南京鼓楼幼稚园做过一个试验，第一天我将墙上的挂图都翻过去，问小朋友图中是什么东西，可是许多小朋友都不知道。于是我再翻过来，告诉他们这是什么，那是什么。过了几天，我再将图翻过去，这一次，小朋友大都能回答出来。由此我们可以知道，儿童有时对于教师们布置的环境也不很注意。因此，我们一定要帮助儿童张开眼睛，打开耳朵，挥动双手，使儿童能认识环境，接触环境，以至创造环境。

9. 要了解怎样培养儿童的道德品质。

（1）要和儿童共同游戏，共同工作。一个教师如果像工头一样站在学生的旁边，指挥这个，命令那个，而自己却十指不沾，这是极坏的现象，也是极笨拙的教学方法。如果你要了解儿童的个性和兴趣，明了儿童的能力和情感，自己一定要参加到儿童的队伍里面去，共同游戏，共同工作，这样才能深切地了解儿童，指导儿童。

（2）教导儿童分配玩具时，要互相谦让。没有一个儿童不爱好玩具，也没有一个儿童不想独占玩具的，所以教师一定要分配玩具，将玩具交给某班儿童或某几个儿童，以便培养儿童的责任感，并可训练儿童如何爱护公共财物。在玩的时候还要指导儿童如何互相谦让，如何合作互助。

（3）要教导儿童敬爱父母、尊敬师长。我们对于教导儿童敬爱父母、尊敬师长，应当十分重视。因为敬爱父母、尊敬师长就是教导儿童爱祖国、爱人民的起点。

（4）要教导儿童有服从性、纪律性。教导儿童服从真理、服从集体，养成儿童自觉的纪律性，这是儿童道德教育最重要的一部分。教师们应当在儿童整个生活中，集体的方式下，指导儿童了解为什么要服从真理，为什么要服从集体；如何服从真理，如何服从集体。指导儿童了解为什么要有自觉的纪律性，如何养成自觉的纪律性。

（5）要培养儿童的毅力、坚韧力、忍耐心和勤劳、勇敢、朴素的品质，使儿童建立起自觉的纪律性。

10. 要了解怎样发展艺术教育。

（1）环境艺术化。爱美是儿童的天性。当儿童跑到一个优美的环境里面，看看四周是苍翠的树木，鲜艳的花卉，还有各种有趣的小动物，又有美丽的图片，试想他会不会生发一种美感和愉快的情感？是不是陶冶了他的性情和心灵？毫无疑问，儿童就在优美的环境里，顺着爱美的天性得到合理的发展。因此，环境艺术化是教育的一种手段，决不可以忽略。

（2）注意自然的美和丰富的形态以及声音。伟大的音乐家、画家和诗人，都是对自然的美具有精湛的欣赏力，以高超的技术将自然的形态和声音描写得淋漓尽致。这种欣赏力从哪里来呢？当然要有适当的环境来培养的。所以，做教师的人要指导儿童欣赏自然的美，注意劳动人民的劳动歌声和动作，使儿童从大自然中、从劳动社会里体会到自然的雄伟壮丽和劳动人民的伟大，从而对劳动和自然发生浓厚的兴趣。

（3）用诗歌、图画、音乐、舞蹈、各种手工等，发展儿童的创造性。幼稚园的小朋友常常喜欢用图画、诗歌或音乐来表达自己的情感。做教师的应该鼓励儿童创作，以发展他的创造性，发挥他的艺术天分。

三、教学技术方面

（一）要掌握教学技术的原则

1. 要了解教学的基本原则在"做"。所谓"做"，并不限于双手做才是做，凡是耳闻、目睹（观察）、调查、研究，都包括在内，也就是我们通常所说的"实践"。"做"是儿童对生活直接的体验。儿童对任何事物有了直接的体验后，才知道事物的真相，才能了解事物的性质，才能明了事物的困难所在。儿童要求得真实的知识一定要"做中学"，而教师也应在"做中教"，共同在"做中求进步"，这是教学最基本的一个原则。

2. 能掌握理论与实际相一致的教学方法。在幼稚园的教学活动中，如果掌握了理论与实际一致的教学方法，可以使儿童在实际活动中了解日常事务的普遍真理，将经验提高到浅显的理论上，这对于启发儿童的智力是有帮助的。

3. 能了解每个儿童的个性和他的问题。了解儿童的个性，明了儿童问题发生的原因，教师就可以对症下药，引导儿童步入正确的途径。

4. 建立师生间的友谊。儿童从母亲的怀抱走到教师的身边，从熟悉的环境走到陌生的环境，这在他的情感上会引起很大的波动。在这个时候，他很需要人关心他，爱护他，使他不觉得从家庭走进幼稚园，像是失去依靠似的觉得孤单、寂寞。因此，教师一定要跟儿童建立友谊，使儿童觉得你是他的朋友、他的伴侣，他很信赖你。这样教师就可以掌握儿童的情感，引导儿童走上正确的途径。

5. 能选择适当的学习经验。一班几十个儿童，他们的生活经验、个性、兴趣以及学习能力，大都不相同，做教师的一定要依照着儿童的经验、个性、兴趣以及学习能力为他选择适当的学习材料，这样才能使教学活动收到相当的效果。

6. 能充分利用大自然大社会中的活教材。最近鼓楼幼稚园的教师应用了一种活教材，非常有意思。就是将大蒜头的皮剥掉，用铅丝穿成一个圆形，放在花盆内，盆内放水和棉花，几天之后，大蒜头长出了碧绿的芽。从这一个教材中间，不但可以使儿童明了大蒜生长的情形，还可用以作为布置教室的材料。再如从劝募寒衣的教学活动中也可以使儿童发挥友爱的精神，实践爱人民的品德。所以，充分利用大自然大社会中的活教材，是教师掌握教学的重要原则。

7．能掌握表情达意的工具，如语言、文字、图画、音乐等。掌握了表情达意的工具，才能使教学活动的内容更生动、更丰富、更能起教育作用。譬如讲一个故事，不但讲得娓娓动听，而且用图画出来，儿童对于这个故事的印象一定更深。所以，掌握表情达意的工具，也是教学原则之一。

（二）要掌握教学技术

1．能讲动听的故事。爱听故事是儿童的天性。一个正在吵闹啼哭的孩子，你说讲故事给他听，他可能会瞪着泪水汪汪的眼睛，凝神地听你讲故事。所以一个良好的教师一定要能讲动听的故事。

2．能编歌谣谜语。作为幼稚园的教师不但要能背诵几十首歌谣谜语，而且要会随着儿童生活中所喜欢的事物编著歌谣谜语，这样才能使教学活动的内容更丰富起来。

3．能画图。会画图也是很重要的教学技术，如讲故事、研究各种事物、布置教室等工作，都得应用图画。

4．能做手工。如纸工、木工、泥工、布工、漆工等。

5．能唱歌。爱唱歌也是儿童的天性。一个五六个月的孩子就会咿呀咿呀地发出歌声，所以做教师的一定要会唱歌，才能满足儿童的欲望，陶冶儿童的性情。

6．能奏一种乐器。在城市里面大都以风琴、钢琴为主，如能吹奏口琴以及会玩其他乐器也可以。做幼稚园教师应以能奏一种乐器为原则。

7. 能种花种菜。要培养儿童的劳动习惯，要启发儿童爱好自然的天性，一定要带领儿童种花种菜。

8. 能玩简单的科学小游戏。小游戏是儿童很爱好的。科学小游戏也能引起儿童的兴趣。在幼稚园的教学活动中，可以玩简单的科学小游戏，以提高儿童的科学兴趣，启发儿童的科学思想，进而培养爱科学的品德。

9. 能布置教室。所谓布置教室并不是仅仅在墙上挂几幅画而已，必须配合教学单元。布置适当的教学环境，当然所布置的地方也不局限于教室。要能利用自然物，把活的东西布置起来，才显得出生气，才富有教育意义。

10. 能做点心和烧菜。儿童是爱好吃的，做教师的可以结合教学单元领导儿童做点心、做菜，既可以增加儿童的兴趣，又可以丰富教学的内容，增加儿童实践的知识。

11. 能做初步的急救工作。在幼稚园里面常会发生意外的事情，教师一定要有初步急救的技能，以免手忙脚乱，发生更大的事故，使儿童受到意外的伤害。

四、优良品质方面

（一）对人

1. 和蔼可亲。对于一个满面笑容的教师，大家都会喜欢。如果成天板着一副面孔，要跟他人建立良好的关系就不太容易。

2. 不发脾气。发脾气不但对于自己的健康有损害，而且给他人极坏的印象，所以对人对事最好以不发脾气为原则。如果他人有不正当的行为，可以平心静气地说服他、教育他。

3. 帮助别人。帮助别人是发挥友爱的一种表现，如果别人有什么困难问题，应该尽自己的能力去帮助他。

（二）对自己

1. 能掌握自我批评的武器。一个人能够随时批评自己，才能继续不断地进步。……如果不能掌握自我批评的武器，不求改进，那么他将无法适应新时代，也不能对新社会有更大的贡献。所以做教师的一定要掌握这个武器，加紧改造自己，使自己很快地成为一个新型的知识分子，成为一个优良的教师。

2. 不自私。一定要排除"自私"的意识，才能成就一个团体以及国家、社会的发展。

3. 注意健康。健全的身体是一个人做人做事做学问的基础，所以做教师的要时时刻刻注意身心两方面的健康。

（三）对儿童

1. 热爱。一个热爱儿童的教师，他是会全心全意地为儿童谋

怎样做人民的幼稚园教师

幸福，持续不断地改进自己的工作的。反之，一个不热爱儿童的教师，他是不会时时刻刻想到应该如何指导儿童生活，如何使儿童得到更合理的教养的。所以，热爱儿童是做一个优良教师的起码条件。

2．公平。公平地对待儿童，将使教师在儿童心目中建立很好的威信。如果教师不能公平地处置日常生活上的某些问题或是对儿童有所偏爱，便将失去威信，同时又会影响儿童心理的发展。所以教师对待儿童，不但要热爱，而且态度要公平。

（四）对同事必须合作

一个人所能想到的，所能做到的，是很有限的。如果跟他人合作做一件事，成就一定更大。做教师的如果跟同事共同编制教材，商讨问题，交流教学经验，丰富教学内容，这是求取进步的一种方式。反之，如果关门自守，坚持成见，他将无法求得进步。

（五）对工作

1．有高度热情。米丘林、巴甫洛夫等科学家，他们是如此地热爱着自己的祖国，酷爱着自己的工作，能够以百折不挠、艰苦卓绝的精神，来实现自己的理想。一个优良的教师一定要具有高度的工作热情，继续不断地改进自己的业务，全心全意为儿童谋幸福。

2．富有创造性。中国的幼稚教育可以说是一块处女地，正等着千千万万从事于幼教工作的人去开拓，举凡设施、教学、教材……都需要全体幼教工作人员创造、实验、推广，使幼稚教育在中国开放出鲜艳的花朵，结成甜美的果实，为祖国新生的一代开拓一块辽阔而美丽的园地。

3．决不灰心。做教师的应该拿"决不灰心"这四个字作为座右铭。如果在工作当中遭遇到任何困难，便可以拿这四个字来鼓舞情绪，振作精神，努力克服困难，达到目的，实现自己的理想。

（六）对学问要做到"学习，学习，再学习"

学习在个人生活中的重要性是无须申述的，尤其是在今天人民解放事业已经得到伟大胜利，国家的整个形势改变了，新理论、新事物激起了思想意识、风俗习惯等各方面的改变。为了迎接新时代的到来，为了适应新时代的需要，教师们的学习是非常重要的。目前各级学校教师已自动自觉地组织学习小组：一方面学习政治理论，学习马列主义、毛泽东思想，改变旧的观点、立场，树立革命的人生观，建立为人民服务的思想；一方面学习业务，研究新理论，实验新方法，交流经验，改进教学，是人民革命伟大胜利所造成的一种新风气。这种新风气使教育事业向前推进。

怎样做人民的幼稚园教师

怎样教小孩

各位听众，今天我讲的题目是"怎样教小孩"。教小孩有教小孩的方法，照方法去教，才能教得好，不照方法去教，自然是没有好结果的。现在把我十多年来教小孩的经验，提出最重要的几点，讲给各位听听。

一、教小孩的方法

（一）要从小教起

小孩子在小时候，顶容易感受外界的刺激，几天大的小孩子，倘使他哭了，你去抱抱他、摇摇他，不到一星期，他就非你抱他、摇他不可了，到了五六岁，什么语言的基础，差不多已经打好了。什么做人的习惯，差不多已经养成了。从前有一个人，带了他3岁的孩子去见一位哲学家，说："这是我的孩子，今天带来请你教导他，想你定能教得很好的。"哲学家问他说："你的孩子，今年多大了？"他回答说："今年只有3岁。"哲学家叹了口气说："你送来太迟了。"这位哲学家的话有点道理，他知道儿童的心理，知道小孩子是要从小教的。

（二）开始要教得好

开始教小孩，就要教得好。倘若开始教不好，后来很不容易好的。从前有一位琴师，出了一张招生广告，说："未学过琴的，学费1元，已经学过的2元。"这张广告使得许多人怀疑，以为学过琴的已经懂得一点，教起来比较未曾学过的来得容易，学费也应当便宜些，现在不但不便宜，而且要贵1元，究竟是什么缘故呢？这许多话被琴师听见了，他就对人说："未曾学过琴的不会弹琴罢了，没有什么病根的。至于已经学过琴的，不但不会弹琴，而且学了许多弊病，我现在要教好他，非先去改掉他的病根不可。比较未学过的又多一层困难，所以学费也应当贵一倍。"所以小孩子开始受教育的时候，就要教得好，如果教得不好，就不但无益反而有害了。

（三）注重游戏

小孩子是喜欢游戏的，用游戏的方法教小孩子，最容易收效，并且可以减少许多痛苦和麻烦。有一回，我家的孩子把书摊在地板上，做买卖游戏；不久，快要吃饭了，我一再叫他把书收起来，他总是不肯。我就把书一本本地堆起来，堆的时候，我就"嗨嗬""嗨嗬"地喊着。他听了这种"嗨嗬"的声音，触动他以前搬东西的经验，他就高兴地帮着收拾了。我一本本地把书堆起来，他一堆堆地把书搬到书架上去。一会儿，把地上的书都收拾起来了。如不用这种游戏式的方法，那恐怕是不会有效的，所以做父母的教育自己的儿女，一定要多用游戏的方法。

（四）代替法

小孩子如有不好的行为，做父母的可以用好的行为去代替他。有一回，我看见一个1岁大的小孩子，他要去拿扇子玩。他的母亲恐怕他把扇子扯破，立刻拿一个彩色的摇铃给他，他就来拿摇铃，不顾那把扇子了。倘使他的母亲不用摇铃来代替，只是禁止他拿扇子，那他恐怕要吵要哭了。这样看来，代替法可以免除许多的麻烦，也可以使得小孩子乐于听从你的命令。我常常看见有些小孩子很顽皮，东吵西闹，弄得全家不安，其实并不是小孩子生性好顽皮，实在因为他没有东西玩。有一天早晨，我的小孩子在床上乱跳，和他的小妹妹瞎吵瞎闹，我看见他们快要闯祸了，就对他们说："你要听《西游记》吗?"他们一听见我讲《西游记》，立刻就不吵了，原来《西游记》是他们喜欢听的。他们所以要吵闹的，是因为没有好玩的事情做，假如我只要他们不要吵、不要闹，恐怕是不可能的，如硬要勉强他们不吵、不闹，小孩子一定感觉痛苦，不如用代替的方法，使他们乐于服从。不过有一点要注意的，有时候我们没有好的东西去代替小孩子所要的东西，只好去禁止他，即使他要哭、要吵，也不应改变我们的态度去依从小孩子。

（五）鼓励法

小孩子喜欢听好话的，穿了一件新衣裳，就要给别人看，要别人夸赞他几句，做父母的可以利用小孩这种心理，指导他的品性和行为。父母看见小孩做一件好的事情，就应该鼓励他几句，使他再努力学好；看见小孩做一件坏的事情，也要用积极的方法，鼓励他努力改正。有一天，我看见一个小孩讲话讲得响一点，关门关得重一点，他母亲就骂他说："你不要瞎喊！门不要瞎关！唉！你这个小孩子本来很好的，为什么现在这样子坏？你不要学某某人的样！"这孩子本来是很好的，听了他母亲的话，反而顽皮起来，真个有点学他母亲所说的那个坏小孩的样子了。当时这个小孩的母亲应当好好地对他说："好孩子，你来！你晓得某某人讲话讲得低低的，关门关得轻轻的。我知道你讲话也能讲得和他一样低，关门也能关得和他一样轻。"这样的话，那个小孩子必定喜欢听。所以积极的鼓励比消极的刺激要好得多。

（六）注重自动

小孩子生性是好动的，几天大的小孩子睡在床上，就能稍稍运动手足。这样好动的天性，与他的能力的发展有密切的关系。倘若做父母的事事代替他做，使他没有自动的机会，那他就不能得着经验，而能力也无从发展。我常常看见许多做母亲的溺爱他们的子女，小孩子小的时候，总是抱在手里，使他不得自由爬行；小孩子行走的时候，偶然跌了一跤，母亲就赶快跑过去把他扶起来；小孩子的起居饮食，完全由父母代理，以致到了十来岁的小孩子，往往还有事事要依赖父母的。我们知道学由于做，不做是学不会的。比如教人游水，你在陆地上讲了许多方法给他听，或者你在水中做了许多动作给他看，而不叫他自己去游泳，这个人一旦到了水里，还是要沉下去的。游水非要他自己游不可，你替他代游，不过枉费心力，或者使你自己更练习得好一些，对于学的人是毫无益处的。代小孩子做事，也是这样的。有时候不但没有益处，并且还有害处，小孩子不去做，就不能得着经验，能力也不能充分发展，到大了变成一个很无用的人，这种损失实在是很大的。

上面几条教小孩的方法，非常重要，要小孩子做人做得好，我们一定要用这几条方法去教育他，现在再把怎样教小孩有服从的习惯与爱人的精神，讲给各位听听。

二、教小孩服从

小孩子必须有服从的习惯，这习惯应由父母慢慢地训练起来。比如父母教小孩先洗手后吃东西，小孩就该去洗手。父母教小孩在夜里9点钟去睡觉，小孩子就得按时去睡觉。父母教小孩这样，小孩子就得这样。父母教小孩子不要那样干，小孩子就非停止不可。小孩子有了服从的习惯，才可以适应社会的生活。服从的意思，是保护小孩子增进自动的能力，做有益的活动。教小孩子服从的方法，有几点可供参考。

（一）少用命令式的语气

比如教小孩子去睡觉，可对他说："你觉得疲倦吗？你要去睡觉吗?"这比用命令式的语气"快睡觉去"要好得多。因为命令他睡,他就得去睡。倘若他不睡,就难收回成命了,而且这次不服从命令,下次就更加不服从了。

(二)态度要先后一致

父母教小孩不要那样做,不管小孩怎样央求、哭泣、喧嚷,也不可允许他的不合理要求,这是父母训练小孩服从的正当办法。自然小孩若有真正不服从的理由,当然可以通融,但是哭泣、央求并不是真正的理由。倘若父母既然教小孩不要那样做,又允许他的不合理要求让他去做,这样一来,小孩子就要轻视他的父母了。

(三)父母要同一主张

父母训练孩子,要取同一主张,倘若母亲叫小孩去睡觉,父亲决不能说:"玩一会儿再睡。"这样会使小孩无所适从。倘若父亲和母亲的主张未能一致,最好背地里商量好,再叫孩子去做,父亲和母亲不要当小孩子的面,表示两样的意见。

(四)要考察不服从的原因

小孩子有时不服从,要调查他不服从的原因。比如有时父母说的话,小孩子听不懂,父母必须重说一遍或做个样子给他看,他才服从。有时小孩要问为什么,父母要解释给他听,他才服从。但是要留心,不要养成小孩子等着重复命令的坏习惯。还有一些小孩,记忆力很弱,倘若在半小时以前告诉他半小时以后应做的事,到了时候,他已忘记了,这也不能责备小孩不服从,因为他已不记得有这么一回事了。

此外，还有一层应该注意的，就是我们训练小孩子服从，要好好地诱导他，不可以用威胁的方法，如打骂、恐吓等，强迫他服从。因为威胁的方法只能收效一时，不能持久，并且会使他对于不应该怕的东西也怕起来，到了夜里还会做可怕的噩梦，这比不服从还要坏。更不可用溺爱的方法来得到小孩的服从。小孩子要什么，不管应当不应当，随便就依了他，小孩子不肯服从，不管对不对，就由了他。这样的孩子，长大了会变成一个任性的人，不能独自干一件稍难的事，这就是他的父母害了他。

三、教小孩爱人

父母应该训练小孩有爱人的精神。小时候如有爱人的精神，将来才能够爱社会，爱国家。训练的方法，约有下列几点。

（一）要能顾虑别人的安宁

顾虑别人的举动，小孩子生来是不晓得的。小孩子有好吃的东西，只知自己吃，有好穿的衣服，只知自己穿。要哭就哭，要笑就笑，并不晓得顾虑到父母、兄弟、姐妹等的安宁和幸福。做父母的，应当好好地训练孩子，使他知道顾己顾人之道。比如小弟弟睡觉的时候，做父母的可轻轻地对大的孩子说："弟弟睡了，不要做声。"父母在房里走路，也要轻轻地走。这样，常常把顾虑他人安宁的话说给他听并且做给他看，这个孩子不久自然会顾虑他人的安宁的。

（二）对人要能表同情

同情行为也不是生来就有的，要在小时候慢慢培养起来的。在教育好的家庭里，培养得快一点，在教育不良的家庭里，发展就要慢一点。小孩子缺少同情行为，并不是小孩子的秉性不良，实在是做父母的不去训练他的缘故。比如小孩子有病的时候，做母亲的可对他的弟弟说："哥哥今天不舒服，睡在床上很难过，你要去看看吗？"小弟弟会要去的。母亲可再对他说："你看见了哥哥，要说'你好吗？'"接着母亲便领小弟弟轻轻地走进去，孩子走近哥哥旁边，自然会说："你好吗？"小孩子问后，再轻轻地领他出来。这样慢慢地训练，自然能够养成孩子对人表同情的行为。以后碰到国家和社会有什么灾难，也要随时训练孩子，对于国家和社会能充分地同情。

（三）对长辈要有礼貌

有些孩子不知怎样对待长辈，一见了长辈，就缩头缩脑地躲着，或者当着长辈的面，连大气也不敢出。做父母的，应该自己先对长辈行礼给孩子看，并称赞有礼貌的人，使孩子知道有礼貌的荣誉，喜欢去行礼。倘若小孩子遇见了长辈还是不会行礼，父母可轻轻地在孩子的耳边提醒他，不要当着长辈的面前，逼他去行礼。更不可当着长辈面前，骂他"饭桶""废物"等难听的话。因为孩子一时不留心便受着父母的责骂，以后再遇到长辈，更不愿意去行礼了。

怎样教小孩

（四）要能帮助父母做事

父母要训练小孩子，在家庭里做点事情，如整理物件、洒扫庭院等轻便工作。有些父母看见小孩子做事，生怕他做不好，而且嫌他做得太慢，就叫他不要做。从我们成人眼光看来，小孩子做事固然不如我们自己做得好，做得快，但从小孩子方面看来，不让他去做，他便不能得到做事的经验了，将来怎样好做人呢？

教小孩服从，教小孩爱人，这是教小孩怎样做人的最重要的习惯与精神。要想教得好，就要根据上面所说的方法耐心去教，我们知道，小孩子不是父母的附属品，乃是国家未来的主人。小孩子教得好，不独父母得到幸福，国家也可得到人才。所以做父母的，为自己着想，为国家民族着想，都该留心怎样教小孩的方法，来教育自己的子女。

师范教育的根本问题

现在谈谈教育的人。谁都知道师资的重要，提到师资二字，就要联想到师范教育。因为师范教育是一般师资的出产处，也就是教育进行中的船舵。简言之，师范教育好，造就的师资也好；师资既然好，办的教育就不会不好了。然而好的师范教育，决计不是纸上空谈所能奏效的。必须要实事求是，在事实上去下功夫才好。否则犹如在陆地上学游泳，一定没有效果的。所以要办好师范教育，依我的意见看起来，至少须先解决下面的几个学习的根本问题。

一、相当的动机

学习任何事情，第一是要学习的人自己要学习，自己要学习才能尽心竭力，不避艰难地去做，这种要学习的倾向，就叫作动机。教授任何事情，必定要先把学习此事的动机引起，方始有效。反之，如果没有动机，勉强他去学习，那就如俗话所说："捉老鸦到树上去做窝，永世不得成功了。"

师范教育的根本问题

二、相当的动境

某种动机的引起，必须先要有某种需要。何为需要，就是在某种境况之下，不得不做某种活动。譬如在水里面才好学习游泳，在山上才好练习爬山，各种学习均是如此。否则犹如在陆地上学游泳，在平地上学爬山，即使盲目地去干，亦终究无济于事的。

三、充分的自习

学习的人有了需要，有了动机，才能把学习的事当作切身问题，不需外力的压迫，自动地去做。这种自动学习的效率绝大，用其他任何教学方法都是达不到的。

四、相当的辅助

照上面所说的三点，学习的人有了动机，又在相当动境之下，就能自己尽力地去学习，得着最大的效果。是不是用不到教师了呢？不是。学生一方面自己学习，一方面在遇到困难的时候，还是要教师去辅助指导的。美国密勒氏[①]说得好："教师可以帮助儿童自己去努力，渡过他的缺陷，决不能把儿童驮在背上，飞过他的缺陷。"教师对于学生的责任，就是如此。做教师的对于这一点，不

---

① 密勒氏应为密勒伊尔文（Irving E. Miller），《密勒氏人生教育》的作者。

可不切实明了。

上面所说的四点，一、二、三是属于学者方面的，第四点是属于教育方面的。教的主旨，是辅助学者自习，所以中心问题仍旧是在学的人自动，一切学习都是如此，师范教育当然亦不外此例。然而试观中国以前的师范教育，对于上面的几个问题，可说是没有顾到。师范学生大多数是因为师范学校不收膳宿费，所以去进师范学校的。在学校的时候所学的无非是书本教育，并无施教的需要和欲望，毕业以后亦并不一定诚意地去做教师，无所谓动机和动境。师范教师呢，亦只照例地在纸上空谈教授学生，明知道没有效力，亦无法去改革。因此，学生毕业之后有的赋闲，有的改行，有的勉强去当小学教师，脑筋中却存满了五日京兆①的观念。这种样子办教育，难怪没有良好的结果了。

所以，现在有人提倡艺友制来解决师范教育里种种弊病。艺友制的大概意思，就是把学习与理论合而为一。就是怎样做便怎样学，怎样学便怎样教；教的法子根据学的法子，学的法子根据做的法子；先行先知的在做上教，后行后知的在做上学。凡学校有一艺之长的教师，便可招收艺友，大家共教共学共做，打破从前纸上空

---

①五日京兆：汉代京兆尹张敞，因杨恽案被牵连，将受处分。敞叫絮舜办案，舜以为敞行将免职拖延不办，说"吾为是公尽力多矣，今五日京兆耳，安能复案事！"（见《汉书·张敞传》）后遂称任职时间很短为"五日京兆"。

　师范教育的根本问题

谈、大书呆子教小书呆子的陋习。简而言之，就是教、学、做三者合一，要教所以去学，要学所以去做。三者互为因果，循环不息，纯粹出于自发的活动，可把上面所讲的四个问题完全解决。当今的师范教育，似乎适宜不过实行这个制度了。教育者何不大家起来把这个制度切实地研究一下呢？

奥国儿童画家

抗战前我到欧洲去考察教育，跑到奥国特地去拜望世界著名的儿童画家西泽克①先生。这位先生我早已闻名的，所以一到奥国就去拜望他。他究竟是怎样的一个人呢？个子很魁梧，说话很直爽，对人很和气，我一看见他就肃然起敬！我介绍自己说："我是一个中国人，很喜欢小孩子，我知道你是教儿童画的画家，今天特来领教！"

他说："欢迎！欢迎！我很爱儿童，更爱教儿童画画，请进来谈谈，看看儿童的成绩。"

我一进去，看见画室布置得琳琅满目，非常特异。这间画室布满着儿童的创作，有整幅的儿童画，有立体的雕刻，有大幅的水彩

①西泽克（1865—1946），儿童绘画之父。他发现儿童不像成人一样照着实物去描绘，而是凭着自己心中的意象自由地画出独特的画来，于是他提出儿童的绘画教育，不是要教给他们成人的描绘方法，而是要助长儿童自己个性的表现。著有《儿童美术》一书。

画，几十幅图画都是不同的，幅幅都是儿童的创作，没有一幅是模仿的。西泽克先生指着墙上一幅骑兵的图说："这是一个14岁的小孩子画的。"我抬起头来一看，这幅图画得很生动。他继续说："这个小孩子，当初不知道马腿画是怎样的，他来问我，我回答他说'我不知道'，他没有法子，只得停下来不画了。有一天，在路上一队骑兵经过，他就睁着眼睛仔细地看马腿怎样走路的。看过了，他就跑回画室来，把他所未完成的图画好。这就是我的教法。我是不教的，要儿童自己去注意、自己去画、自己去创造，儿童的思想是很宝贵的，我们不要把成人的见解注入他的脑海里，什么希腊的雕刻，什么罗马的名画，都不应当给小孩子看。给他们看了，就得着这种名画、雕刻的印象，这种印象影响他们的创作；要他们的创作超过前人，绝对不能模仿前人的作品。前人的作品，无论怎样好，你若去模仿他，总不会比他好。这样我们后人的美术，永不能超过前人的成绩了，这样美术就不会进步了。"

他又指着一幅初学画的儿童画说："你看！这幅画是一个4岁的小孩子画的，这幅图上的小孩子，有这样大的一个头，这样细的一个身子，我们成人看起来一定很奇怪，其实从小孩子的眼光看起来，一点不稀奇。他看起人来，只看到一个人的大头，头上的两只眼睛，一个鼻子，一张嘴巴，什么耳朵、头发、眉毛，他都没有看见，所以他不画。一个

人的身体，他看得不重要，只画一条直线来表示。两只手比两只脚重要，手有手指头，脚和脚趾头他没有看见。陈先生！你倒想想看，我们成人有什么权利去改正这张图画呢？这个小孩子看起人来，只看见一个大的头，我们为什么一定要教他画得小一点呢！他看见身子是没有多大用处的，他只看见一条直线，为什么我们一定要他画出一个立体的圆柱形呢？"

我说："是的，不去校正他，就让他这样错误下去，将来会不会总是这样画，没有进步呢？"

他说："小孩子大一点，观察力强一点，他自然而然会画对的。我们不要促成他早熟，不要把成人的意见注入他的脑子里去。"我问他说："你的教学，究竟有什么原则做根据的，你对于儿童画有什么主张？"

他说："我来讲给你听——

"一、小男孩、小女孩不应当在花园里发育，应当在旷野里生长的。儿童应得着自由，不受环境的束缚，不受社会的支配，应当很自然地很自由地发育滋长。

"二、小孩子像花草一样，他的发育，也依照永久不变的公律，花草需要日光、雨水、空气、营养，儿童需要自由，需要自然发展。做教师的，做父母的，不要束缚他的思想，不要压迫他的生长。

"三、小孩子获得知识，必须经过各种感官，一种感官是不够

奥国儿童画家

的。比如研究一头牛，不但用眼睛看它的形状，还要用耳朵听它的声音。你要用手摸摸它的身体，也许你要用脚和它比赛跑路，看看牛究竟跑得快不快。这样一来，你对于牛的认识，格外深切了，若是你只听得它'喝！喝！喝！'的声音，而没有看见它的形状，一旦在路上看见它，你会不认识它是牛的。

"四、小孩子并不知道比例，所以他画起图画来就画得不对，但是我们不必去校正他。

"五、埃及、巴比伦和中国的艺术，好像小孩子生长那样自由发展的。

"六、艺术是艺术，科学是科学，艺术不应该受科学的影响，一受科学的影响，就不是艺术了。所谓大是大，小是小，大小是不能够相同的。

"七、现代的艺术是算术是生理，其实艺术是情感。亚洲有艺术，欧洲还没有得到，欧洲所得到的是科学。中国应当小心防备，不要把古代所留存下来的艺术，被欧洲的科学所侵蚀。

"八、小孩子的作品不要修改，工作要让小孩子自己做的。

"九、要注意小孩子的创造性，是他所画的东西，都要有创造的意味。

"十、要发展人类的本质，要注重真理，注重现实。"

以上这十条原则，是西泽克先生对于人生的意义和艺术的主张。他教小孩子同别人不同，14岁以上的小孩子，他就不收了；4

岁以前的太小了，不会画，也不收；他所收的学生从4岁起到14岁为止。他的画室，完全是他私人创办的，凡是要学的，必须到画室里来学，他这样孜孜不倦地教小孩子，已经有40年了，现在他已经70岁了。那时候，奥国政府倾向纳粹，不准自由主义者活动，西泽克先生是自由主义者，主张小孩子的自由，我听说他的画室就要让政府勒令停办，不能继续开放了，实在是可惜得很！

奥国儿童画家

幼稚园的故事

一、幼稚园里为什么要讲故事

没有讨论这个问题之前，请读者自己问问以下几个问题。

1. 在我的记忆里有最深切的故事吗？

2. 我为什么记得这些故事呢？

3. 这些故事对于我的行为上、思想上有多少影响？

4. 评判这些故事的价值。

"小孩子喜欢听故事，所以幼稚园要讲故事"，这是常常听到的答复，也可以说是内涵最广的答复。把这句话细细地分析起来，对照教育的原理，故事的价值实在很大。现在把各家的学说归纳如下。

1. 使儿童愉快。教育上的兴趣问题，各家争论了好久，反对兴趣的很多，注意兴趣的也很多。但是真的兴趣可以增加儿童做事和学习的效率，那是谁都承认的。讲故事使儿童愉快，引起读书的兴趣，模仿故事中的人物，改善本身的行为……都是真的兴趣，也是儿童愉快之后产生的效果。

2. 学习语言。"寻常谈话"是学习语言的大来源，但是有许多语言不是寻常谈话所碰得着的。故事里各种人物很多，各种动作也很多，在当时儿童只觉得听了有兴趣，哪知道无意之中就学习了许多语言。

3. 涵养性情。故事里形形色色的人物很多，喜怒哀乐的表情也很多，儿童听了以后无形中得到许多陶冶。有一个孩子，在幼稚园还肯做事，回到家里不肯动手帮助母亲。母亲来问幼稚教师，这位教师请她回去讲一个故事《猴子做糕》给儿子听。过了几天，她又来了，要求多多供给些故事材料，因为她的第一次试验已经完全收效了。

4. 增进知识。在幼稚园里要想如大学、中学那样静坐听讲教科书，那是做不到的。各种常识，无论自然界里的花草虫鸟，社会上的喜庆丧吊，以及国家大事，世界变动，学校家庭琐务，都是故事的好材料，也只有用故事可以使儿童乐于领略这许多知识。

5. 引起儿童想象，并组织这些想象。没有一个儿童没有想象的，只要有适当的刺激。因故事而引起想象，那是很多的。不过儿童的想象往往会想入非非，变成幻想。幻想于儿童不是很好的。倘若常听故事，儿童也常要想讲故事，可以把他的幻想组织起来，成为一个故事。久而久之，他的幻想就成了活泼的思想了。

6. 陶冶嗜好。幼稚生时代唯一的嗜好是"吃"。许多父母们只知道给他们吃，弄得儿童积食生病。我们一方面要免去儿童不良的嗜好，同时尤其要培养好的嗜好。爱听故事是好的嗜好之一。故事中的"歌""舞""找东西""爱自然界"等对人物的描写、动作的叙述，都可以间接或直接培养儿童嗜好的。

7. 增进友谊。在幼稚生时代，好群的能力还不十分大，但是对于小宝宝、教师、父母，都有热烈的感情。从这点入手，我们可以增进他与更多的人的友谊，对于更多的物发生感情。尤其是对教师，因为讲了故事，可以格外地爱慕。儿童的爱是真的，获得儿童的爱，在教育上是无上的成功，因为儿童既然爱了，那教学上的进行就很顺利了。

8. 抑制恶感。儿童很容易恨人的，很容易对一切事物发生恶感的。告诫是很少有成效的，赏罚有时也会无效。只有故事是无形中来感化的，故事中的勇敢侠义、爱怜仁慈，都可以使儿童反省，都可以消灭种种恶劣情感的。

9. 培养表达能力。儿童的情感，常常要表达出来的。幼稚生的思想、情感……都可以在动作上显现出来。对猫也可以表达情感，对木头也可以表达思想，不必拘泥于写、说、跳舞、游戏、唱歌等动作。

10. 随机应变。幼稚生的急智，似乎是次要的。但是怎样应付当时的环境的能力，是应该培养的。故事中描写人物如何应付环境，一言一行，都有相当的价值。又有很多故事，随机应变、触发急智的叙述，真会使儿童狂笑大叫。这时候就是儿童最能领略故事的当儿。

在对儿童的效率上说来，故事已有10件贡献了。此外还有几点也值得一说。一个幼稚园里，有了一位或两位能说能讲故事的老师，真可以使儿童变成故事迷，可以使全园的空气愉快活泼：时而歌，时而笑，时而跳，是何等可爱的孩子群呀！这时候全园的生趣，教师的快乐，儿童的努力学习，真是达到极峰了。

二、怎样对幼稚生讲故事

故事的功效是大的，但是故事是不容易讲好的，对幼稚生讲故事尤其来得困难。关于这个问题可分"讲的人"和"讲的环境"两方面来研究。

（一）讲故事的人应注意的几点

1. 要精神同化。故事不是物质，乃是情感，充满情感，方才能够表示故事的真意义，方才能够收到故事的真价值。同一故事，甲讲起来，能使听众个个动神，乙讲起来，能够使人睡觉。怎样能够充满情感呢？讲故事的人最要紧的要守两句诀语："不固执有我，处处要以儿童之心为心"，"我是故事中的人物"。例如物语、兽语、重复的句子等，在成人看起来，往往以为不值一笑的，但是从儿童的眼光看起来是最有兴趣的。又如儿童的动作，不是像岸然君子的动作，乃是活泼的、好动的、微笑的、滑稽的儿童动作，教师当然也不应以教师自居。又如《木兰从军》，教师讲这个故事的时候，勇敢、侠义、愤激、庄严……要宛如木兰，宛如兵士，宛如北方生活。那时候就是没有教师了，只有木兰，只有兵士，只有单于，只有哭笑的老父母，只有快乐的小兄弟……如此方配讲故事，方配对幼稚生讲故事，方有收到故事效果的希望。

2. 要彻底了解。要故事神化，第一个要诀是彻底了解故事的内容。得到一个故事，先从头至尾看一遍；然后把最重要的人物、动作、句子、变化，重来温习一遍；然后再来看一遍，把整个故事的注重点与连贯的地方贯串起来；然后把原文放置一边，心领神会地来温一遍。经过这几步手续，这个故事是你的故事了。最后还要留意：切勿呆板地拘泥于原文，要随时随地变化。换句话说，这个故事好像出于你自己编的，从心坎里自然流露出来的。

3. 要有感到十分有趣的态度。要彻底了解故事的内容，有时还有些机械，还难以神化。若要神化，非讲者加上极丰富的兴趣不可。我们知道兴趣是故事的原动力，没有兴趣，正如小和尚念经，只会催听众的睡眠，断乎引不起听众的兴趣。讲故事者，倘若感到很浓厚的兴趣，那么方才能用全副精神去讲，不会觉得吃力了，不会支吾间断了。

怎样能感到有兴趣呢？即熟悉故事以后，在未讲之前，保持自己心地的快乐，把自己变作儿童、变作故事中的人物，时而哭时而笑。有了这几条，兴趣也就可以得到十分之六七了。至于突然感到的兴趣，那是不能强求得来的，正如诗兴，来则不能阻，不来也求不到的。

4．要有自然的姿势与动作。教师讲故事，正如说书人说书，技术上的训练是很重要的。善于说书者，一出场来，炯炯的目光，似笑非笑的脸庞，对着听众如电光一闪，不论几多听众，都能肃然静听，这是听众注意集中的表示。听众既然注意集中了，他就可以操纵自如了。

在讲的时候，最重要的当然是言语。辅助言语的是姿势与动作。影戏中的人物，完全以姿势动作引人注意的。快乐的时候眉飞色舞，举动轻快，悲伤的时候，垂头丧气，引人生怜。又如左手一拉，右手一扬，马来了；龙钟老态，老年人到了等，都是言语所做不到的。

此外，还有"装手势"的一件事，非常重要，在幼稚园里格外来得重要。我们说某件东西的大小，不必说明大到怎样，小到怎样；有尺寸的，有分量的，只要两手张开和缩小，再加上面上的表情，就已经够了。还有许多动作，是言语表示不出来的，用手势一做，就显出来了。也有许多举动，用言语表示起来，要说好几句，倘若用手势来表示，也就很不费力地做出来了。

5．要用适当的言语和音调。言语和音调是讲故事最重要的技术，所以要格外注意。

（1）字句要文雅。故事是艺术，是学习语言的桥梁。我们讲时

　　　　　　　　　幼稚园的故事

一方面固然要通俗，使每个儿童都懂得，另一方面我们要极力避去粗俗的字句。用民众艺术的语言来说书，是社会教育的秘诀，用儿童艺术来讲故事，也是儿童教育的秘诀。

（2）注意句读和段落。读破句是文学上的大忌，讲故事虽然不必如此拘泥，但是不注意于此点，就会失却原意。例如《三只小猫》的故事，开场就说"有一只大黑猫"这样虽然不是破句，但是已经失却原意了，因为这个故事是三只小猫，所以应该开场说："有一只大黑猫，一天生了三只小猫，一只叫花猫，一只叫黄猫，一只叫白猫。"一连说到白猫，方才可以停顿。

（3）字音清晰。口齿清晰，个个字都如珠落玉盘，这是引起快感的第一步。不然，圆舌头，齆鼻子，缺齿不关风，口吃，含糊的声音，讷讷不能吐的声音，在肚子里讲话的声音等，都不是讲故事的天才。但是我们不必怕，因为口齿清晰是一件容易的事，除非生理上有重大的缺陷以外，都可以练习而得的。

（4）抑扬变化。时钟的摆声，清晰无比，但是只能催眠。所以语言声音贵有抑扬变化。悲壮的声音，决乎不是快乐活泼的声音；在久久低微之后，忽然来了一扬，听者自然愉快注意；久扬一抑，用极轻微的声音，也有同样的效力，演说家很注意此道。

（5）快慢顿挫。把整个故事的快慢讲得匀整，是一条普通原则。但是应该有快慢不同的变化，有几处非快讲不可，有几处要慢。例如命令式的语气和病人的口吻，快慢当然不同。次之是顿挫，每段每句要有停顿，句句分明，段段分明，正如写文艺作品。快慢顿挫和抑扬变化，都是神化之技，非一时所能学得到。讲得多，听得多，久而久之，自然会流露出来的。

（6）形容毕肖。戏台上的小丑，一名"开口笑"，就因为他的话句句能使人笑。他的话都是模仿人家的，忽而做猫，忽而做狗，须生花旦，一身俱兼。讲故事的教师也要这样，猫狗鸡羊等的叫声，件件要学会。在正文滔滔不绝的时候，忽然加了一两声动物的声音，顿觉生色不少。况且因此可以增进儿童的联想，对于实物格外感到有兴趣。

（7）调息与发音之高低。初做教师的，第一次上台，大声疾叫，不到几分钟，声嘶力竭，不能再说话了。在功用上除非有数百听众，用得着大声以外，寻常上课，实在只要寻常声音就好。对幼稚生愈加不宜用大声，因为刺耳的声音，断乎不能引起快感的，娇嫩的小心灵，哪里禁得起重大的刺激呢？

与发声高低最有关系的是调息，唱戏弄管乐器的人，对于调息都非常注意，气息调得不匀声音就会断续，要想控制语言已经不易，还怎样使听众感到愉快呢？

6.常常练习。拳不离手，曲不离口，熟能生巧，虽有天才，也要练习。得到了好的故事，不妨独自一个人或者对着镜子，想象有许多儿童倾耳静听，照着自己的理想计划，一步一步地说下去，能够练习几次就练习几次。这是极重要的工作，比知道原理学理还

　　　　　　　　　幼稚园的故事

要来得要紧。

（二）讲故事的环境

"环境"二字包含很广，教师、儿童以及一切外围之物都是环境。讲故事的环境很有几点要注意的。

1. 随时随地随事都要留心，以引起儿童爱听故事的动机。没有一个儿童不喜欢听故事的，只看教师怎样利用环境，引起动机。环境上可以利用之点很多很多，例如到郊外去，儿童捉到了一只蝴蝶，要求教师解释蝴蝶的各方面。解释蝴蝶是自然科，倘若仅仅依着自然科来解释，未免太枯燥了。教师就用故事来说明。看到邻家生了三只小猪，就来讲三只小猪的故事。触景就讲，只要教师平日留心就是了。

儿童最喜欢报告家庭里所遇到的事情，这是一个很好的动机，教师很可以利用的。例如某儿童报告家里生了个小猫以后，大家正在那里出神，教师微微一笑，说："我曾经听到人家说过，有一只大黑猫生了三只小猫……"只要这样一提，儿童就会拉住你说下去的。这时候你倘若不往下说，他们竟会伤心到哭呢！

吃点心的前后是一个极好的机会，大家静坐了，教师对儿童微微一笑，手势一扬，儿童就受到充分的暗示，这时候就可以开场说故事了。

看图是儿童很喜欢的。最初，儿童莫名其妙地翻阅，渐渐儿童要求教师解释，这也是一个好动机。因图说故事，随你心之所要说的，加以组编，儿童都是极爱听的。可以利用的机会真多，何必把讲故事当作一课，规定在某时某地呢？

2. 不要强迫儿童听。儿童不是全都喜欢听故事的，年龄太小的儿童，看图画、辨别语言的能力低，断乎不可强迫他听的。会听故事的小朋友，也不是每个故事都喜欢听的。有时候恰恰因为身体不好，有时候恰恰这个故事不合他的胃口，强迫他坐在那里听，那么他必定不耐烦起来，或者竟会扰乱别人。久而久之，养成了厌恶故事的习惯，那么危害真不小了。

3. 人数不能过多。人数多了，教师的目光和面部的表情，都难以达到全体，儿童的注意力就不会始终如一。有许多故事用图画来帮助，人数的多寡愈加有关系。人数多了，看不完看不全，更是听不清楚。

故事与儿童年龄大有关系，一群三四十个儿童，年龄相差实在可观。所以起初还好，不久就扰乱了，不扰乱的儿童或看天花板，或弄手指，不知教师在讲些什么。

每次每个教师可以管的儿童大约是十五人。儿童倘若愿意来加入，也不可阻止他们。不过有一点应该注意的，切不可让儿童中途退出。教师倘若觉察故事太长了，或机会不巧，儿童兴趣失散了，宁可中途停止不讲，下次再讲，不可养成儿童随便听听，随便走开的习惯。

4. 座位的排列。这是一件很小的事情，但是有时候竟会影响于全体。最适当的座位是儿童坐成弧形，教师坐在近圆心的点。倘若人数很多，双行三行都不妨。这时候要留心儿童身体的高矮。

我们每次讲故事都要依着规定的形式坐吗？不，不！太拘于形式，就会减少兴趣。未开讲先排座位，座位排得不恰当，就哭的哭，怨的怨，这是何等扫兴的事呀！所以我们只要求个大致不错就罢了。

5. 讲故事的用品。说到故事本身用不到什么用品，但是为着助兴起见，有时候也需要些用品。

图画是一件很好的用品，初听故事的儿童，大都是不能集中注意的。用了图画，使儿童因爱看图画，于是爱听故事。不过用图画大有研究的价值，我们应该用什么画？是漫画呢，还是精致的画呢？一个故事用一张图呢，还是分段用图画呢？教师是难以有余暇来画的。现成材料在中国是不多的，所以我们希望讲故事有图画，但是不希望"非有图画不讲故事"的教师。

次之是表演用的材料，不必买外国的服装，也不必买外国的用具。扮演兔子的用纸来做兔子头，折一个戴在手指上也好，戴在头上也好，幼稚生可以来动手的，教师也可以来动手的。教师倘若预料这个故事儿童会要求表演，不妨做一两件来引起他们好表演的动机。

6. 教师的服装。好的幼稚教师决不穿着华丽夺目的衣服。讲故事的时候，尤其要注意衣服。讲故事之前，教师切不可突然换一件衣服，因为儿童的注意点会引到衣服上去的。闪光的衣服，大红大绿夺目的服装，都是妨害讲故事的。

三、幼稚生爱听什么故事

本节要讨论故事的组织、故事的种类和最适宜于幼稚生的故事是什么？

1. 故事的组织。我们承认好的故事是艺术作品，是有规则的艺术作品。这种作品并没有一定的组织，但是把许多故事分析起来，可以得到一个比较可靠的公式如下：

开场白→正本→转机→结案

开场白往往都是简短的，例如西洋最通行的儿童故事中有 once upon a time（有一次），何等简单。但是也有长的，例如要叙述战争的残酷悲惨，不妨在开场白中极力描写平安时代的安宁康乐。但是这种体裁在儿童故事中不很多见。

正本是故事的正文。在成人，故事以叙述明晰、事实逼真为上；在儿童，故事有时候往往用重复的句子、相仿的动作来组成正文的。例如《猴子做糕》，正文中请狗做，请猫做，请鸡做，请老鼠做各种事情。

转机是快到结案的一个波折。例如《猴子做糕》的故事。

糕做成了，猫也要吃，狗也要吃，鸡也要吃……是故事的转机，经此一转，故事就可告结了。

结案要简明，有许多故事只有一两句。例如《猴子做糕》，只有"我倒不情愿了"一句是结案。结案最要紧不背转机的意思，切不可添加道德训语进去。如《伊索寓言》里的故事，把故事的寓意很显然讲了出来，使听者扫兴。要知道故事尽管可以包含至理大道，但必须在讲时隐隐地披露出来，不必在故事讲了之后添一句教训话进去，使儿童觉得你是要教训他，不是讲故事的。

2. 故事的种类。故事的种类很多，但是我们常常讲给儿童听的故事不多。下面所列的几种，大都常常可以遇到的。不过下面的分类却是没有绝对的界限的。

（1）物语。这类故事，讲得最多。外国儿童故事，物语占大多数的。这种故事，教师倘若看得多了，可以触景生情地来编。有时候，东边的材料移到西边，使听的儿童非常快乐。

（2）有音韵的故事。这类故事并不多见，但是儿童非常喜欢听。因为故事完全是讲的，有时候会发生单调之感的。中途加入几句引吭高歌或温言软语，儿童不是勃然兴奋吗？我国成人曲很多，儿童曲绝无仅有。外国歌很多，近来翻的人也渐多，可惜都不很顾到儿童的口吻，这是一件美中不足的事。例如《老虎敲门》的故事，可算此类极好的故事了。

（3）神话。神仙鬼怪，层出变化，使儿童听了还要穷究，穷究不得，又生出几多门道来。变而又变，不可捉摸，才是有趣。例如我国的《西游记》，就是一部最好的儿童神怪小说，可以说是世界上首屈一指的儿童故事书。

（4）奇异的故事。神话是做不到而想得到，极为有趣的。这类故事是想不到而做得到的。例如《镜花缘》的多九公奇谈，虽然神怪，但是究竟还是做得到的。又如《鲁滨逊漂流记》也有同样的性质。

（5）英雄故事。6岁左右的孩子，已经渐渐能崇拜英雄了。国人崇拜的岳飞和关公，几乎家喻户晓，孩子们听到这类故事也很喜欢，并且常常以关岳自比。这类材料很多很多，不过大都没有经过艺术化的加工。很希望有人来重编，使它儿童化与艺术化。

（6）历史故事。与英雄故事相仿，不过往往与人类有直接关系的。例如《人类的衣》《海滨人》《树居人》等，这类故事是常识的教材。不过幼稚生时代观念是极少的，所以讲这类故事的，与其是事实的叙述报告，不若用滑稽神怪的体裁来描写。

（7）笑话。要说得儿童哈哈大笑，那是一件极不容易的事。对于儿童说笑话，不能咬文嚼字，也不能用前后词句的破句体裁，是要直接对比的。一个大冬瓜，生在一块小田里，只有这么大的小田（说时用两手一打手势），一个小老鼠来了（又用手做老鼠的样子），一吃二吃……这个故事大小相比，吃与大又再一比，儿童就会笑了。

3. 幼稚生故事的特点。"幼稚生往往不愿意听故事的，怎么办呢？"我们一方面要研究讲的方法，一方面是要看看故事的内容。

下面有几条标准，可以来评判幼稚园的故事。

（1）富于动作的。静止物体和风景的描写，幼稚生是不能欣赏的，也不耐烦听的。儿童自己是好动的，他也喜欢动的东西，更喜欢有变化的动作。动作的主人翁是很重要的，有许多故事只有一个主人翁的，他的经历，就演成一出极好的故事。有许多故事，主人翁只有一个，动作也极单调，但是陪客极多，这个故事也就非常有趣了，例如老鼠要尾巴的故事。又有两个主人翁，动作不同，一好一坏，对比起来，凑成极有趣的动作。至于多个主人翁的故事，在儿童故事中不易多见。大都是多个主人翁，但动作简单。倘若多个主人翁而又有多个动作如十兄弟十姊妹，那就非常难编了。

（2）人物情节要在儿童经验范围以内的。听故事要儿童费心思去思索，那就减去不少兴趣。例如对儿童说天文地质，如何能使他领会呢？以愉快为前提的故事，决不可拘泥于知识之传授。

有人说故事是想象中来的，不应该只靠固有的经验，这句话也是似是而非的。我们的想象都是离不了经验的。利用最熟悉的经验，东拉几点，西拉几点，可以凑成极有趣的想象，也就是极好的故事材料。如果我们讲的故事儿童听都听不懂，哪里会发生快感呢？

（3）富于本地风光。本地故事，儿童往往喜欢听。这也就是因为本地故事中的情节大都是儿童所熟悉的缘故。例如浙江徐文长先生的故事，苏州的吴谚，都是极好的故事材料。

（4）切勿带着很多的道德训义。寓言体的故事，在儿童队里是不受欢迎的。故事就是故事，儿童听故事就是为着听故事，不是为着受道德的训诫，失却故事的本义，如旧日学校上修身课的古圣昔贤的逸事，那是很不应该的。

以上是材料问题，以下略谈组织问题。

（5）全篇一贯。故事是艺术，艺术作品是有重点的，有线索的，故事中可以东西随便讲，但是不能失去主要点与线索。杂凑的故事，当初儿童很喜欢的，不久儿童就会问"老师，你讲的是什么"。

（6）突然变化。全篇一贯是主要点的一贯，同时这个主要点可以突然发生变化，使儿童惊奇的。例如《猴子抢帽子》的故事，帽贩到无可奈何的时候，忽然掷帽于地，猴子都掷下帽来了。这一变使儿童个个称快。

（7）开门见山。"有一次"的故事最合幼稚生的胃口，他们听到故事，就愿意立刻知道内容，而不耐烦去深深地寻思的。所以有提前的描写、背景的叙述等故事，大都不容易引起幼稚生注意的。

（8）结果显然。幼稚生听故事，不愿意没有结果的，虽然不是一定要花好月圆的故事，但是故事中的主人翁或主要事情必须得有一个结束，并且在结束之前最好有一个转机，这个转机可以很滑稽，也可以突然发生的。例如《拔萝卜》的故事里，小老鼠拉住小猫的尾巴，大萝卜就起来了，这个是很有趣的转机。到结束的时

幼稚园的故事

候，除大家吃一碗萝卜汤以外，听故事的人也吃了一碗萝卜汤。这样一来，结束得何等有趣，有时候竟会使全体儿童向讲者讨萝卜汤喝的。

（9）富于重复性的。这点是幼稚园故事最特别的一点。所谓重复，不但是语句的重复，就是动作、事物、情节、组织等，在同一故事里，都可以重复起来的，但也并不是完全重复或丝毫不差地重复。这种体裁，非但不能用于成人，就是稍长的儿童，也会掩耳不听的，然而幼稚生极欢迎这类故事。

以下再来略言词句。

（10）词句要简短明了。复杂的叙述，冗长的描写，幼稚生是不懂的。所以给幼稚生讲故事，词句的文法要简单，句子要短巧，同时将意义要赤裸裸地表示出来，有时候也用些许暗示，但是这些暗示，也要容易猜得出来的，方才合理。不然，儿童不了解你的暗示，非但失去暗示帮助故事的作用，并且将故事本身都减色了。

（11）词句要合于原意。例如篇中有许多动物和人物，黄雀、猫、老鼠、小孩子、老头儿等，他们的言语、行动、性格等都要有特性的。用黄雀来代替老鼠，小孩子来代替老头儿，那是不对的。还有一层，各人在故事中所居的地位不同，有的是主人翁，有的不过是陪衬用的，有的有出奇制胜之功，在词句上都是要经过儿童化而仍有相当适宜的价值的。

（12）插入有音韵的词句。在故事的叙述里，插入有韵的词句，最足以引起儿童的兴趣。可惜这类故事我国不多，以后我们当注意努力于此点。

总之，儿童故事的词句，不要失却"儿童化"。猫也好，狗也好，老头儿也好，都要经过"儿童化"。

四、每个故事都可以表演吗

读者必定看到过许多戏剧与学生表演的，请先想一想：普通戏剧与学生表演有什么分别？歌舞剧与普通戏剧有什么分别？很小的儿童能够表演吗？每见儿童戴着鬼脸、挂着长须，是什么意思？在没有讨论为什么要有表演以前，我们先下一句极肯定的结论："幼稚园可以有表演的。"

首先，我们来讨论为什么要有表演。

1. 从儿童方面来说，儿童从能行动开始就喜欢表演。儿童是好动的，也是好模仿的。他听了故事，狗呀，猫呀……在他以为就是自己，于是装起来了，脸也画黑了，脚也翘了，这就是所谓化装游戏。在他呢，是只有这样做是快乐的，没有其他的希望，也没有其他的要求。表演爸爸的，看到了好吃的糖果，还是要来争吃的。表演皇帝的，还是自己拿凳子的。所以"得快乐""好动"是儿童要表演的最大理由。

2. 社会方面的刺激。常见儿童看了戏回来，唱关公了，唱花面了。这是刺激儿童好动、好模仿的大来源。有时候爸爸抱孩子，妈妈喂弟弟，在常人看起来是一件极平常的事，孩子们却把它当作一件奇异的事来看，于是也来做了。听了故事，加上教师的暗示，怎能不极兴奋地来表演呢？

3．在心理学上分析起来还有很多的理由。但是我们只要承认儿童的好表演，社会上刺激他们表演，讲故事的教师又暗示他们表演，那就处处可以表演，事事可以表演了。

其次，我们要讨论怎样使儿童能够倾全力来表演而得到相当的好处。

1．引起动机。教师讲了一个故事，看看儿童们很有兴趣，就暗示儿童来表演。暗示的方法很多，在讲时只要提到某人很像某某的，这样一来，那几个儿童必定要求表演了。或者请儿童看别人家的表演一次，或者给他们看图画，也可以引起动机来的。

2．预备材料。儿童既然要求表演了，那么来计算这个表演里要些什么，帽子、衣服、花……计算好了，那么开始来筹备，幼稚生能力虽然薄弱，也觉得有几件做得来，就帮着他们来做。这时候的做，必定更加用力，做的成绩，也比普通情况来得好。

3．分配人物。这是一件不容易的事，用命令式的分配，必引起儿童不愿意做或嫉妒的事情。到那个时候，这一场表演就不能开始。分配人物的方法很多，不外暗示与自己承认两法。例如拣选故事里主要人物可以说："某某（故事里的人物）很像小朋友里的一位。"儿童就会猜出来的，这个人就不致发生问题且肯做了。这就是暗示法指派其他诸人，可以说："某某（故事中的人物）哪个愿意做的？"必定有许多小朋友举手，那就来指定一个。

4．充分地练习。"表演容易练习难"，所以在练习的时候往往容易中断。幼稚生的表演，尤其不易使他们维持。在练习的时候要注意下列几点。

（1）预告目标。例如这次表演我们预备在哪个会里去登场的，或这个表演预备同什么组竞赛的。

（2）分段练习。可以表演的故事，大都比较来得长些。当初可以来几次整个的练习，以后就要分段了。

（3）分期练习。用同样的时间，倘若在一次练，与分做几次练是大有分别的。每天可以练习几次，但是必须相隔几多时，最好是分作上下午练习。

（4）因材料而练习。倘若故事里需用材料很多，那么这些材料，切勿一次都买来或做成。许多东西分作许多次数做成。做成了一两件，就来练习一两次。今天有新东西来练习，明天又有新东西来练习，那就容易引起儿童练习表演的兴趣与努力了。

（5）总练习。练习分三个步骤。第一步是总练习，第二步是分段练习，第三步（最后一步）又需总练习，这是很重要的。有时候可以在分段练习的期内，忽然来一个全部练习，又继续分段练习，到最后再来几次总练习。

5．正式表演的机会。让幼稚生在各种会里表演，足以引起他们好表演的兴趣，况且幼稚生不应该被人轻视的。所以遇到合适的机会，必须让他们正式表演。

末了，我们要讨论每个故事能否表演的问题。关于这个问题，又可以肯定地回答一句："不必每个故事都来表演，也不能每个故事都来表演。"幼稚园里表演故事至少要合于下列几个条件。

1. 故事的本身要动作多，说白少，甚至用哑口表演都可以。

2. 故事要简单明了，切勿有深奥的哲学意义与道德训诫。

3. 动作人物要变化出奇，不是呆板的。

4. 每个故事倘若预备表演了，就应该做一个设计的单元，至少要用这个来做各种活动的单元。一切做的，画的，读的……都以此为着眼点。

5. 每星期可以讲十几个故事，但是每星期至多练习一个正式的表演。

如何使幼稚生适应新环境

开学了，幼稚园的教师对于初进幼稚园的小孩子，首先要解决的问题就是如何使他能适应新的环境。大家都知道，幼稚园的环境跟家庭环境是不相同的，因此当一个小孩来到幼稚园的时候，在他心理上就发生问题了。现在，我就问题产生的原因和表现，以及问题如何解决、教师处置儿童问题应有的态度几个方面来谈谈。

一、问题产生的原因

（一）不了解新的环境

1. 不认识老师。跟陌生的人在一起，不但是小孩子不习惯，就是几十岁的成年人，要他跟一个"素昧平生"的人生活，也多少有点隔膜。记得当年我在外国念书的时候，有一位朋友，老爱带我到他的朋友家里去玩，起初一两次，总感到陌生，怪不舒服的，慢慢地熟了，也就好了。对于一个四五岁的小孩子，要他立刻离开母亲，而跟着一位陌生的老师在新的环境里面生活，这在他心理上，很自然地就产生陌生的惧怕的情感。因此，矛盾就产生了。

2．不认识小朋友。一个小孩在家里，他所熟悉的是自己的兄弟姊妹和左邻右舍的几个孩子，一旦到了一个新的环境，看见几十张、百来张大大小小的面孔，都不认识，因为不认识就产生惧怕的情感，因此在他心理上，又产生一种矛盾。

3．不熟悉新地方。对于不熟悉的地方，不但是小朋友感到生疏，就是成年人也常常产生一种茫茫然甚至惧怕的情感。比如南方人去北方，或是北方人来南方，在他心理上多少有点异乎寻常的感触，也处处觉得陌生。一个三四岁非常缺乏生活经验的小孩子，一旦来到幼稚园，眼睛所看到的，全是一些不熟悉的东西和一桩桩新奇的事情；耳朵所听到的，全是一些生疏的声音和语言；在他心理上，造成一种非常复杂的陌生的情感，这种情感，使他不能离开母亲而单独生活在不熟悉的新地方。

4．不习惯幼稚园的生活。小孩子在家里的生活是很随便的，可是幼稚园的作息时间是有一定的规矩的，什么时候吃饭，什么时候午睡，什么时候大小便，什么时候应该大家在一起谈话、唱歌、工作、做游戏，都有定时。而吃饭要自己拿着筷子吃，不能挑选蔬菜；午睡的时候要睡得很安静，不可能一位老师陪着一个小孩睡；其他的活动也有一定的规则。这种生活方式，对于一个初进幼稚园的小孩子，是不一定会适应的，因为他在家习惯了没有规律的生活。

（二）不能满足欲望

1．得不到像母亲一样的爱。母亲对于小孩子的爱护，真是无微不至，有好的东西留给他吃，有好玩的东西留给他玩；天冷时，怕他冻着，天热时，怕他受热；在家里，小心地照顾他的生活，在外面，时时刻刻记挂着他的安全。因此，母爱是无微不至的，也唯有做母亲的人才能有这种无微不至的爱。一个小孩子在幼稚园或托儿所里面，他并不是得不到爱护，只是这种爱护不同于母爱，而小孩子是能够直接感觉到的，保教工作人员没有像母亲一样地爱他。

2．得不到像家里一样的东西吃。小孩子在家里吃东西，往往是没有一定的时间和分量的，大都是随孩子们的高兴吃多或吃少；而幼稚园或托儿所里面，孩子们吃东西是有一定的时间和分量的，并且是集体进膳或用餐点。有的孩子就因为得不到像家里一样的东西吃而不习惯幼稚园或托儿所的生活。

3．在幼稚园里不能让儿童独占玩具。占有心从小就具有的。一个三四岁的小孩子，只要是他爱好的东西，他都想独自占有，你问他这是谁的，他说"我的"，你去动下，他就要叫起来，甚至于打你。可是幼稚园里面，所有一切东西，都是大家玩的，大家用的，不可能让一个小孩或几个小孩独自占有。因为玩具对于儿童，不但能发展肌肉、启发智慧，并且要从中培养儿童的合作精神。可是一个小孩初到幼儿园对于好玩的玩具常常是要独自占有，如果不能让他占有，他就要哭闹或抢夺。

（三）家庭教育与幼稚园教育不同

家庭教育与幼稚园教育显然是不相同的。家庭教育是单独地进行使儿童得到教养，而幼稚园的教育是使儿童在集体的教育下得到发展，如果家庭教育与幼稚园教育差别大，小孩子所发生的矛盾也大。反之，差别小，小孩子所产生的矛盾也小。

然而，在目前一般家庭里面，父母对于儿童教育的知识是非常欠缺的，有些双职工、多子女家庭，没有力量照顾到儿童的教养，因此儿童得不到很好的发展；有些家庭，对于儿童又是娇生惯养，通常一般家庭对于儿童大都采取以下几种方式。

1. 代替小孩子做事。小孩子在家庭里面，大都是由父母服侍的。如吃饭、穿衣服、开关门户、收拾东西……都不必小孩子动手，由大人代劳。这种办法，不但剥夺了小孩子发展肌肉的机会，也摧残了小孩的劳动兴趣。而一般父母之所以如此，一方面，是不懂得代劳的办法是有多么大的弊害；另一方面，也怕麻烦。因为让小孩子自己吃饭，自己穿脱衣服，不但动作慢，而且要耐心地教他，反不如自己代他做来得痛快。然而要培养儿童的独立能力一定要掌握这个原则，凡是小孩子能够做的应当让小孩子自己做。因此，我想做父母的最好只有"一只手"，不然任何事情都代小孩子做，这对于小孩子的发展是一种损害。因此，一个习惯于"衣来伸手，饭来张口"的小孩，初到幼稚园便不习惯了。所以在幼稚园里面，要掌握这个原则，小孩子能够做的一定要让他自己去做。

2. 溺爱。天下的父母没有不爱自己的儿女的，但是有的父母却溺爱过分，小孩子要吃什么就给他吃什么，要玩什么就给他玩什么，要出去就陪他出去，要回家就带他回家，真是百依百顺，爱护备至。父母却不知道，这样没有原则的爱，对于小孩子的身心发展也是一种损害。因为一个小孩子如果要成长得很好，一定要用科学合理的教养方法，举凡起居饮食，出入进退，待人接物，都要有一定的规律，养成优良的习惯，并且要从小训练。因此，父母对于子女的爱护，应该不违背儿童身心的发展、不溺爱儿童，这是幼稚园教育与家庭教育的不同之处。

3. 恐吓打骂。在封建社会里面，父母常常以恐吓打骂的方法对待小孩。如果小孩不听话，开口就骂，动手就打，要不然就恐吓小孩，说神说鬼的，使小孩子产生无谓的惊慌。在今天的社会里面，儿童是被保护的，他有独立的人格，父母应该尊重他的人格，不能够任意恐吓打骂，以致影响儿童的身心发展。在幼稚园里，必须采取诱导启发及暗示的方法代替恐吓和打骂，使小孩子能得到正常的发展。

4. 生活没有规律。小孩子在家里，生活大都没有规律，想睡就睡，想吃就吃，没有时间，也没有一定的规则。可是幼稚园里面的生活规律，是严格执行的，应该睡的时候一定要睡，应该吃饭的时候一定要吃饭，其他如大小便、工作、游戏，都有一定的时间，这是家庭教育与幼稚园教育的不同之处。

5. 自私。在旧社会，父母对于子女，都抱有很大的希望，而这种希望，常常是极端自私的，不是希望子女将来做大官，就是希望他将来发大财。因此，从小就培养小孩子一种个人主义，什么事情都要出人头地，什么东西都要与众不同，并且占为己有，这种心理是最不好的。今日，新的教育要培养儿童有革命的人生观，为人民服务的观点，在幼稚园里面，需特别注意这种观点，使小孩子在集体生活当中除去自私的心理，想到他人，顾到集体。

（四）儿童本身的关系

1. 年龄。儿童适应环境的能力与年龄成正比，年龄较大，适应环境的能力也较强；反之，年龄较小，适应环境的能力也较弱。因此，一个初到幼稚园的小孩子，他不适应新环境，应该先要知道他的年龄，以便协助他如何适应新的环境。

2. 身体。儿童适应环境能力的强弱，与年龄有很大关系，与身体也有关系。身体强健的小孩子，他很快就会在幼稚园里跟其他的小孩子玩各种游戏器具，做各种工作；如果身体不好，他要在新的环境里面很活跃地做各种工作，玩各种玩具，是比较困难的。因此，对于一个初来幼稚园的小孩，找寻他产生问题的原因，也可以从他的身体健康与否上面去找解答。

3. 能力。毫无疑义，能力强的小孩子适应新环境的能力也强；如果能力不强，他对于适应新环境更感到困难。因此，对于初来幼稚园的小孩子，可以从能力方面去判断他适应环境能力的强弱。

二、问题的表现

（一）怕生

初进幼稚园的小孩子，总怕接近老师和别的小朋友，如果强迫着要跟他接近，他就要用各种各样的方法来抵抗了。

（二）躲避

躲避也是问题的一种表现。一个初到幼稚园的小孩，他不愿跟着老师和其他小朋友在一起，老爱一个人躲在墙角里或者没有人的地方。南大幼儿园的朱弟弟就是一例，老师在前面，他逃到后面；老师在后面，他躲到前面，不肯跟你亲近。

（三）哭哭打打

幼稚园本来是儿童的乐园，可是刚开学的时候，简直是哭园，这种表现充分地表示小孩子对于新环境不能适应，而发生消极的抵抗。有的小孩子采取进攻的态度，你不准他逃回家去，他就打你。南大幼稚园上学期刚开学的时候，有两个小孩咬破了两位老师的手，原因是老师要他进教室离开母亲，而他偏不肯，当老师在拉他的时候，他就毫不客气地咬老师一口。

（四）抢夺

他看见好玩的玩具便要去抢着玩，不晓得幼稚园的玩具是大家玩的，不能任意抢夺别人的玩具。

（五）说谎

年龄比较大的小孩子，他就会用谎话来欺骗老师，以解决他心理上的矛盾。南大幼稚园中二班有一位小朋友，他天天向老师说肚子痛，要回家去，后来慢慢地跟其他小朋友熟了，大家玩得很起劲，他也不再喊肚子痛了。开始说肚子痛可能是谎话，因为开学的时候他不能适应新的环境，没有玩伴，后来有了朋友和他一起玩，他心理上的矛盾也得到解决了。

（六）逃回家去

有的小孩子，他初到幼稚园并不哭，但是常常一个人偷偷地逃回家去。

三、如何解决上述问题

（一）建立师生关系

一个刚离开父母、离开家庭的小孩子，像是一只迷路的羔羊，也像是一只迷失方向的小船，他时时刻刻感到失去依靠，茫茫然无所适从。在这个时候，做教师的就应该去跟他接近，取得他的信任，使他觉得教师是他最可依靠的人。这样，小孩子心理上的孤独感才能消除。南大幼稚园小班有一个小朋友，有一天在马路上被母亲打了，刚巧被园主任看见了，便跑过去劝导他的母亲，并且对这个小朋友说："你真乖，幼稚园的老师和小朋友都喜欢你，你跟我到里面去玩。"于是便携了他的手同他到里面去，他很听话地到教室里面去了。因此，对于一个初来园的小朋友，应该好好地建立师生间的关系，以消除他心理上的矛盾。

（二）熟悉环境

对于初进幼稚园的小朋友，应该带他认识环境，认识之后他对幼稚园产生感情了，这样，他就不会感到陌生。

（三）建立儿童间的关系

对于初进幼稚园的小朋友，不但是要他认识物质环境，更重要的是使他熟悉人的环境，使儿童之间建立关系。可以给新来的小朋友介绍朋友，还可以开欢迎会，使新旧小朋友从活动当中很快地熟悉起来，产生感情，这样小孩子不再感到孤单、陌生。

（四）设置丰富的游戏环境

游戏是儿童的第二生命，我们可以利用儿童爱好游戏的心理，来转移他的心情，像巴甫洛夫的条件反射一样很快地可以得到效果。

（五）设置丰富的教育环境

幼稚园的环境不但要美化，而且要富有教育意义。设置各种各样的工作材料，如饲养兔子、小鸡、小鹅等动物；陈列美丽的图画书、娃娃的家、大小积木、拼图板、各种木制与布制玩具以及沙箱、泥工、木工等，以便转移小孩子的注意力，使他从各种有教育意义的活动当中，消除对环境的陌生感。

（六）建立家庭与幼稚园之间的联系

单单从幼稚园一方面去做工作，还是不够的，应该跟家庭配合，要对新来的小朋友做家庭访问，了解儿童的家庭环境，与儿童及家庭建立感情，取得密切的联系，并协助家庭改正不正确的教育方法。使家庭教育与幼稚园教育取得一致的步伐，这样才能使儿童得到合理的教育进而健康地成长。

四、教师处理儿童问题应有的态度

（一）应找出问题原因

对于儿童所发生的问题应从多方面去找原因，不能单凭一些现象而采用不正确的方法。头痛医头，脚痛医脚，有时候会不得要领而发生错误的。因此，我们对于儿童的失常情态，要从调查着手，这样才不至发生错误。

（二）应当要有耐心，要爱儿童

一个教师如果没有耐心，不爱儿童是不行的。有耐心才会仔细地研究问题，才会慢慢地克服困难而达到目的，完成任务。爱儿童才会很好地带领儿童，教养儿童。因此，做幼稚园教师起码的条件是要有耐心，要爱儿童，尤其在解决儿童各种问题上更要具备这个条件。

总结以上所述，对于如何使儿童适应新环境，一方面是保教工作人员要懂得儿童心理，并对儿童所发生的问题加以调查和研究，再与家庭取得联系，采取正确的方法，帮助儿童适应新的环境；另一方面，要充实幼稚园的设备，设置丰富的教育环境和游戏环境，使儿童在各种活动当中对幼稚园产生亲切的感情，进而得到启发，得到教育，使儿童深深地体验到幼稚园是他们的乐园。

谈谈学校里的惩罚

"学校里必须用惩罚吗？如其要用，应该怎样用法？"关于训育的理论，黄翼先生最近在《中华教育界》发表过一篇很好的文章，颇可供我们参考。这个问题是做教师的切身问题。我以为惩罚这一件事，在学校里面最好是不要用。从理想上说起来，学校如果办得完美，自然就用不到惩罚，但是学校不容易办得完美，惩罚一事，也就不能废除了。

现在学校里所施行的惩罚，既然是一种不得已而暂时使用的手段，那么使用的范围和使用的方法，就应当大大限制，好好地审视并选择。

一、教儿童明了规则的意义

儿童本是天真烂漫的。他的所以犯过，不是迫于不得已，就是苦于不知道遵守规则的意义。所以第一条原则，就是要教儿童明了规则。新生入校之初，教师就应该把学校规则做详细的解释，使他们晓得什么应当做，什么不应当做。学生对于规则的意义既然明白，那自然就不会去犯了。

二、使儿童了解规则是公共应守的纪律

规则是群众相处的约法。教师不过是遵守规则的领导者，守规则就是服从公众，教师不过是规则执行者而已。所以学生犯了过失，并不是不服从教师，乃是不服从共同的规则。教师和学生对于这点有这样的了解，那许多误会、许多弊病就可以免除了。

三、惩罚不得妨害儿童身体

惩罚是逼不得已而使用的一种消极方法，使用的目的不过是刺激儿童，教他们改过迁善，原意是为爱护儿童起见。如果妨害儿童的身体，岂不是就和本旨相悖了吗？所以有妨儿童身心的惩罚方法，切不可使用。

四、惩罚不得侮辱儿童人格

儿童是没有一个不好的。不过他偶尔犯了过失，要被惩罚，目的是教他下次不要再犯。惩罚儿童，是惩罚他的过失，并不是惩罚他的人格。所以一方面惩戒儿童，一方面对于儿童的人格还是要绝对尊重才是。

　　　　　　谈谈学校里的惩罚

五、惩罚不得妨害儿童学习

学校中常有"立壁角""面墙壁""站在门外""关夜学"这些罚则，还有罚学生抄书几遍，读书几次，甚至有罚学生停止户外运动的。这些办法都是妨害儿童的学习，违背惩戒的本旨，以不用为是。

六、在可能范围内须尽力顾全名誉

除不得已时切勿在大众前施行惩戒，以保全儿童的体面。

七、须鼓励儿童勇于改过，引起他们的自爱

施行惩罚有几个先决问题。儿童犯过的动机，有时候完全出于好奇，有时候出于环境的压迫，有时候源于身体的缺陷。例如惠勃女士所讲的一个小孩子偷表的故事，完全是出于群众的压迫。又如有许多家庭里，贫苦得连灯火都点不起，或儿童放学回去还要助理家事，还有许多羸弱的儿童对于烦冗的功课实无力学习，所以对于这种儿童，当然不可把懒惰和不肯学习的罪名加在他们的身上。所以在施行惩罚之前，应当辨明：犯过时之情形；学生个性及实质；学生之家庭。

至于惩罚，亦有几种方法几种步骤。因为过有轻重，性情亦各不相同，施行惩罚当然要有分别。据个人意见，除体罚是绝对不得

施用外，下列各点是一种施行的步骤。

（一）友谊式的劝导

用积极方法暗示儿童从善改过。譬如儿童上课，忘记带他的练习簿或者其他必需的用品，教师就应该对他很和善地说："你今朝没有带来，想是忘记了，我想你下一次一定记得带来，决不会再忘记。"这种和蔼的态度和积极的暗示，儿童听了最容易受感动。

（二）命令式的警告

个别谈话晓以利害。如果第一步没有效果，就在房间里或者预备教室里作个别的私人谈话。说明上课时间为什么一定要带好练习簿和其他必需的用品。如果不带，就有种种不便，对于课业就产生了影响，慎重地警告他，叫他下次切不可再忘记。

（三）揭示姓名

名誉惩戒。这一层办法比较严重，但是在没有查明儿童确系故犯之前，这一层办法还是不用。

（四）分座

剥夺与其他儿童共同工作的权利。用到这种惩罚方法，是最严重的了。儿童的心理，对于不能和同伴在一起活动是最难过的。这种刺激方法，最有效果，而且对于儿童学业毫无妨害，可以应用，直至儿童觉悟、自行改过从善为止。

怎样使小孩子不哭

小孩子与成人不同。小孩子高兴的时候会天真地笑，逢到不如意的时候就会放声大哭。小孩子为什么常常要哭？我们有什么方法可使他不哭？

哲学家对小孩子的哭有两种说法。一种说小孩子的哭很好听，好比是天上的音乐。一种说小孩子的哭就是抗议，是反抗这万恶世界的呼声。卢梭就曾经这样说过。我们且撇开这些，就生理上来讲，小孩子的哭也是必然的现象。譬如小孩子在胎儿时候，肺是扁平的，还没有起呼吸作用，一生下来，就因为气管与肺部受了空气的压力，所以这个时候小孩子一定会哭，假如不哭，倒有生命的危险。小孩子由于生理上的缘故而哭的有几种。

第一种是"饿"，小孩子在饿的时候就会哭，我们要使小孩子不哭，就要让他按时进食。

第二种是"痛"。小孩子碰撞了身体，或因别的东西触痛了他，他也会哭的。做父母的，也需随时检点。

第三种是"渴"。小孩子与大人一样，也需要喝水，人乳虽然有水分，但是还不够。所以我们应照吃乳的时间，吃两次奶中间，要给他喝一次水，口渴而不得水喝，也是要哭的。

第四种是"冷"。小孩子冷了也要哭的。做父母的应随时注意，应随时给他增添衣服。

第五种是"热"。小孩子热了也要哭的。小孩也很怕热，也很怕强烈的太阳光。

第六种是"疾病"。小孩子一有了病就会哭。做父母的必须随时检查小孩子的体温，要研究病的原因，有了病立刻请医生治疗。

第七种是"不舒服"。他觉得不舒服，就要啼哭。

我们要减少小孩子哭，就要研究他哭的原因，是不是饿了，或者是因痛，因渴，因冷，因热，因病，还是有什么地方不舒服？我们明白了他哭的原因，就可以设法解除它。

从心理上来分析小孩子哭的原因，最重要的有三点。

第一点是"惧怕"。小孩子怕听奇怪声音，或者小孩子晚上不肯睡觉，大人故意说猫来了、狗来了威吓他，使小孩子养成一种惧怕的心理，或者听了一些神鬼之类的故事，他就会哭。

第二种是"暗示"。譬如小孩子跌了一跤，本来不哭，也不觉得痛，有些人偏喜欢说些"小宝宝不要哭啰""小宝宝不痛啰"这一类的话，因此一提，小孩子不哭的也要哭了，不痛的也要叫痛了。

第三点是"习惯"。小孩子的坏习惯，都是由大人们养成，譬如当睡醒的时候，看见旁边没有人就哭起来，而大人也常常如此，非要等到小孩子哭了才会去抱他，若第一次如此，第二次如此，就养成了小孩子睡醒时候哭的习惯。又如吃东西，小孩子总喜欢要吃这样、要吃那样，假使大人不答应他就哭，如果他哭了你就让他吃，那么以后凡是他要不到东西时，都会以哭作要挟。

小孩子为什么常常要哭？我要问一问大人为什么不管，至少是大人管得不好，也不是小孩子喜欢哭，而是因生理上与心理上的要求。

这里，我希望小孩子的父母以及老师，要随时研究如何能使小孩子少哭，如何避免小孩子哭，否则一天到晚只听到小孩子的哭声，大人固然难受，就是小孩子哭多了，也要影响健康的。

怎样培养小孩子的良好习惯

首先，我们要研究的，习惯是什么呢？习惯是一种行为，是一种不知不觉、不假思索的行为。譬如走路便是一种习惯的行为。在走路的时候是不必加以思索的，假使要加以思索的话，恐怕连路也都走不好了。又如我们下楼梯也是一种不必加以思索的行为，假使要加以思索的话，就会妨碍下楼梯。所以说，习惯是一种自然的、不假思索的、不知不觉的行为。

美国有一位心理学家说："行为就是一种习惯。"这句话是对的。除了少数的例外，一切行为都是习惯。在一天里面，起床、穿衣、穿鞋、洗脸、漱口、吃饭拿碗筷，甚至上办公室拿笔，都是一种习惯，这些事假使要加思索的话，也许都成问题了。

其次，我们要谈到的是习惯与人生的关系。一个人假使养成了一种良好习惯的话，他将得到很多的益处，一生受用不尽。假使习惯不好的话，那么将使他一生蒙受害处。举例来说：一个3岁的小孩子偷人家的东西，他的父母不直接地加以纠正，那无异是一种间接的鼓励，后来就会慢慢养成一种偷的习惯了。我曾经走过一个地方，那地方的面江而居的人，很不客气，总是开口骂人、闭口骂人，大人是这样，小孩子也是这样，好像不骂人就说不出话来一样，这也就是因为那地方普遍养成一种骂人的习惯了。但是也有些地方有些人却养成了一种好的习惯，就是我们口头所常说的"对不起""请""谢谢"这三句话。譬如一个人碰到了另一个人，连忙说声"对不起"，那个人也许会说"不要客气"，或"没有关系"，不致引起冲突。你看，讲"对不起"这句话的习惯是多么好啊！30年前，我在美国的时候，曾亲眼看到有一个父亲要他的女儿去拿一样东西，他说："亲爱的！请你给我把里面房子书架上的书拿来。"不久，女儿就把她父亲所要的书拿来了，父亲说："谢谢你！"于是女儿感到很愉快，说："爸爸！别客气！"这里，你看"请"与"谢谢"两句话又是多么的好啊！所以习惯的好坏与人生是有莫大的关系的。

再其次，我要谈习惯的种类。习惯有多少种呢？我以为有生理上的习惯与心理上的习惯两种（其实习惯是分不开的，它就只有一种，这里我们只是为了说明的方便勉强地把它分开来）。生理上的习惯如吐痰，中国人是最不讲究这个习惯的，总是随地乱吐，现在我们要展开一种吐痰入盂的运动，把这种运动推进到学校里去，使学生自小就有这种良好的习惯，因为习惯是要自小养成的，大了再来养成这种习惯就困难了。从前，我国有一个外交大臣到外国去出席一个盛大的宴会，在宴会上他把痰吐在很讲究的地毯上，外国人看了很不顺眼，中国其他的代表看了也很不舒服，觉得丢脸，他自己也感到难为情，这便是他自小没有养成一种生理上的好习惯。生理上的习惯是比较简单的，至于心理上的习惯，那就比较复杂了。如办公守时的习惯，假使没有这种守时的习惯，那么工作的效率一定要降低。再拿对待生活的态度来讲，那是更复杂了！有些人养成了乐观的态度，遇事都很积极，都有兴头去干，如前面有一个希望似的；有一种人养成了一种悲观的态度，遇事消极，做事不起劲，还没有做就好像会失败。不过，生理上的习惯与心理上的习惯其实是分不开的、是有联系的，只是从简单到复杂而已。

最后，我要谈养成良好习惯的方法。怎样养成良好的习惯呢？良好的习惯要从小养成，中国有句古话"慎之于始"，就是这个意思。如婴儿初生的时候，假使大人不放他在床上而抱在怀里睡的话，不消一个星期，就会养成要睡在怀里的习惯。又如小孩子的大便，假使没有养成定时大便的习惯的话，将会影响他身心的健康。要养成这种定时大便的习惯，必定要天天使他这样做，久而久之习惯便养成了。不过，在这种习惯没有养成以前，不能够有例外，即使大人在那时候有了别的事情，也不要忽略这种事情。还有一点尤其需要注意的是教育的环境，我认为一个好的习惯养成，父母是负有很大的责任，像父母的言行、暗示，对于儿女的习惯形成有极大的影响，因为父母与小孩在一起的时间久，一举一动都很容易使小

怎样培养小孩子的良好习惯

孩子模仿的，其他在小孩子周围的人，也要影响到小孩子的习惯。所以，环境的教育对于习惯的养成，是有密切关系的。

　　总之，习惯与人生有很重要的关系。我们必须培养小孩子有良好的习惯，不只是生理上的习惯，而且是心理上的习惯。要养成生理上与心理上的习惯，不但要"慎之于始"，而且要"慎之于终"。有恒地继续下去，不要间断，同时必须注意到养成此种良好习惯的教育环境。

怎样使小孩子到处受欢迎

我以为小孩子生来就很可爱，可爱便到处受人欢迎！

拿动物来说，即使是小猫、小狗，都那么可爱，更何况是小孩子呢？当然小孩也有不可爱的，譬如病呀、哭呀、脏呀、没礼貌呀、油腔滑调呀、虚伪呀、自私呀，诸如此类都是不可爱的，不受人欢迎的。

不过，一般人对于可爱的小孩子却有一种误解，他们以为那些安静而不好动、一句话也不讲的小孩子是可爱的，其实那有什么可爱呢？要是这是可爱的理由，那么那些木偶就更可爱了。有人以为那些很听话的要他走东便走东、走西便走西的小孩子是可爱的，这也是一种误解。因为那仅是一种盲目的服从而已！还有一种人以为那些小老头儿似的小孩子也很可爱，实际上一个年纪小小的便那么老气横秋，一点天真的气味都没有，那有什么可爱呢？

一般人对于不可爱的小孩子也往往有一种误解，他们以为多问的小孩子是不可爱的，譬如小孩子总喜欢问东问西，什么太阳哪边出呀，月亮哪边落呀，父母便认为这种小孩子太啰唆，很讨厌！其实这些小孩子倒像是小科学家！又有些父母认为好动的小孩子是不可爱的，譬如他们喜欢弄这样弄那样的，好好的一只表把它拆散开来，好好的一本书把它涂得一塌糊涂，哪里知道他们拆表是有他们的用意，是被一种好奇心所驱使，要看看表为什么会走的；哪里知道涂书也是有他们的用意，也许他们在学写字呀，画画呀，假如你以为多问与好动是不可爱的，那简直是你不懂得爱小孩子！

可爱的小孩子是怎样的呢？我认为要：

一、仪表好

仪表包括外貌与风度。所谓外貌，如头发梳得整整齐齐，衣服穿得干干净净。又所谓风度，就是要大方，不鬼鬼祟祟。

二、常有笑容

一个小孩子要是满面笑容，那是多么的可爱！你看，常常笑的小孩子总是处处受人欢迎，整天哭丧着脸的呢，是多么使人讨厌呀！

三、动作很自然

所谓动作自然，就是不做作，一举一动都出于自然，然而这种自然的动作，却不是乱动。

四、说话有礼貌

我以为要使小孩子说话有礼貌，必须把握下面三把金钥匙。这三把金钥匙，第一把就是要教会小孩子说"谢谢"的习惯，当人家给他做好了一件事情的时候，要教他说"谢谢"。第二把是教会小孩子说"对不起"的习惯，当他对人做了一件不太好的事情的时候，要教他说"对不起"。第三把是要教会小孩子说"请"的习惯，当小孩子有求于人的时候要教他说"请"。有了这三把金钥匙，一定到处受人欢迎。

五、谦让与照顾

一件事，当别人为主动我为被动的时候要"谦让"，谦让才不致会冲突，当我为主动别人为被动的时候要"照顾"。这也就是要引导小孩子走上"自助助人"的道路。譬如家里有客人来了，教他搬凳子、倒茶，又如人家落了东西，教他替人家拾起来。小孩子有了这种照顾他人的习惯，那一定会受人欢迎的。

六、天真烂漫

有些父母教小孩子骗人，有的甚至骗到了，竟会夸奖他，这种父母实在要不得。小孩子一定要一点也不虚伪，快乐的时候，就尽情快乐，不高兴的时候就不妨让他哭一场。

七、健康

健康可分为两种，就是生理的健康与心理的健康。生理的健康是心理健康的基础。有了它才有快乐，才有行为的美，才能天真烂漫地表现得很自然。至于心理的健康是常常为人所忽略的，在这里我要提出来谈谈，就是不要自卑，要养成小孩子的自尊心。

做父母的或做教师的，假使要想孩子们受人欢迎，你一定要教小孩子学会上面的几点，做到了，小孩子是顶可爱的！

怎样消除小孩子的惧怕心理

　　小孩子的惧怕心理是好的还是坏的呢？我说有好也有坏，不过坏处多于好处。什么样的情形是有好处呢？譬如火灾的时候，假如小孩子不怕火，就难免有生命的危险。假如他怕火，那么他就知道怎样去避开，这是好处。不过这种好处是有条件限制的，是要使小孩子当怕的才怕。至于坏处，却不胜枚举，这里我且举几个例子来说。

　　从前我认识一位女同学，她是在美国学生物学的，有一次要解剖一条蚯蚓，但是她很怕，不肯动手，于是她改学医，而学医呢也必须要解剖，做实验，结果她学医也没有学成。我在江西的时候，去视察地方教育，路过樟树下，看到许多天蚕，一个同行者显得很害怕的样子，我就问他为什么这样害怕，他说因小时候他的祖母曾拿天蚕来吓过他，所以现在看了，明明知道并不可怕，却仍然会感到害怕。我有一个小侄子，他最怕"鬼"了。有一次我同他和他的哥哥在晚上一道出去，他必须走在我们两人中间。其实哪里有鬼呢，但这种害怕的心理，都是不应该有的。

现在我们来谈一谈这个惧怕心理是先天遗传的还是后天养成的。要明了这一点，且把我所做的对于我的孩子的五年中的心理研究，来做一个说明。我观察我的孩子惧怕的原因，大约可分为四大类。第一类是生理的反应。譬如听到一种大的声音，或做一种下坠或举高的动作，他就会惧怕。又如听到一种古怪的声音，他也会害怕的。第二类是怕见古怪的东西。有一天，我把洋伞撑开，他一看到就害怕了，因为他没有见过这些东西。第三类是暗示作用，如父母看到了老鼠喊怕，小孩子也就会怕，在黑暗中如父母说那里有什么东西在动，小孩子虽然没有看到什么东西在动，但他也会怕的。第四类是迁移的惧怕。这一类可说是条件反射的惧怕。这意思是说由怕这一样东西而迁移到怕那一样东西。从前，美国心理学家华生曾做过一个实验，让小孩子在玩弄白鼠的时候（他原来是不怕的），走在他的背后用铁锤一敲，小孩子一听这突如其来的声音，就非常害怕。后来竟由这一种突然的声音而怕白鼠了，最后甚至连白色的东西他都害怕了。我有一个朋友，有一次带了他的孩子去探望朋友，在朋友家的门口遇见了一只狗，狗对他们"汪汪"地叫起来，小孩子就吓得大哭。后来这小孩子连狗一类的动物像猫等也害怕起来了。

这些怕都是不必要的。所以我们要避免小孩子产生这种惧怕的心理，但怎么才能避免呢？我以为，第一，如在夏天乘凉的时候，或者冬天围炉取暖的时候，千万不要拿一些鬼怪的故事讲给孩子们听。第二，不要人吓人，如有些人故意恐吓小孩子取乐，这是不对的。第三，做父母的也不要恐吓小孩子，像有些父母，当小孩子哭的时候常常说什么强盗来了、猫来了、狗来了……用这些话去恐吓小孩子，那都是不应该的。第四，要避免暗示作用，譬如以打雷来说，实在并不可怕，但是常因父母怕雷而暗示了小孩子也怕雷了。第五，不要使小孩子因怕这样而引起他怕那样，要尽量避免这种条件反射的惧怕。如有一次我带了孩子去看戏，当戏演得最精彩的时候，我知道观众们一定会鼓掌的，于是我预先叫小孩子拍手，后来观众们果然鼓起掌来，而我的孩子也不怕这鼓掌声了。

我以为很多成人的惧怕心理，大都是在儿童时代养成的，所以我们要注意尽量不要让小孩子产生惧怕心理。

　　　　　怎样消除小孩子的惧怕心理

怎样培养小孩子的勇敢精神

　　在没有讲到本题以前，我想先来讲两个故事。一个是小孩子偷狐狸的故事：从前，希腊有个小孩子偷了一只狐狸，怕被人瞧见，把狐狸藏在衣服里，狐狸在衣服里不能出来，便在他的胸前乱抓乱咬，但是他忍受着不动声色，以免人家看出破绽。结果呢，竟至被狐狸咬死了。还有一个是小孩子堵水的故事：从前，荷兰有个小孩子，一天走过堤边，看见堤间有个漏洞，水从漏洞里流进来。他想如果放任水那么流，漏洞必然越流越大，水必然越流越多，对于城内的居民是一种灾祸，于是便用手掌挡住那个漏洞，使水不再流进来。挡着，挡着，到第二天早晨人们发现他的时候，他的手仍然那么挡着，但他却已经奄奄一息快要死了。

　　这两个故事说明了什么呢？前一个故事中的小孩，表面上看来似乎是非常勇敢的，其实却不是真正的勇敢。后一个故事中的小孩子才是真正勇敢的小孩子。这话怎么说呢？这里我且对真正的勇敢与似是而非的勇敢做一个解说。

1. 以大克小的不是勇敢，以小克大的才是勇敢。

2. 以强克弱的不是勇敢，以弱克强的才是勇敢。

3. 以众暴寡的不是勇敢，以寡抗众的才是勇敢。

4. 避重就轻的不是勇敢，临难不苟安的才是勇敢。

5. 不知成败不知利害的不是勇敢，知成败知利害的才是勇敢。

这五点不能截然地分开去看，它应该是有联系的。譬如那个偷狐狸的小孩，他之所以使人觉得似乎是勇敢，因为他至死仍忍受着痛苦，不动声色，但他却不知利害，不知成败。这里我们假设他偷狐狸成功了吧，还不是一身耻辱，无光荣可言，又何况有生命危险的利害关系呢？而堵水的小孩子就不然了，他虽然牺牲了个人的性命，却救了全堤内的居民，这就是所谓"见义勇为""杀身成仁"了。

在中国，也有很多可歌可泣的勇敢故事。嘉靖年间，倭寇强扰沿海地方，半夜里用云梯偷袭嘉善城，城上的将士们因为日日夜夜的防守，疲乏不堪，都打瞌睡了，这时恰巧有个石家小孩子走过，看到这种情形，急忙叫醒守城的将士们起来杀敌，他自己虽然年纪小，也参加作战，结果不幸遇难了，然而嘉善城却因他而保全，救了多少老百姓！今日嘉善城还有一个石童子像，就是为了纪念他这种勇敢行为的。这种勇敢行为是以小克大和以弱克强的知利害知成败的，是真正的勇敢。有些人认为一个轻生的人，勇于自杀，也是一种勇，其实不然。因为他是丧失了生的勇气，不敢正视现实，才生这个短见，这是一种避重就轻的法门，不是勇敢，真正的勇敢要能临难毋苟免。我们不需要似是而非的勇敢，而要有真正的勇敢，真正的勇敢是要自小养成的，因此我要谈谈怎样培养小孩子的勇敢精神。

第一，身体要健康。做父母的和做教师的首先要培养小孩子健康的身体，有了健康的身体，遇事才易于勇敢，我们看那些身体弱的人，往往遇事推诿，不敢放手做，自然更难于希望他勇敢了。

第二，心理要健康。做父母和做教师的必须使小孩子有常态的健康心理，消除那些不必要的恐惧心理或胆怯，发挥他的勇气。

第三，要有合理的教导方法。合理的教导方法是什么呢？一是讲故事。小孩子最喜欢听故事，做父母的和做教师的可以讲那些勇敢的故事给他们听，如荷兰小孩的故事，石童子的故事，使他们能去模仿故事中的勇敢人物。二是看话剧。很多话剧中都穿插着勇敢的行为，你可以带小孩子去看，使他们得到正面的暗示。三是电化教育。电影、卡通里面也有很多是勇敢行为的场面，里面的动作都可借作小孩子激发勇敢精神的暗示。此外，各种播讲也有直接关系到勇敢的讲话，可以叫小孩子细听。四是讲述勇敢的意义和必要性。做父母的和做教师的要分析勇敢的含义给小孩子听，使他们了解真正的勇敢是什么，为什么要有勇敢的精神。

总而言之，我们要培养小孩子的勇敢精神，其方法很多，在于做父母的和做教师的能够活用。我所讲的，不过是具体的几点罢了。

怎样激发小孩子最后五分钟的勇气

一件事情的成败，决定在最后五分钟。中国有句古话说"行百里者半九十"，也就是说明最后五分钟是成败的关键。如何克服这种困难来战胜敌人，那是一个最重要的问题。比如会赛跑的人，开始时一定跑得较慢，但到最后便得鼓足勇气向前直冲，因为成败是决定于最后的一刹那。

法国有一个造窑的人，当初他花了很多的钱，但是一次、二次、三次都失败了，到最后钱都没有了，他就把桌子、椅子拿来烧，他的太太起初很愿意帮助他，后来看到他屡次失败，他还要继续地做，她以为他简直发疯了，可是就在最后一次，他竟然成功了。哥伦布航行于大海中，中途不知遭遇了多少的困难，他的同伴也都劝他不如回头算了，然而他坚持着，乃至最后发现了新大陆。你看，最后的时刻是多么的重要啊！

大家都晓得，要能克服困难才能成功。困难越大，其成功也愈可贵。怎样克服最后的困难呢？就必须激发最后五分钟的勇气。这种勇气，要从小时候培养起。

第一，培养小孩子健康的身体。健康的身体是一个基本条件，要是身体不好，意志虽然坚强却没有支持到最后五分钟的可能，如程咬金只有三斧头的力量，那是不能取得最后胜利的。我们必须使孩子们能够吃苦，冷热都能抵抗，冰天雪地里可以去，暴热酷暑中也可以去，临到紧要关头，才有余勇可贾。

第二，锻炼小孩子坚强的意志。有了健康的身体，再与坚强的意志配合起来才能克服种种困难，才能激发最后五分钟的勇气。如从前苏格兰与英格兰作战屡次失败，苏格兰的国王简直是心灰意懒了，但在第七次失败的时候，他看见一个墙角上蜘蛛结网的情形，它几次织成，几次被毁，然而它还是继续地织，最后终于织成了。苏王看了就兴奋起来，马上收拾残兵败将卷土重来，终于战胜了英格兰。我们必定要有这种坚强的意志、百折不挠的精神，才能克服困难。我个人有四个字作为我的座右铭："决不灰心！"每当我有了困难的时候，我就想到这四个字，以鼓起勇气，继续去努力。我们也要使小孩子养成自信心，不要怕难而停止，不要畏敌而后退。虽然每件事不能依照直线式的做去，但不妨转弯抹角地做，直到成功为止。

第三，培养小孩子科学的态度。实际上科学的态度就是一个人能够成功的保证，历史上有好多事实可以说明这一点。譬如中山先生从事革命工作已四十余年，为了要推翻清政府腐败的统治，他不断地进行活动，无数次的失败，所换得的并不是退却，而是继续扩大的无数次的进攻。为什么中山先生有如许浩然的正气，为什么中山先生不会被困难或失败所吓倒而始终坚持革命，直到成功呢？是由于中山先生具有科学的态度，在这种科学的态度指导之下，中山先生认识了革命的道路，在解救国家民族的危亡上看，是非常正确的。他看清楚了历史的道路，把握住了客观的环境，因而他具有百倍的信心，来作为勇敢、坚持的最大后盾。我们不难想见，科学态度的建立，简直就是激发小孩子最后五分钟勇气的基础。

第四，教导小孩子正确的方法。我常常这样想，一个最能成功的人，就是最善于运用方法的人。善于运用方法的人，因为他把握得住正确的方法，对于成功首先就有百倍的信心。因而，他们就能顺利地解决困难，遇事便坚持到底，并在最后五分钟展示出最大的勇气，这自然不会是偶然的。所谓正确的方法，就是客观的、变化的、因时空条件的不同而善于转变的方法。完形学派心理学家曾引述了这样一个例子，把猴子关在笼中，笼中挂着香蕉，旁边有竹竿与木箱，猴子饥时想吃香蕉，但挂得太高取不到，于是它便想出了另一个方法，立刻拿竹竿来取香蕉，可是竹竿长度还是不够，香蕉仍旧取不到。这时它又能另外采取一种方法，立刻站到箱子上，用竹竿取下了香蕉。动物都能用各种不同的方法来完成一项工作，人类更是不成问题了，只要我们时常加以注意来培养小孩子善于运用各种方法的能力，使他不致为困难所困惑时想不出其他的办法因而消极、怯懦，乃至退却下来。这样说来，激发小孩子最后五分钟的勇气，还需使小孩能善于运用正确的方法才是。

小孩子办事的态度必须从小教起，各种优良的习惯养成了，则最后五分钟的努力与勇气，便自然而然地激发出来。

怎样使小孩子不说谎话

　　说谎是什么意思呢！说谎是作弊与欺骗在言语方面的表现。这种欺骗与作弊是最要不得的，大而言之，直接的或间接的有害于国家民族。拿那些贪官污吏来说吧，就是一种惯于说谎的典型人物。小而言之，亦足以使个人人格破产。第一，是损失自尊心。一个人是不能没有自尊心的，人失却自尊心，不看重自己，则自暴自弃，什么事都做得出来。第二，是损失信用。得不到别人的同情与帮助。从前不是有过一个"牧羊儿与狼"的故事吗。当牧羊儿第一次说谎，在山岗上大喊"狼来了"的时候，别人听了，连忙跑来替他赶狼，可是他却怡然自得，以为愚弄了别人一次。哪里知道这样一次说谎，竟播下了失信的种子，当真的狼来了，他惊慌失措大喊"狼来了"的时候，人家以为他又在撒谎，不来救他了，而他竟至被狼咬死。林肯说："你能欺骗少数的人，你不能欺骗大多数的人；你能欺骗人于一时，你不能欺骗人于永恒。"这是多么中肯的话啊！

　　说谎绝不是偶然说说的，必定是养成了一种说谎的习惯，而这种说谎的习惯大多数又是自小养成的，因此我要谈谈怎样使小孩子不说谎。要使小孩子不说谎，必要先了解小孩子说谎的原因。小孩子为什么要说谎呢？我以为：

一是小孩子怕父母或教师的打骂。有些做父母的与做教师的，每逢小孩子做错了一样事，便要骂小孩子或打小孩子，小孩子怕骂怕打，便用说谎来掩饰自己的过错。这种掩饰往往得到父母或教师的宽恕，于是第二次第三次做错事时，便再用说谎来求得宽恕了。

二是逃避现实。有时小孩子为了不愿做或不能做某件事时，便叫头痛、肚子痛！用各种口实去欺骗父母或教师，而这种口实又往往得到父母或教师的同情，因此以后便也常常找寻口实去推诿了。

三是好虚名，要面子。一件事本来不是他做的，但如果说是他做的可以得到奖赏，面子光彩，于是他说谎了。一件事本来是他做的，但做得不好，怕丢脸，于是他说那件事不是他做的，也说谎了。

四是贪利。很多小孩子因为口馋，要吃东西，便说肚子饿。又有些小孩子为了要得到很高的分数或奖品，便在考试时作弊，还硬说自己的本领高人一等。这都是为了贪利的缘故，才说谎的。

小孩子说谎的原因知道了，那么怎样纠正他，培养他诚实的习惯呢？

第一，要了解小孩子。小孩子愿做什么，能做什么，希望得到什么，你一定要了解，了解了小孩子的心理与能力，然后教他去做。在做的过程中，你要帮助他去发现问题，克服困难，使事情做成功，而得到奖励。要消除他说谎的动机，鼓励他脚踏实地地去做。

第二，暗示。暗示有两种，一种是正的暗示，譬如有两个小孩子在一起，一个是诚实的，另一个是喜欢说谎的，你要对那个诚实的小孩子嘉许，奖励他，使那个说谎的小孩子感动，走上诚实之道。其次一种是反的暗示，譬如你的小孩子跑来报告你一件事时，你要信任他，不要说："真的吗，你不要骗我呀！"如果你这样说，在小孩子的心灵上就种下一个说谎的种子，以为说谎原可以骗过去的。我们必须应用正的暗示去感动小孩子，不要用反的暗示去刺激小孩子说谎的动机。

第三，榜样。做父母的或做教师的要以身作则，去做诚实的事，不要在小孩子的面前说谎。我们知道小孩子的模仿性最大，耳濡目染，都会效法的。有时你还可以讲诚实小孩子的故事给他听，譬如华盛顿小时候砍樱桃树的故事。有一天，华盛顿在园里砍了一株樱桃树，他的父亲知道了非常气愤，华盛顿急忙跑去承认，说是他砍的。这时他的父亲不但不责备他，反而嘉许他，鼓励他处处要像这样诚实。以后华盛顿事事做得切实，决不说谎，终至成就了伟大的事业。像这样的故事，你可讲给小孩子听，拿故事中的人物去做他的榜样。有一种榜样是不好的，譬如一个母亲要打牌，不欲招待客人，嘱咐他的小孩子说："如果有客人来，你就说妈不在家。"

等客人来了，小孩子便照着母亲的话说谎了："妈妈不在家。"这是一种不好的榜样，很容易使小孩子养成说谎的习惯。他既可照母亲的话去欺骗客人，自然他就可以照自己的意思去欺骗别人，甚至是自己的母亲。因此，我们要做好的榜样，坏的榜样千万不要做。

　　这三点，我们做父母的或做教师的应该随时随地注意，务必使小孩子不说谎，建立起诚实的习惯。

怎样指导小孩子求学

　　求学是有方法的。有了方法，可以使两年的学习时间而收到四年的学习效果，所以做父母的与做教师的应该指导小孩子求学的方法。

　　求学不仅限于读书，而是包括了学做人、学做事、学做学问。但有一个先决条件，应培养小孩子先立志，因为有了志向，做人、做事、做学问就有目的，也会起劲。不然，让一个小孩子糊里糊涂地去学，那一定学不好的。这是什么原因呢？我以为志向好像是一股电流，人好像一部机器，电流一通，机器就会活动。如果没有电流，机器虽好，也是枉然的。我自己就深深地感觉到有了志向就会努力学习。在我年轻的时候（大概15岁到28岁的一个阶段里），每天总是五点钟起床，起早可不是一件很容易的事，尤其是冬天，外面的天气那么冷，被服里那么暖，谁不想多留恋一会儿呀！但是我有志向，我认为求学必定要成功，才能有贡献。因此虽然冷，我也会一下跳起来的，所以做父母的与做教师的也一定要鼓励小孩子要立下志向，要小孩子有这个坚决的意志来努力求学。

　　但是单单有志向而没有方法的话也是没有用处的。我们再看那些一天到晚读死书的，有什么用处呢？我以为方法就好比一把钥匙，假使没有一把钥匙，锁就开不开，像盲人在暗中摸索一样。我有两句话："处处有学问，人人皆吾师。"什么叫作处处有学问呢？举例来说：譬如生长在江西山野间的茜草（一种开紫色花的小树），当初大家都不知道它的用处，只是把它采作柴烧，后来一经发现，才知道正是英国人与日本人所制造的蜡纸的原料。这不是一种学问吗？又如瓦特，他看到水壶的盖子在水沸的时候向上顶的情形，他就觉得奇怪，于是他一想再想，就想出了道理来，发明了热汽机。这不又是处处有学问吗？许多事情的发现，都是这样问出来的，都是这样想出来的。假如我们不去问、懒得想，那就无异是有眼的盲人。所以我很希望为人师的、为父母的都应该教小孩子要处处留心，因为这个大自然大社会里，还有更多更宝贵的东西等着我们去发掘呢！什么叫作"人人皆吾师"呢？我再举个例来说：抗战时期我在江西文江办学校，看到那里都是种的糯稻，我很奇怪，就去问一个老农，他就告诉我说这儿的土地在两寸以下就很冷，所以只适宜于种糯稻。我们就拿这个表面很简单而实际却很复杂的问题来看，就包含了许多的知识，而这个老农做了我们的老师了。不仅是老农、木匠、竹匠、民间艺人都可以做我们的老师，就是最被人轻视的乞丐，也有可以做别人老师的地方。因为每一个人都有他所宝贵的生活经验与学识。不要错过一切学习的机会。这讲的是指导小孩子求学的基本态度。下面我要讲的是求学的方法。不过我想先问一问大家，为什么要小孩子求学呢？

也许有人会说，求学就是求学，还有理由吗？如果是这样的回答，我要说你太直率了。假使你的回答，说是有理由的，那我再要问一声，你的理由是不是为了"书中自有黄金屋，书中自有颜如玉"，希望你的小孩子将来能"学而优则仕"呢？假使你真的存着这样的想法，我要特别提醒你，任凭你的小孩子怎样的发愤忘食，甚至也学着古人的"悬梁刺股"，或"凿壁偷光""囊萤映雪"……但这书还是白读的！要是你的回答是为要他们学做人、学做事、学做学问，这里我也要问你：做怎样的人呢？做怎样的事呢？做怎样的学问呢？

大家或者会这样说："不是太啰唆吗？问这问那问个不停了！你自己说说看，今天我们应该做怎样的人？做怎样的事？做怎样的学问？"如果要我回答，我可很简单地告诉你："要做中国人，要做现代的中国人，要做现代的世界人。"也许大家会奇怪，难道我们不是现代的中国人吗？难道我们在另一个星球上做人吗？对！问题就在这里！要做现代人就要做得像，现今社会上许许多多被淘汰而被认为落伍的都因为做不像"现代"两个字，那些在敌伪时期的汉奸走狗们，就因为他做的不像中国人。如苏联等国家早已用机器耕种了，而我们还是用的老方法，就是做的不像现代的世界人。再说

怎样指导小孩子求学

做怎样的事，做怎样的学问，那我的回答更简单了：是要做对大家有益的事，做有益的学问。

叫小孩子们读些什么书呢？

这里，为了行文便利起见，分作两点来说：一种是指书本上的书，一种是指没有字的书。

我常常会体味到读一本有价值的好书，好像吃一个成熟的苹果，它不仅有那美丽的颜色，并且还有更丰富的养料和鲜美的滋味。我们给小孩子们读的书，就要选择那丰富有养料的书，可以吸收的书。第二种是没有字的书，关于这点，我在《活教育》上所常讲的"大自然，大社会，就是我们的活教材"，就是我今天所说的没字的书，活的书。

现在讲求学的方法。分作实验观察、阅读参考、发表创作、批评研讨四个步骤来说明。

第一，实验观察。譬如说，我们看到一张桌子，单凭直觉去看，那桌子就是桌子，只有一个形象，没有其他的意义了，但如果去精密地观察，这桌子的大小、桌子的名称、做这桌子的木料、它的用途……就有一连串的问题跟着来。如我们把筷子放在水中，看起来为什么发生折光作用呢？又如大家都知道的金子放在灯光下就呈现了白色，诸如此类的问题，实在太多了，但如果不是精密的观察，不加以反复的思考，不经过亲身的试验，哪里会知道这个变的理由呢？何况在这变化万千的大自然、大社会里，我们真正能认识、了解的事物实在太少了！所以，我主张教小孩子们求学的方法要实验观察，就是这个意思。

第二，阅读参考。因为观察一件事物，很可能由于他本身的观点与理论不够正确而闹出"闭门造车"的笑话来，也很可能因这一事物本系初见，如果就贸然地下判断，也难免要犯"挂一漏万"的错误，并且有某些事物绝不能仅凭其现象而可能窥其全豹，而必须了解这一现象的客观环境与形成这一现象的各种因素。例如看了日食之后，就要研究形成这日食的原因，就得要参考天文学这一门功课，不然仅仅观察了日食的现象还是不够的。所以为学的第二步工作，就要多方面地阅读参考了。其实无论学哪一种学科，除了知道本科应知的常识以外，还得靠其他的学科来帮助这一学科更深一层地了解。

第三，发表创作。求学不是为了谋个人发展的秘制的配方，学问也不应限于少数人所享受的"私有财产"，而是为了谋大众的利益，为将来能多做一些事做准备，也不像时下一般士大夫们所夸耀的"高不可攀"的"法宝"，而是做人所必须具备的。饭要大家吃，事要大家做，书当然也要大家读，那读书的机会更应该平等，绝不许让少数人去享受与包办，所以我的意思是研究学问，有了心得，有了观感，或者比人有独到的地方就要告诉大家，但不仅是要大家去如法炮制，跟着你学，更要紧的一点是要大家来批评研讨，是要大家来批评这一学问的研习的正确性。同时以学习心理而论，要小孩子们尽量发表创作，也是一种更好的做法，更好的鼓励方法。

第四，批评研讨。对一件事物的看法，各因其立论与生活经验的不同而显示了差异。但有些事物，常常被某些人所曲解，经过一番巧妙的化装，弄得似是而非，使别人不易看出"是"的一面，被蒙混过去。譬如虫类里的蝴蝶，种类很多，要是看的时候粗心一点，就分不清楚。又如有些旧小说与民间故事里和一些史书上，描写那些帝王大臣，说什么他是龙种呀，太白金星下凡的呀，有些地方简直描写得使我们有想象不到的神圣、高贵，而老百姓也好像生来就是一副贱骨头，应该替他们做牛马、做奴隶。其实，这些皇帝大官与常人有什么差别，还不是有意曲解事实，蒙混是非吗？所以我们教小孩子观察事物，一定要教他有真实的观点，要指导他们多就事实去批评研讨，要他们从极单纯的做而发展到高级的做，那才行！

末了，我希望做父母的与做老师的教导小孩子，千万再不要用填鸭式的方法来硬装，也不要时做时辍，而是必须循循善诱，有规则地引导他们走上一条学习的路，这也是要紧的！

小孩子不是出气筒

人类的情绪是容易激动的，美国的心理学家华生[①]把爱、惧、怒三种情绪反应，视为人类最原始的情绪形式。华生的说法是否正确？我们现在并不是研究情绪的理论，所以暂不去管它。不过，从他的这种说法中可以看出愤怒在人们情绪生活中的重要。就常情来说，任何人都避免不了愤怒，说得轻松一点，即所谓"脾气"。

"脾气"谁没有呢？尤其在今日的社会中，到处都有"气"使你消受，社会愈不安，经济愈窘迫，人们受"气"的机会便愈多，而"出气"的机会也愈多。中西先哲，每有劝人"受气"而勿"出气"的，这种说法，在今日确已值得考虑了。因为心理学告诉过我们，假使有一种情绪的激动而不予适当的发泄，结果必致心理的或生理的失常。所以，今天的问题，并不在如何压制"气"，而是在如何"出气"。

[①]华生（1878—1958），美国行为主义心理学的创始人。

出气的方式可以说是很多，最原始的莫过于蹬脚、摔物。有许多人在正气愤的时候，就双足乱蹬，之后一股气就烟消云散了。或者是乱摔东西，我们常看到酒馆的桌碗被顾客们摔翻的事件，这种方式虽说粗野，他对于"出气"的目的，却是可以达到的。一般没有修养的人，往往用这两种方式来发泄内心的气愤。

至于文人雅士呢？他们又有自己出气的办法，所谓吟诗作乐，就是一般被人视为最清高的出气方法，他们在忍受"气"的时候便朗诵一些诗，创作一首诗，或者唱一首歌，奏一曲琴，借文字与音乐来驱散自己心头的愤恨。

最消极的办法，莫过于用烟酒来麻木自己的神经，用生理上的极度激动暂时地使气愤消沉下去。很明显的，这种出气方法是太消极、太无用了。因此，有些人便采用了相反的态度，他们要把气愤化为一股毅然决然的力，以此来反抗气愤，来改变气愤，来消除气愤的根源。

不管是蹬脚摔物、吟诗作乐，或积极或消极，终究采用这种方式的还是不甚普遍。通常最流行的方式，恐怕要算"迁怒于人"了。在迁怒于人之中最容易被用来作出气对象的，就是小孩子。

为什么小孩子最容易被人用作出气筒呢？大概就因为小孩子力量弱，没有办法反抗。同时，在成人的心目中，总以为小孩子不懂得什么，拿小孩子来出气因此就非常地普遍了。

在家庭中，父亲在外面受了气以后，回家就对小孩子出气；夫妇之间有了一点口角，也就迁怒小孩子，在小孩子身上出气。不但做父母的要拿自己的小孩子来出气，就是学校中的教师，也每每拿学生来出气。尤其近年来，由于教师生活的清苦，为柴米油盐，教师们的心境时常是很沉重的，因此有时是无缘无故地会骂起小孩子来。我还看见过许多家庭中的仆人，他们受了主人的责骂之后，没有地方出气，于是就狠狠地把小孩子抱起来，重重地把小孩子放在桌上或地上，弄得小孩子莫名其妙，大惊痛哭。

拿小孩子来出气是很容易的，可是拿小孩子来出气，却正害煞了小孩子。父母把小孩子当作出气筒，无缘无故骂小孩子、打小孩子，使小孩子对打骂成了家常便饭，以后小孩子真的犯了错误，你要责罚他时，他对这些习以为常的责罚早已司空见惯，不会发生任何反应。这是第一个害处。

有时候，父母因以小孩子出气，自己先是满肚皮的气，打骂起来便不择手段。我还记得有个做母亲的，自己受了别人的气，把自己3岁的小孩子猛地往路旁一摔，结果把小孩子的门牙跌断了，满口的鲜血，真叫人心痛。后来，我看到那小孩子门牙缺了，说起话来漏风得怪难听，这还算是小事！假使那时把小孩子的手脚摔断了，那不是害了他一生吗？成人这样做，于心何忍？所以，拿小孩子出气，容易造成小孩子终身的遗憾。这是第二个害处。

小孩子有小孩子的意志，小孩子有小孩子的人格。成人应当尊重小孩子的意志，尊重小孩子的人格，任意把小孩子当作出气筒，

　　　　　小孩子不是出气筒

这我们应当力予反对。

成人们！当我们受到别人的气的时候，应当仔细地想一想，针对问题探求合理的解决，消除受气的原因，要尊重小孩子的意志，要尊重小孩子的人格，切不可拿小孩子来作出气筒！因为小孩子不是我们的出气筒。

图书在版编目（CIP）数据

陈鹤琴幼儿教育文集 / 柯小卫编. -- 太原：山西
教育出版社, 2024.7-- ISBN 978-7-5703-4095-8

Ⅰ. G610-53

中国国家版本馆CIP数据核字第20247YG055号

陈鹤琴幼儿教育文集

CHENHEQIN YOUER JIAOYU WENJI

责任编辑　刘继安　樊丽娜　李龙飞
复　　审　王介功
终　　审　阎果红
装帧设计　陈　晓
印装监制　蔡　洁

出版发行　山西出版传媒集团·山西教育出版社
　　　　　（太原市水西门街馒头巷7号　电话：0351-4729801　邮编：030002）
印　　装　山西新华印业有限公司
开　　本　890×1240　1/32
印　　张　14
字　　数　270千字
版　　次　2024年7月第2版　2024年7月山西第1次印刷
书　　号　ISBN 978-7-5703-4095-8
定　　价　78.00元

如发现印装质量问题，影响阅读，请与出版社联系调换。电话：0351-4729718。